21 世纪高职高专物业管理规划教材

智能化物业管理概论

田 园 主编
李玉梅 刘文斐 张 雷 副主编

清华大学出版社
北京交通大学出版社
·北京·

内 容 简 介

本书从智能物业的基本原理出发，力求理论与实践、应用与管理相结合，全面系统地介绍物业智能化技术，讨论智能物业综合管理的理论和方法，内容通俗易懂，便于读者理解和掌握。全书共8章，主要内容包括：智能物业的概念及其物业智能化管理的特点、物业智能化的技术及其管理基础、智能物业中的物业设备自动化系统及其应用管理、智能物业的消防系统及其应用管理、保安监控系统及其应用管理、通信网络系统及其应用管理、综合布线系统及智能物业的设备管理等。

本书内容丰富、深浅适当、应用性强，既可作为全国普通高等院校及高职高专院校物业管理、房地产管理、工程管理专业教材，也可作为相关管理人员和技术人员的培训教材及参考书目。

本书封面贴有清华大学出版社防伪标签，无标签者不得销售。
版权所有，侵权必究。侵权举报电话：010-62782989　13501256678　13801310933

图书在版编目(CIP)数据

智能化物业管理概论/田园主编. —北京：清华大学出版社；北京交通大学出版社，2010.8（2019.4 重印）
（21世纪高职高专物业管理规划教材）
ISBN 978-7-5121-0191-3

Ⅰ. ①智… Ⅱ. ①田… Ⅲ. ①智能建筑-物业管理-高等学校：技术学校-教材 Ⅳ. ①F293.33

中国版本图书馆CIP数据核字（2010）第139173号

责任编辑：谭文芳　　特邀编辑：宋林静
出版发行：清华大学出版社　　邮编：100084　电话：010-62776969　http://www.tup.com.cn
　　　　　北京交通大学出版社　邮编：100044　电话：010-51686414　http://press.bjtu.edu.cn
印　刷　者：北京鑫海金澳胶印有限公司
经　　　销：全国新华书店
开　　　本：185×230　印张：16.25　字数：361千字
版　　　次：2010年8月第1版　2019年4月第7次印刷
书　　　号：ISBN 978-7-5121-0191-3/F·682
印　　　数：9001~10000册　定价：37.00元

本书如有质量问题，请向北京交通大学出版社质监组反映。对您的意见和批评，我们表示欢迎和感谢。
投诉电话：010-51686043，51686008；传真：010-62225406；E-mail：press@bjtu.edu.cn。

前 言

在 21 世纪的今天,信息技术飞速发展,极大地促进了社会生产力的变革,人们的生产、生活方式也随之发生了日新月异的变化。现代建筑艺术与计算机技术、自动控制技术及通信技术相融合的产物——智能物业,正逐步成为世界各地建筑市场的主流。

智能物业是信息时代的必然产物,是一门综合了当代多学科高新技术发展的边缘技术领域,建筑物智能化程度随科学技术的发展而逐步提高,建筑物内部安装的各种现代化先进设备其功能不断完善,智能物业的蓬勃发展,大大提高了人们的工作效率和生活质量。然而,一个非常严峻的现实问题也随之出现:我国目前尚缺乏从事智能物业设计、施工、管理和维修的技术人员,培养一大批高素质的智能物业管理人才已刻不容缓。为了更好地解决技术及管理人员短缺的问题,为培养大量各种层次的技术人员和管理人员提供理论依据,编写了本书,供从事智能建筑及其物业管理的人员参考之用。希望通过此书,使读者能够了解智能建筑及其物业管理的概念、特点、难点,以便积极采取相应的管理措施,努力提高智能化系统的开通率和设备的效益及作用。

全书共分 8 章,其中第一章介绍了智能物业的概念及其物业智能化管理的特点等;第二章介绍了物业智能化的技术及其管理基础;第三章至第七章主要介绍了智能物业中的物业设备自动化系统、消防系统、保安监控系统、通信网络系统、综合布线系统的系统组成、特点、运行原理及其应用管理等;第八章介绍了智能物业设备在前期、正式运行和后期三个阶段的维护保养、运行管理等。

在编写过程中,作者查阅了大量的参考文献和国家标准,其中大部分作为参考书目已列于本书之后,以便读者查阅,同时谨对原作者表示感谢。

由于编者的知识水平和经验有限,加之编写时间仓促,书中难免有错误或不妥之处,恳请读者批评指正。

编　者

2010 年 4 月

目 录

第一章 概论 …… 1
- 第一节 智能物业概述 …… 1
- 第二节 物业智能化管理 …… 9
- 第三节 智能建筑物业管理的发展方向 …… 14
- 思考题 …… 16

第二章 物业智能化技术及管理基础 …… 17
- 第一节 物业智能化的技术基础 …… 17
- 第二节 物业智能化管理基础 …… 27
- 思考题 …… 35

第三章 物业设备自动化系统及其应用管理 …… 36
- 第一节 物业设备自动化系统概述 …… 36
- 第二节 空调系统监控管理 …… 43
- 第三节 给排水系统监控管理 …… 57
- 第四节 供配电系统智能化监控管理 …… 65
- 第五节 照明系统监控管理 …… 68
- 第六节 电梯系统监控管理 …… 70
- 思考题 …… 72

第四章 智能物业的消防系统及其应用管理 …… 73
- 第一节 概述 …… 73
- 第二节 火灾自动报警系统 …… 78
- 第三节 灭火控制系统 …… 92
- 第四节 消防管理 …… 104
- 思考题 …… 108

第五章 智能物业的保安监控系统及其应用管理 …… 110
- 第一节 智能物业保安监控系统概述 …… 110
- 第二节 闭路电视监控系统 …… 112
- 第三节 防盗报警系统 …… 118
- 第四节 出入口控制系统 …… 122
- 第五节 巡更系统 …… 129
- 第六节 停车场管理系统 …… 130

第七节　保安监控系统的应用管理…………………………………………133
  思考题………………………………………………………………………135
第六章　智能物业的通信网络系统及其应用管理……………………………137
  第一节　通信基础知识………………………………………………………137
  第二节　通信网络概述………………………………………………………147
  第三节　通信网技术基础……………………………………………………150
  第四节　通信网络控制………………………………………………………156
  第五节　通信网络系统的管理………………………………………………162
  思考题………………………………………………………………………164
第七章　智能物业综合布线系统的应用管理……………………………………165
  第一节　智能物业综合布线系统概述………………………………………165
  第二节　综合布线系统设计概要……………………………………………171
  第三节　综合布线系统的传输介质…………………………………………175
  第四节　综合布线系统的管理………………………………………………180
  思考题………………………………………………………………………182
第八章　智能物业的设备管理……………………………………………………183
  第一节　智能建筑设备管理的基本理论及基础管理………………………183
  第二节　智能建筑设备的前期管理…………………………………………204
  第三节　智能物业设备运行阶段的管理……………………………………217
  第四节　智能物业设备的后期管理…………………………………………239
  思考题………………………………………………………………………250
参考文献……………………………………………………………………………251

第一章 概 论

第一节 智能物业概述

智能物业是信息网络时代的产物,随着信息网络的发展,智能物业进入了飞速发展时期。从首座智能建筑落成至今,只不过短短的几十年,但其发展势头十分迅猛,智能大厦和智能住宅区遍布于世界各地。由于智能建筑比传统建筑更能为人们提供理想舒适的工作和生活环境,因此许多国家和地区兴起了建造智能建筑的热潮。

任何建筑都与其所处时代的经济、技术状况密切相关,伴随着经济的迅速发展,知识更加经济化,并与经济的知识化相辅相成,互相促进,共同发展。智能建筑是建筑艺术与计算机和信息技术有机结合的产物,它适应社会信息化和经济国际化的需要。随着全球性信息网络时代的推进,智能建筑已是21世纪建筑发展的主流。智能建筑是综合性科技产业,其发展涉及电力、电子、仪表、建材、钢铁、机械、计算机与通信等多种行业。微电子集成电路技术的进步,使计算机技术、通信技术和控制技术发展迅猛。与计算机技术相关的产品的性价比逐年提高,计算机技术在各个领域得到了快速普及。同时数字程控交换机、光纤通信、卫星通信、区域网络与广域网络等都取得长足发展,都为智能建筑的兴起奠定了技术基础。社会发展与需要促进传统建筑向智能建筑转变是发展的必然趋势。

一、智能物业的定义

智能物业又称智能化物业,也叫智能建筑(Intelligent Building,IB),目前主要指的是智能大厦,也包括智能化住宅和小区。智能物业是建筑技术与现代控制技术、计算机技术、信息与通信技术相结合的产物,是多学科、多种高新技术的有机结合,也是现代物业发展的方向。

国内外对于智能建筑有多种定义方法,目前尚无统一的定义。尽管如此,仍然可以从下面给出的几种国内外比较有影响的定义中清晰地了解智能建筑概念的内涵。

(一)美国智能建筑学会定义的智能建筑

智能建筑是通过对建筑物的4个基本要素:结构、系统、服务和管理及它们之间的内在联系进行最优化设计,从而提供一个投资合理的,具有高效、舒适、便利环境的建筑空间。

(1)结构

结构指的是建筑环境结构。它涵盖了建筑物的结构、装饰、建材、空间划分等。

(2) 系统

系统是指实现建筑物功能所安装运行的光机电设备系统。如空调、电梯、照明、给排水、通信、综合布线、物业管理、一卡通、业务办公等智能化系统。

(3) 服务

服务是指为建筑物的使用者和管理者提供高效、优质的全方位服务，提供安全、舒适、高效、便利的生活、学习与工作环境，并降低建筑设备系统的运行维护费用。

(4) 管理

管理是对人、财、物、信息及智能化系统的全面管理，体现高效、节能和环保等要求。

可以认为，结构是其他3个要素存在和发挥作用的基础平台，它对建筑物内各类系统的功能发挥起着最直接的作用，直接影响着智能建筑的目标实现，影响着系统安置的合理性、可靠性、可维护性和可扩展性等；系统是实现智能建筑管理和服务的物理基础和技术手段，是建筑"先天智能"最重要的组成部分；管理是使智能建筑发挥最大效益的方法和策略，是实现智能建筑优质服务的重要手段，其优劣将直接影响建筑物的"后天智能"；服务是前3项的最终目标，它的效果反映了智能建筑的优劣。

(二) 欧洲智能建筑集团定义的智能建筑

智能建筑是使用户发挥最高效率，同时又以最低的保养成本和最有效的方式管理自身资源的建筑。

(三) 日本智能大楼研究会定义的智能建筑

智能建筑是指具备信息通信、办公自动化服务及楼宇自动化各项功能的便于进行智能活动需要的建筑物。

(四) 新加坡政府公共设施署定义的智能建筑

智能建筑必须具备3个条件：一是具有保安、消防与环境控制等自动化控制系统及自动调节大厦内的温度、湿度、灯光等参数的各种设施，以创造舒适安全的环境；二是具有良好的通信网络设施，使数据能在大厦内流通；三是能够提供足够的对外通信设施与能力。

(五) 我国《智能建筑设计标准》定义的智能建筑

智能建筑是以建筑为平台，兼备建筑设备、办公自动化及通信网络系统，集结构、系统、服务、管理及它们之间的最优化组合，向人们提供一个安全、高效、舒适、便利的建筑环境。

以上智能建筑的定义适合当前智能建筑的发展情况，但随着科学技术的进步（如智能材料和智能结构技术等）必将使智能建筑的概念发生新的变化。

二、智能物业产生背景

1984年1月，在美国康涅狄格州哈特福德市，建成了世界上第一座智能大厦——City Place Building。该大楼采用计算机技术对楼内的空调、供水、防火、防盗及供配电系统等进行自动化综合管理，除了能为用户提供诸如语音通信、文字处理、电子邮件、信息查询等服务外，还能提供舒适、安全、方便的办公环境，同时具有极高的灵活性和经济性。随后日本、德国、英国、法国等国家的智能物业相继发展。由于现代高新技术与传统建筑技术的结合，使得智能物业充满了勃勃生机，智能物业之所以能在短短的几十年得到如此快速与大规模的发展，有其深刻的技术、经济和社会背景。

（一）技术背景

计算机技术的广泛应用，使应用行业出现了许多革命性的变化。如通信技术从常规语音通信技术上升为现代化通信技术，实现图、文、音、像信息的宽带传输；传统的仪表自动化技术，发展成为计算机分散控制集中管理的集散型系统。许多行业，如银行、保险、证券、通信、计算机应用与服务行业不仅需要宽敞的建筑空间而且还需要为其提供高效、便捷的工作环境。智能化物业是信息技术与传统产业相结合的一个结合点，计算机技术、通信技术和控制技术为智能物业的实现提供了技术保证。

（二）经济背景

世界经济区域集团化趋势日益明显，各国经济先后被纳入世界经济体系，加快了资金、技术、商品和人才的国际流动。世界经济正由总量增长型向质量效益型转轨，信息已成为经济发展的战略资源，产业结构正向高增值型与知识集约型转变，智能物业顺应潮流，适应了这种产业结构变化的需要，故而得到极为迅速的发展。

（三）社会背景

随着社会的信息化，人们对工作、生活环境的要求日益提高，既要求高效、可靠的通信服务，又要求居住方便、舒适而且节能。随着建筑功能的日益加强，各种自动化的管理与服务设备广泛应用于建筑物内，各种先进设备的管理亦非人工所能应付，社会的客观需要促进了传统物业向智能物业发展。

三、我国智能物业的发展

我国对智能物业的研究始于1986年，这一时期智能物业主要是针对一些涉外的酒店等高档公共建筑和特殊需要的工业建筑，其所采用的技术和设备主要是从国外引进的，各个系统是独立的，相互没有联系。

20世纪90年代以来，我国建筑发展迅速，随着国民经济的发展和科学技术的进步，人们对建筑物的功能要求越来越高，尤其是随着信息化的发展和互联网技术的应用，智能化建筑在我国形成建设高潮。互联网络技术的发展和应用在改变人们工作、商务模式的同时，也改变着人们居家生活的模式，智能化技术的应用逐渐从商务办公大楼发展到住宅小区，智能物业得到了迅速发展。

我国于2000年10月正式实施的《智能建筑设计标准》（GB/T 50314—2000）以国家标准形式明确了智能建筑的内容及意义，规范了智能建筑的概念，符合智能建筑本身动态发展的特性。2006年又对标准进行了修订。智能物业是为适应现代社会信息化与经济国际化的需要而兴起的，是随着计算机技术、通信技术和现代控制技术的发展和相互渗透而发展起来的，并将继续发展下去。

四、智能物业的组成

为了实现高效、舒适、便利、安全的建筑环境，需要建筑物除了具有一般的电力、空调、照明、电梯、消防、报警等设备设施外，还应能够通过计算机系统的网络将上述各种设备、设施的子系统连接起来，使其具备较好的信息处理及自动控制能力，从而满足智能物业特殊功能的要求，适应智能物业的动态发展。

智能物业基本系统主要有：建筑设备自动化系统（Building Automation System，BAS）、通信自动化系统（Communication Automation System，CAS），又可称为通信网络系统（Communication Network System，CNS）和办公自动化系统（Office Automation System，OAS），通常人们把它们称为3A。这三者是有机结合的，是一个综合的整体，而建筑环境是智能物业组成要素的支持平台。如图1-1所示。我国部分房地产开发商将建筑设备自动化系统中的火灾报警自动化系统（Fire Automation System，FAS）和安全防范自动化系统（Safety Automation System，SAS）独立出来，变为5A。

由图1-1可知，智能物业是由智能建筑环境内系统集成中心（System Integrated Center，SIC）利用综合布线系统（Generic Cabling System，GCS）连接和控制3A系统组成的。

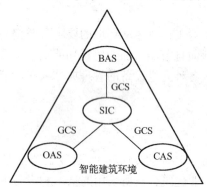

图1-1 智能建筑结构示意图

建筑环境是智能物业赖以存在的基础，一方面要适应21世纪绿色和环保的时代主题，以绿色、环保、健康和节能为目标，实现人与自然和谐的可持续发展；另一方面还要满足智能物业特殊功能的要求。

智能物业的构成，如图1-2所示。在智能建筑环境内体现智能化功能的是由智能化建筑的系统集成中心、建筑设备自动化系统、通信自动化系统、办公自动化系统及连接各个系统的综合布线系统5个部分组成的。

1. 智能化建筑的系统集成中心

系统集成中心（System Integrated Center，SIC）是将建筑物内不同功能的智能化子系统在物理上、逻辑上和功能上连接在一起，以实现信息综合、资源共享，该中心具有各个智能化系统信息总汇集和各类信息的综合管理的功能，它体现了人、资源与环境三者的关系。人是加工过程的操作者与成果的享用者，资源是加工手段与被加工对象，环境是智能化的出发点和归宿目标。

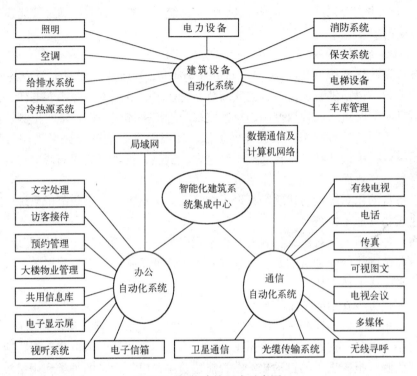

图1-2 智能建筑组成示意图

由于建筑智能化系统是多学科、多技术的综合渗透运用，因此，系统集成中心必须具有较强的信息处理和数据通信能力，及对建筑物各个智能化系统的综合管理能力。

2. 综合布线系统

为了把通信自动化、建筑设备自动化、办公自动化等系统综合管理起来，需要有一种新的布线系统，即综合布线系统（Generic Cabling System，GCS）。综合布线系统是智能建筑连接3A系统各种控制信号必备的基础设施，它能使建筑物或建筑群内部的语音、数据通信设备、信息交换设备、建筑物物业管理及建筑物自动化管理等系统之间彼此相连，也能使建筑物内通信网络设备与外部通信网络相连，目前已被智能建筑广泛采用。综合布线系统由不同系列的部件组成，其中包括：传输介质、线路管理硬件、连接器、插座、插头、适配器、传输电子线路、电气保护设备和支持硬件。综合布线系统是针对计算机与通信的配线系统设计的，因此它可以满足各种不同计算机与通信的要求。在信息意义上兼容语音信号、数据信号、控制信号、数字图像信号，甚至模拟图像信号，可连接电话机、程控交换机、电传、影像、计算机等设备。

综合布线是一种开放系统，这里说的"开放"有3层含义，即能支持多家厂商的不同产品；能提供面向用户的设计方式；安装布线系统时并不要求有关人员对系统连接的有源设备本身有深刻的了解。综合布线系统克服了传统布线各系统互不关联、施工管理复杂、缺乏统一标准及适应环境变化灵活性差等缺点。它实施统一标准，完全能满足智能建筑高效、可靠、灵活性强的要求。

3. 建筑设备自动化系统

建筑设备自动化系统（Building Automation System，BAS）用于对大厦内的各种机电设施进行自动控制，包括供暖、通风、空气调节、给排水、供配电、照明、电梯、消防、保安等。通过信息通信网络组成分散控制、集中监视与管控一体化系统，随时检测、显示其运行参数；监视、控制其运行状态；根据外界条件、环境因素、负载变化情况自动调节各种设备，使之始终运行于最佳状态；自动实现对电力、供热、供水等能源的调节与管理；提供一个安全、舒适、高效而且节能的工作环境。

建筑设备自动化系统包括建筑物管理子系统和火灾报警与安全防范子系统。

（1）建筑物管理子系统

建筑物管理子系统是对建筑物内所有机电设备完成运行状态监控、报表编制、启/停控制及维护保养及事故诊断分析的系统。建筑物中央管理系统通过设在现场各个被控设备附近的控制分站来完成上述工作。

（2）火灾报警与安全防范子系统

火灾报警系统是自动监测区域内火灾发生时的热、光和烟雾，从而发出声光报警信号，并联动其他相关设备，控制自动灭火系统、紧急广播、事故照明、电梯、消防给水和排烟系统等，实现监测、报警灭火的自动化。在智能建筑中，电气设备的种类和用量较多，建筑内的陈设和装修材料大多是易燃的，无疑增加了火灾发生的几率。智能建筑大都是高层建筑，一旦起火，火势猛、蔓延快，人员疏散和救灾困难，因此，智能建筑的火灾报警系统十分重要。

安全防范系统通常是由闭路电视监控系统、防盗报警系统、停车场管理系统和保安人员巡更管理系统等组成的。无论是金融大厦、证券交易中心、博物馆及展览馆，还是办公大楼、高级商场、高级公寓及住宅小区，对保安系统均有相应的要求。安全防范系统要求24小时连续工作，监视建筑物的重要区域与公共场所，一旦发现危险情况或事故灾害预兆，立即报警并采取对策，以确保建筑物内人员与财物的安全。

4. 通信自动化系统

通信自动化系统（Communication Automation System，CAS）用来保证大厦内外各种通信联系畅通无阻，并提供网络支持能力，实现对语音、数据、文本、图像、电视及控制信号的收集、传输、控制、处理与利用。通信网络包括以数字程控交换机为核心的、以语音为主兼有数据与传真通信的电话网、电缆电视网、连接各种高速数据处理设备的计算机局域网、计算机广域网、公用数据网、卫星通信网、无线电话网和综合业务数字网等。借助这些通信网络可以实现大厦内外、国内外的信息互通、资料查询和资源共享。

5. 办公自动化系统

智能建筑中要处理行政、财务、商务、档案、报表、文件等管理业务和安全保卫业务及防灾害业务。这些业务特点是部门多、综合性强、业务量大、实效性高。没有科学的办公自动化系统（Office Automation System，OAS）来处理这些业务是不可想象的。因此办公自动化系统被誉为智能建筑的忠实可靠的人事、财务、行政、保卫和后勤总管。

办公自动化系统是应用计算机技术、通信技术、多媒体技术和行为科学等先进技术，使人们的部分办公业务借助于各种办公设备，并由这些办公设备与办公人员构成服务于某种办公目标的人机信息系统。办公自动化系统主要由日常事务型和决策型两个子系统组成。前一个子系统是通用的，主要是提高人们的工作效率。后一个子系统是与人们从事的工作领域有关，是"专门领域的应用信息系统"，如金融领域的专用信息系统、工业企业领域的专用信息系统、国家经济宏观调控领域的专用信息系统等。

五、智能物业的特点

与传统物业相比，智能物业有以下优点。

1. 创造了安全、舒适、高效、便捷的办公、生活环境

智能物业首先确保人、财、物的高度安全及具备对灾害和突发事件的快速反应能力。通过空调系统自动监测出空气中的有害污染物含量，并将其控制在安全浓度范围，同时调节室内空气的温度、湿度和洁净度，使空气环境满足舒适性要求。提供多媒体音像系统、装饰照明、公共环境背景音乐等，甚至控制色彩、背景噪声与味道，可显著地提高使用者在建筑物内的工作、学习、生活的效率和质量。建筑智能化系统通过建筑物内外四通八达的电话网、电视网、计算机局域网、互联网及各种数据通信网等现代通信手段和各种基于网络的办公自动化系统，为人们提供一个更加安全、健康、高效便捷的工作、学习和生活环境。

2. 节省了能源

节省能源主要是通过建筑设备自动化系统来实现的。以现代化的大厦为例，空调和照明系统的能耗很大，约占大厦总能耗的70%。在满足使用者对环境要求的前提下，智能大厦可以利用自然光和大气冷量（或热量）来调节室内环境，以最大限度减少能源消耗。例如，按事先在日历上确定的程序，区分"工作"与"非工作"时间，对室内环境实施不同标准的自动控制，下班后自动降低室内温度、湿度控制标准或停止照明及空调系统，已成为智能大厦的基本功能。利用空调与控制等行业的最新技术，最大限度地节省能源是智能物业的主要特点之一，其经济性也是该类建筑得以迅速推广的重要原因。

3. 节省了设备运行维护费用

通过管理的科学化、智能化，使建筑物内的各类机电设备的运行管理、保养维修更趋自动化。建筑智能化系统的运行维修和管理，直接关系到整座建筑物的自动化与智能化能否实

际运作，并达到其原设计的目标。维护管理工作的主要目的，是以最低的费用去确保建筑物内各类机电设备的妥善维护、运行、更新。根据美国大楼协会统计，一座大厦的生命周期是60年，启用后60年内的维护及营运费用约为建造成本的3倍；根据日本的统计，一座大厦的管理费、水电费、煤气费、机械设备及升降梯的维护费，占整个大厦营运费用支出的60%左右，且这些费用还将以每年4%的幅度递增。因此，只有依赖建筑智能化系统的正常运行，发挥其作用才能降低机电设备的维护成本。由于系统的高度集成，系统的操作和管理也高度集中，人员安排更合理，使得人员成本降到最低。

4. 现代化的通信手段与办公条件大大提高了工作效率

在信息时代，时间就是金钱，智能物业可以大大提高工作效率。智能物业中，企业可以利用物业局域网，统一调度各部门运作，实现信息共享、互访和传递，极大地提高内部工作效率；用户可以通过国际互联网进行多媒体信息传输和收集，还可以通过国际直拨电话、可视电话、电子邮件、声音邮件、电视会议、信息检索与统计分析等多种手段，及时获得全球性金融商业情报、科技情报及各种数据库系统中的最新信息，随时与世界各地的机构进行商务往来，处理各种事宜。空前的高速度，大大有利于决策与竞争，这就是现代化公司或机构竞相租用或购买智能大厦的原因。

5. 方便管理，提高了生活质量

智能物业可以通过总线控制技术实现对家中通信、家电、安保等设备的监视控制，实现水、电、煤气多表自动计量、自动收费，可以通过网络提供社区服务、网络医疗、教育、娱乐、购物、投资理财等各类服务，从根本上改变了人们的生活、工作方式，提高了生活质量。智能物业可以自动进行安全和灾情报警、智能门禁管理、自动监控水、电、空调等设备，显示设备运转情况，进行故障诊断，提醒及时维护等；智能物业还可以实现车辆出入管理、水、电、煤气自动计费、收费，快速报修，网上传递服务信息等。

6. 广泛采用了"4C"高新技术

在建筑智能化系统中，广泛采用了"4C"高新技术。"4C"高新技术是指现代计算机技术（Computer）、现代通信技术（Communication）、现代控制技术（Control）和CRT图像显示技术。由于现代控制技术是以计算机技术、信息传感技术和数据通信技术为基础的，而现代通信技术也是基于计算机技术发展起来的，所以，"4C"高新技术的核心是基于计算机技术及网络的信息技术。

7. 系统集成

从技术角度看，智能物业与传统物业最大的区别就是智能物业各智能化系统的系统集成。智能物业的系统集成，就是将智能物业中分离的设备、子系统、功能、信息通过计算机网络集成为一个相互关联的统一协调的系统，实现信息、资源、任务的重组和共享。也就是说，智能物业安全、舒适、便利、节能、节省人工费用的特点，必须依赖集成化的建筑智能化系统才能得以实现。

第二节 物业智能化管理

一、物业智能化管理的概念

物业管理涉及的领域很广泛，它包括对不动产、土地、建筑物、设备、房间、家具、备品、环境系统、服务、信息物品、预算和能源等设施的管理。物业管理是房地产综合开发的延续和完善，又是现代化城市管理和房地产经营管理的重要组成部分。它不仅能延长物业使用年限，确保其功能正常发挥，扩大收益、降低运营费用，也是为了提高企业形象、提供适合于用户的各种高效率低收费的服务、改善业务体制、使工作流程合理化和简洁化。

物业智能化管理，是指在物业管理中，运用现代计算机技术、自动控制技术、通信技术等高新技术和相关的设备系统实现对物业及物业设施、设备、物业环境、物业消防、安防等的自动监控和集中管理，实现对业主信息、报修、收费、综合服务等的计算机网络化管理，以完善业主的生活、工作环境和条件，充分发挥智能物业的价值。

智能化的物业管理是智能物业发展的必然结果，也是智能物业发展的客观需求。智能物业是物业智能化管理的对象，而物业智能化管理是智能物业正常使用、保值增值的保障，随着智能物业的飞速发展和不断完善，对物业智能化管理的需求也越来越迫切。物业智能化管理市场极为广阔，但同时也对从事传统物业管理的企业提出了有力挑战，它不仅仅是管理方式和管理手段的改变，更需要管理理念的转变和管理人员素质的大力提高。物业智能化管理是物业管理行业具有知识经济特征的集中体现，可以说，物业智能化管理是一种知识型管理。

智能化系统运行管理的目的，是充分发挥建筑物中央控制室总调度、联系、协调、控制作用，监控智能物业各系统的运行状况，确保各系统能够正常运行，并在出现异常情况时能及时处理。因此，在智能物业的管理工作中，应十分重视先进的维修设备的应用，依靠先进技术、设备与管理，提高生产和管理质量。

二、智能物业管理的特征

智能物业管理与传统物业管理在管理模式上的最大区别，就是智能物业管理借助于建筑智能化系统的自动化监控与信息处理能力，使得智能物业管理模式与建筑智能化系统运行模式相适应，相互协调、配合。通过建筑智能化系统对物业管理的支持，以及应用网络化、信息化和自动化等高新科技来促进和提升物业管理水平。

智能物业管理的主要特征表现在以下几个方面。

1. 智能物业管理的网络化特征

传统的物业管理是自成体系的独立管理模式，也可称之为"信息孤岛"，物业管理的信息传递采用派送人工填写的表格及在公告栏张贴、广播等方式。

智能物业管理是通过网络来实现物业管理信息的传递和交互的。在大厦和住宅小区内建立宽带 Intranet 局域网,实现与 Internet 的连接。物业管理公司可以通过网络来发送物业管理通知,住户也可以通过网络实现物业保修和管理投诉及查询物业收费的有关资料。同时一个物业管理公司也可以通过远程网络实现对多个异地物业楼盘的管理,提高物业管理的效率和优化管理的水平,从而降低了物业管理的运作费用。

2. 物业管理信息系统的应用

传统物业管理的信息采集是静态的、单向的、独立的信息和数据,同时采集到的这些信息和数据实时性很差,大多是历史数据。信息的采集指向是单方向的,或者是广播式的;所采集的信息独立且不具有相关性,也很难实现信息的共享。物业管理信息库的建立通常采用人工方式进行,因此信息的利用和管理效率都很低。

物业管理信息系统是能对物业管理各种事物进行信息处理(收集、存储、加工、传递等)、维护和使用,反映物业管理企业运行状况,辅助企业决策,促进企业实现规划目标,提高管理效率与质量的计算机应用系统。它是专用于物业管理企业处理物业管理各种事务的专向管理信息系统,包括一整套的计算机硬件设备和基础应用软件与物业管理事务处理专用软件。

3. 各种智能化设备系统的自动监控和集中远程管理

在传统的设备管理中,如进行设备运行状况监测,只能靠人工现场巡查、看护,而实行智能化管理只需在中央监控室便可了解各种设备的运行状况、调节设备的运行,并可根据设备自动报警信号显示故障区,迅速启用备用设备或及时到位抢修,确保大厦设备的正常运行。同时还可根据自动记录下来的设备状况信息自动安排维护、检修周期和计算机显示等。这种集中远程自动监控管理,极大地提高了设备的管理维护效率,确保了物业的正常使用和良好环境。

4. 保安、消防、停车管理高度自动化

保安、消防、停车管理均是物业管理的重要内容,往往需占用大量人力。配备了完善的智能系统的物业,可以实现保安、消防自动监控,减少大量一线巡视人员。如保安方面,可以用电视监控系统监控物业大堂、电梯、楼梯、走廊、出入口、停车场等重要部位,用红外探测系统探测有无非法越界进入物业区域的现象,并向中心监控室报警,用电子巡更系统记录保安巡视情况,门禁系统自动识别来人有无进入资格;消防方面,全套探测报警设备可以自动探测有无火灾苗头,自动报警,显示异常部位,管理人员可在中心监控室切断相关部位电源,启动防火、灭火设备,指挥人员及时到位灭火救险;停车管理方面,智能化的停车收费系统可以做到自动识别月还是临保车辆(通过感应车头标签),自动计时,收费放行。

5. 三表自动计量,各种收费一卡通

智能抄表系统可以免去人工挨家挨户上门抄表的烦琐,实现多表数据自动采集、传输、计费,配以一卡通系统又可以免去管理人员上门收费或用户到指定地点交费的不便,住户只需手持一卡便可通过刷卡交费(包括物业管理费)。

三、物业管理企业在智能物业管理中面临的机遇与挑战

（一）业主需求的特点

只有准确把握业主的需求，物业管理企业才能有效地制定及推出相应的服务来满足业主的需求。随着城市化发展及信息化的普及，用户对通信设备现代化及建筑智能化的需求越来越多，大部分业主的需求主要体现在以下几个方面。

电子邮件：与总部及客户进行沟通，优点是方便及无时间性限制。

远程视像会议：与总部及客户进行远程视像会议，优点是快捷及不受地域限制。

综合业务数字网：可高速传送文字、数据、语音及图像，并可高速上网下载最新信息。

对一般住宅用户来说，首要需求是安全，其次要求的是简单便捷。无论是办公楼、商场或是普通住宅的用户，都希望享有一个简单便捷的办公或家居环境，所以区别于传统生活方式的服务项目，如水、电、煤、物业管理等费用的自动计量及能够方便居民出入、上网、电子付费等的系统设施设备受到用户欢迎。

开发商在宣传智能住宅的同时，应考虑到用户的需要。对大部分用户来说，大厦智能化程度高，设备先进固然很重要，但最重要的是这些设备设施的可用性及用户对日后维护、维修费用的可承受性。这是开发商和物业管理公司在考虑大厦智能配置时需要特别注意的。

（二）物业管理企业在信息时代享有的机遇

由于物业智能化管理的技术性及专业性，它给物业管理企业带来不少挑战，但若经营得法，充分发挥其功能，便可以为物业管理企业带来无限商机。

1. 信息化管理有助于提高物业管理企业的知名度

由于智能化管理可提供高度的信息共享，且网络覆盖面不限于其管理范围，企业的曝光率也相应提高，有助于企业宣传。香港几家大的物业管理公司，如和黄、港基、康业、启胜、太古等全部利用互通的内、外联网来管理物业、共享信息及提高企业知名度。

2. 信息化管理可以提高物业管理企业的专业形象

传统物业管理一般给外界的印象是专业性较低的服务行业，这与其服务范围广、具体可让客户看见的技术性工序不多有关。但网络化管理需要技术的高度支持与配合，管理企业可借此塑造其专业化形象。香港新鸿基集团启胜管理服务有限公司便是利用其公司网页作为主要宣传媒介，介绍公司及服务内容以提高专业形象。

3. 信息化管理有助于提高整体服务水平

物业管理企业可利用微电子技术提供更准确、更便捷及更体贴的服务，较传统管理有更大的发展潜能。例如，北京名都园管理处已采用电子通告方式在电子屏幕上打出如停水、停电等重要消息，比传统式张贴或派发广告更环保、便捷。

4. 利用信息化管理开拓其他业务

物业管理企业可充分利用内、外联网提供除正常管理服务以外的其他服务，如楼宇租赁

服务、租赁软件服务、代购服务等。此类服务均可为企业带来可观的经济效益。

（三）智能建筑在建设与管理中存在的问题

1. 整体水平不高，设计质量低

智能建筑技术应用的整体水平不高，相关技术产品尚不适应市场需求，缺乏具有自主知识产权的硬件和软件产品。许多建设单位对智能建筑的期望过高，有些设计人员不熟悉智能化设备的技术与智能建筑的设计方法，不能完备地完成智能建筑的设计，使得竣工后的智能化系统出现集成性差、监控点配置不合理、控制精度低等一系列智能系统应用效果差的问题，致使物业管理实施困难。

2. 施工规范和验收标准不全

智能建筑中的建筑设备自动化系统、通信网络系统、办公自动化系统都与计算机、通信等新技术有关。由于这些新技术发展很快，有关的设备与系统的规范和标准尚不健全，在工程规划、设计、施工、管理、质量监督、竣工验收等环节缺乏相应的标准规范和技术法规，不少智能化设备是在无测试、无规范、无标准的情况下验收的，因此，一些工程竣工后智能化设备不能正常工作。因而，作为今后操作、维护、使用的物业管理公司便成了使用状况不良、维护精力牵扯过大的受害者。

3. 系统集成商的技术水平良莠不齐

智能建筑系统集成涉及十几个专业上百种产品的集成，对系统集成商的要求很高。由于系统集成商大多不生产自己的软、硬件产品，需要将不同国家不同品牌的产品和系统整合为开发商所需智能建筑系统，因此，对产品的技术参数、性能的了解存在差异，对智能化系统的集成在技术水平上存在良莠不齐的现象。系统集成商遗留给物业管理公司的问题，有可能是致命的，物业管理公司在运行设备过程中已完全受到硬件技术的更新费用和软件技术的提供渠道的双重限制。

4. 重建设轻管理

重建设轻管理是一个普遍存在的问题。目前，物业管理的整体素质不能与智能化建设的发展速度同步提高，政府对管理公司的管理要求还没有指导性意见，而开发商往往只注重对硬件设备的投入，如何使用管理则缺乏统筹考虑。因此，管理人员与配置要求差距较大，物业管理的收费与管理要求有较大的差距。

智能化本身不是静态的，而是动态发展的。随着技术和产品的维修与更新换代，自动化程度越来越高，对物业管理的要求也越来越高，智能设施的管理已逐步成为建筑管理的核心。好的管理，能充分利用智能信息技术提升建筑的服务功能、管理功能和安全功能。反之，则会造成设备的严重浪费，智能化系统不能真正发挥作用，开发商花大量资金投入的智能化系统名存实亡，甚至给物业管理者和业主带来沉重的包袱。

5. 专业技术人员配置欠缺

物业管理人员的技术水平低，管理不善，造成设备故障率高。多数业主还不易接受智能建筑的物业管理是知识管理的体现这一观念，固执地认为智能建筑的物业管理与传统物业管理的服务内容无根本上的区别，压低物业管理收费，以致物业公司运行成本的合理支出受到影响，不得不在人力资源的配置上想办法，用减少专业工程技术人员的配置人数和降低管理人员的知识层次来弥补开支上的不足。专业技术人员欠缺，最终使智能化系统不能有效地正常工作，从而也就无法谈及智能建筑给投资者带来的好处。

（四）发展我国智能建筑物业管理的对策

智能建筑物业管理的主要目的是维护、维修智能化系统的各种设备设施，保证用户日常生活、工作的需要。因此，如何结合智能化系统的技术特点和运行要求，事先预料到可能发生的各种问题，第一时间把故障排除在萌芽状态，减少运行中断，便成为智能建筑物业管理优化的一项非常重要的工作。

1. 优化智能化系统物业管理的思路是化被动为主动、变无序为有序

对智能化系统本身而言，在正常运行中最容易出现的问题是末端传感器、执行机构的老化。物业管理的主动性集中表现在如何把这些因老化产生的故障从事后维修转变为事先保养，即在一切可能出现、还没有出现故障的时候及时给予维护和排除。这就需要有一个完备的维护计划与维护对策。通过对运行记录与趋势的科学分析，制定设备老化的处理与技术升级策略，包括备品、备件的准备和更换对策。

2. 操作的规范化是高效率的基本保证

如果等事件发生以后再讨论和考虑处理方法，结果往往会是一种缺乏严密性的无序的措施组合，很难取得高效、快速的效果。因此，物业管理优化的有效性，集中地体现在管理的预见性上。对于所有可能出现的、会影响到智能化系统正常运行的内部因素和外部因素都要有足够的应急预案，制定缜密的操作内容和操作程序。例如，在与建筑的协调方面，应当预计到失火、盗抢等突发事件的应急处理，明确关于通道、门禁、电梯、照明的应急预案；在灾害预防方面，应该考虑到暴风、暴雨、潮汛、地震、战争等非常事件发生时的应急预案；在与能源的协调方面，需要预先准备一套一旦发生水、电、煤气供应问题时的应急预案；在与机电设备的协调上，更应该有一个冷热源、变配电、给排水等机电设备发生严重故障时的应变措施预案。

3. 加强智能建筑物业管理的发展性

加强智能建筑物业管理的发展性有两个意义。由于工作目标和工作内容的改变，人们必然需要对环境条件作出经常性的调整，因此，智能建筑物业管理要具备建成以后按照使用者的要求，随时对智能化系统进行调整的能力。另外，智能建筑物业管理的发展性在宏观上表现为，智能化系统从整体上需要不断吸收各个相关专业的新技术、新设备，以此加强和扩展其信息处理能力。物业管理部门也应该适应这种技术和应用的发展，具备技术扩展能力。

4. 在全面质量管理的观点指导下进行全程管理

物业管理是智能建筑开发经营的最后环节，但要做到最优化的物业管理，不能够等到智能化系统开始运行时才去介入、到经营管理时才去注意质量。物业管理部门应该尽可能早地参与将要管理的智能建筑工程。最理想的是从最初项目计划阶段就开始参与到工程中，把系

统的需求、功能同日后的管理模式结合起来，做到设计、施工、管理的一体化。如果在项目施工阶段介入，还可以了解到智能化系统的全部布局和安装情况，以便纠正一部分设计中考虑不周到的地方，为日后的维护保养带来许多方便。总而言之，物业管理部门必须在项目调试验收阶段之前进入智能化工程。

物业管理的优化，直接决定了人员的素质和数量的配备。从行为科学的基本原理出发，智能建筑物业管理的技术人员需要完善相关专业学科知识。智能化系统的学科门类涉及自动控制、通信、计算机、仪表、力学和机电设备等诸多方面，而且是多学科的综合性应用。因此，智能化系统物业管理技术人员最好有 3 年以上，即至少经历一个智能化工程周期的经历。

第三节 智能建筑物业管理的发展方向

智能大厦的出现引起了人们的关注，世界各国的建筑行业纷纷效仿，尤其是发达国家发展得最快。据有关资料报道，如果将一座新建筑物建成为智能大厦，只需要在原有基础上增加 5% 的投资就可以增加约 20% 的回报率，这是相当吸引人的。智能大厦中智能系统的投资一般只占大厦全部预算的 5%～10%，这部分资金收回期大约要 3 年左右。因而，房地产商们非常热衷于投资智能建筑。

目前，智能建筑已成为一个国家综合经济实力的表征。美国拥有的智能大厦已逾万座；新加坡要把全岛建成"智能花园"；1985 年，日本第一座智能大楼——日本电话电报智能大楼建成，此后，日本各大公司新建的办公楼几乎是清一色的智能建筑，到 20 世纪末，日本近 65% 的建筑实现智能化。由此可见，智能建筑是最有生命力的建筑，它的产生和发展是现代科学技术和建筑业发展的必然结果。

我国智能建筑起步虽晚，但却以惊人的速度蓬勃发展。时至今日，智能建筑已不局限于高级商贸、办公大厦，现在新上的大中型公共建筑项目多数有不同程度的智能化成分，范围已扩展到机场候机楼、车站、博物馆、图书馆、医院、学校、商场和住宅小区。

随着智能建筑的飞速发展，与之相对应的物业管理应运而生，并不断发展起来。纵观当今世界智能建筑物业管理的发展史，不难发现，其发展是与本国的政治、经济、文化、科技及生活习惯相关的。与世界发达国家相比，我国的智能建筑物业管理还有很大的差距。但是，社会的需要将会大大促进科技的发展，智能建筑（包括大厦、小区）正处在蓬勃发展期，智能建筑物业管理必将有美好前景。

智能建筑物业管理的未来发展，从技术角度看，可以归纳为高性能化、高智能化及城市化组网三方面的发展。

1. 高性能化

智能建筑包含了机械、电子、建筑及化工等行业的新技术。电子技术、自动化技术、计算机技术、通信技术和新材料、新设备等与建筑业直接相关的技术的发展，为智能建筑技向高性能化发展提供了全方位的技术支持。智能建筑已取得的成就和可预见的发展前景，吸引了大量的优秀人才，为智能建筑技术的发展提供了雄厚的人力资源。智能建筑的性能是一个不断发展的过程，智能建筑技术将继续向高性能化发展，其中包括楼宇自动化、通信网络化、办公自动化等。

2. 高智能化

智能建筑是建筑与智能化系统的结合。智能化本身是动态的而不是静止的，智能化是一个发展过程，不会发展到顶峰这一静止状态。随着智能建筑的发展，系统的智能化程度越来越高，智能建筑的智能化会促进智能建筑物业管理的管理智能化。

3. 城市化组网

随着时代的前进与发展，智能建筑范围也在不断地发展与充实。由于建筑智能化技术在住宅建筑中的大量应用，供人们居住的具有智能化、信息化、数字化功能的住宅小区不断涌现，智能化住宅（小区）动态地改变了智能建筑原有的含义，成为智能建筑的另一重要组成部分。智能化住宅（小区）的建设与发展，不仅已经成为一个国家经济实力的体现，而且也是一个国家科学技术水平的综合标志之一，它也成为人类社会住宅建设发展的必然趋势。

在人类社会步入 21 世纪的今天，在现代化城市中，人们建设了越来越多的智能建筑（群）及具备了智能建筑特点的现代化居住小区。虽然它们都建成了自己独具特色的综合信息系统，但从整个城市来讲，它们仍只是一个个功能齐全的信息孤岛或者称为信息单元。如何将这些信息孤岛有机地联系起来，更大地发挥它们的功能和作用，进而将整个城市推向现代化、信息化和智能化，数字化城市的概念应运而生。智能建筑物业管理首先是在某幢大楼或某个小区实现，如果不搞集群化、组网化管理显然是不经济的。国外先进国家的城市物业管理、城市化组网是值得学习与借鉴的。

从新加坡发展智能建筑的过程来分析，其智能建筑与智能化小区的兴建与技术水平在世界上占有重要地位。新加坡在智能建筑系统集成领域，尤其在软件及新技术开发上名列世界前矛。新加坡捷讯宇博系统工程有限公司开发的集成智能管理系统于 1994 年对将新加坡电信局所属 3 幢建筑物的楼宇机电设备进行统一的监测和控制。用户可以在网络工作站上通过一定的安全措施（密码系统）直接处理楼宇设备的运行，进行故障跟踪、设备保养和管理工作。JTC 公司是新加坡政府指导下承担新加坡工业产业开发和管理的物业公司，曾经承担了对 Jurong 工业园区和樟宜国际机场等工业项目的开发和升级改造，目前 JTC 公司在新加坡管理着数百幢多层厂房大楼。为了改进物业管理，使用户运作更方便、更有效率，JTC 公司委托新加坡捷讯宇博系统工程有限公司设计和安装用于设备管理的中央监控指挥系统。这一系统最终将扩展成为包含全部所属的工业建筑。由这个系统监测和控制的设备包括：安全保卫系统、电梯系统、能源系统和公共事业系统。

所以，建立城市化网络是智能化物业管理今后的发展方向，这样可以大大提高效率，降低管理成本。

思 考 题

1. 什么是智能物业？
2. 智能化物业管理的"智能化"主要体现在哪些方面？
3. 简述智能建筑的4个基本要素及其含义。
4. 如何组织实施智能化物业管理？
5. 简述物业智能化的发展趋势。
6. 简述智能化管理时代的用户需求特点。

第二章 物业智能化技术及管理基础

第一节 物业智能化的技术基础

智能物业的支持技术，主要包括计算机技术、自动控制技术和通信网络技术。了解相关技术的基础知识对智能化的物业管理起着至关重要的作用。计算机技术与通信网络技术的充分融合提供了信息基础设施；计算机技术与自动控制技术的结合为人们创造了舒适、节能并且高度安全的工作环境；丰富的信息资源，完善、便捷的信息交换，为人们的工作带来了前所未有的高效率。

一、计算机控制技术

1946年世界上第一台电子计算机在美国诞生，20世纪50年代中期，数字计算机开始应用于过程控制中，此后，随着计算机技术的发展，计算机在控制系统中得到广泛的应用。

计算机控制技术是计算机技术和自动控制技术相结合的应用技术，是构成智能物业设备自动化系统的关键技术。数字计算机强大的计算能力、逻辑判断能力和大容量存储信息的能力使得计算机控制能够解决常规控制技术解决不了的难题，能达到常规技术达不到的优异性能指标。由于其性价比高，便于实现控制与管理相结合，使自动化程度进一步提高，因此，楼宇机电设备采用计算机控制后，才能真正提供一个安全、节能、高效而又便利的环境。

（一）计算机控制系统的控制过程

计算机控制系统的控制可分为硬件控制和软件控制两部分。

1. 计算机控制系统的硬件控制

自动控制的目的是控制某些物理量按照指定规律变化，因此需要采用负反馈构成闭环控制系统，根据被控参数测量值与期望值的偏差，采用一定的控制方法使执行机构动作，以消除偏差。传统的应用模拟调节器进行控制的负反馈闭环控制系统框图见图2-1，测量元件对被控对象的被控参数进行测量，反馈给由模拟调节器组成的控制器，控制器将反馈信号与给定值相比较，如有偏差，控制器将产生控制量驱动执行机构动作，直至被控参数值满足预定要求为止。

将图2-1中的控制器和比较环节用计算机代替，则可构成计算机控制系统，其框图见图2-2。由于计算机的输入和输出信号都是数字信号，因此计算机控制系统还需要有模/数（A/D）和数/模（D/A）转换装置。

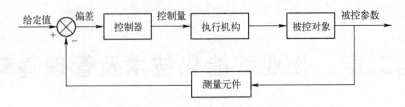

图 2-1 负反馈闭环控制系统框图

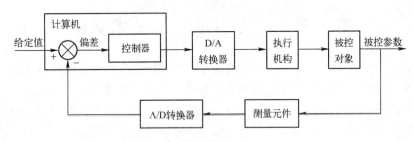

图 2-2 计算机控制系统基本框图

计算机控制系统的控制过程通常为以下几个步骤。

① 测量元件对被控对象的瞬时值进行检测，并通过模/数转换器输送给计算机。

② 计算机对所采集到的表征被控参数的状态量进行分析，按照内部存储的相关算法或控制规律决定控制过程，计算出控制量。

③ 计算机输出的控制量通过数/模转换器传送给执行机构，使之执行相应的操作，对被控设备加以控制。

上述过程不断重复，使整个系统能够按照一定的动态品质指标工作，并且对被控参数和设备本身出现的异常情况进行及时监督，同时迅速作出处理。

2. 计算机控制系统的软件控制

用于计算机控制的软件必须具有实时性，操作控制的实时性表现在以下几个方面。

（1）实时数据采集

被控对象当前输出的信息（如温度、压力、流量、速度等）随时间变化，如果不及时采集便会丢失，所以在输出信息转化为电信号后，由计算机随时对电信号进行采样，并及时将转换结果存入存储器。

（2）实时决策运算

采样数据是反映被控过程状态的信息，计算机对它进行比较、分析、判断后，得出被控参数是否偏离设定值、是否达到或超过阈限值，即时按预定的控制策略和控制规律进行运算，并作出控制决策。

（3）实时控制

计算机及时地将决策结果形成的控制量输出，作用于执行机构，校正被控参数。

(4) 实时报警

如果被控参数超过设定阈限值或系统设备出现异常情况时，计算机应及时的发出声光报警信号，并自动或人工进行必要的处理。

（二）计算机控制系统的组成

根据控制对象、控制任务、控制要求、使用设备的不同，计算机控制系统的组成可以有多种形式，但是从原理上来说，可以分为硬件和软件两大组成部分。

1. 硬件部分

硬件部分主要包括主机、外围设备、操作控制台、过程输入/输出设备和通信设备等，其硬件组成框图见图2-3。

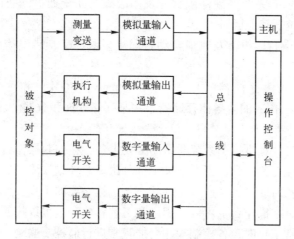

图2-3 计算机控制系统硬件组成框图

（1）主机

主机是由中央处理单元（Central Processing Unit，CPU）和内部存储器组成。主机是计算机控制系统的核心，它根据过程输入设备送来的反映生产过程的实时信息，按照存储器中预先存入的控制算法和控制流程，自动进行信息的处理与运算，及时选定相应的控制策略，并且通过过程输出设备向生产过程发送控制命令。

主机的软件功能包括以下几个方面。

① 系统操作管理：包括操作密码、操作级别、软件操作及设备控制权限。

② 图形显示：其操作界面以图形显示为主，数字表格为辅，可显示采样输入点或调控输出点及智慧卡读卡机控制输出点的动态图形符号和动态数据。

③ 控制调节：可通过图形符号对设备开关阀门大小进行手动控制和调节。

④ 报警：对所有监控点和硬件设备的故障、错误进行报警并且记录。

⑤ 自动报表生成：可以人为或通过时间、范围、类别设定自动产生所需报表。例如，所有点状态、报警点摘要、水电用量报表、巡更记录报表、设备档案报表、能源消耗报表、

报警历史记录等。

⑥ 技术图表和统计：能对所有的监控点进行图表技术分析。图表的表示方式可以是曲线图、棒状图。对长时间统计的数据可采用表格形式。

⑦ 系统资料设定更改：包括平面图的修改，监控点类别、地址、定义的修改、增加。

⑧ 快速咨询：可实现按图或资料的简易名称或关键字快速调用。

⑨ 设备管理：为所有监控的设备建立设备档案，并可以正常修改。例如，设备名称、型号、主要指标、产地、生产厂家、安装地址及开始运行时间、所有需计量的参数累计计量值、维护、维修及更换记录等。

⑩ 用户程序：能提供用户自己编程、维护诊断系统的软件。

⑪ 系统故障诊断：当系统的硬件或软件发生故障时系统通过动态图形标记或文字的方式，提示系统故障的位置和原因。

⑫ 打印：能在终端打印机上及时地自动打印出报警信息、错误信息、各种报表、平面图、趋势图等。

主机中还包括由只读存储器（Read Only Memory，ROM）和读/写存储器（Random Access Memory，RAM）构成的半导体存储器，用来存储软件和数据。

（2）操作控制台

操作控制台是人与计算机控制系统联系的必要设备，在控制操作台上随时显示记录系统的当前运行状态和被控对象参数。当系统某个部分出现意外或故障时，操作台上产生报警信息，使操作人员能够及时地了解生产过程的状态，进行必要的干预，修改有关参数或紧急处理某些事件。操作人员在操作台上可修改程序和工艺参数，也可以按需要改变系统的运行状态。当主机不能正常工作时，各控制操作台能正常进行监控、联络、统计工作，并能实现现场控制操作台之间的点到点通信，共享信息。控制操作台按现场就近设置的原则，分设于设备机房或楼层弱电井内，用于监控和管理该层或相邻层的机电设备。

操作控制台一般包括以下设备。

① 输出设备：包括显示器、打印机、记录仪等。显示器用来显示操作人员所要了解的内容、监视系统工作进程及画面显示等；打印记录设备用来打印、记录各种参数、数据和曲线。

② 输入装置：包括键盘、功能控制按钮和作用开关等。功能控制按钮和作用开关完成对控制系统的启停控制，对工作方式、控制算法和控制方式的选择；键盘即操作键盘，包括数字键和功能键。数字键用来输入数据和参数，功能键使计算机进入功能键所代表的功能服务程序，如打印、显示等。

③ 外存储器：包括硬盘、磁盘、磁带等，用来存放系统数据和程序。

④ 指示装置：包括状态指示灯、报警指示灯和声报警器，用来指示计算机系统的故障或报警。

操作台上的各个设备都需要通过各自的接口与计算机相连，达到操作台设备与控制系统的相互联系。

(3) 过程输入/输出设备

计算机与生产过程之间的信息传递是通过过程输入/输出设备进行的，它在两者之间起到纽带和桥梁作用。过程输入设备包括模拟量输入通道（AI 通道）和数字量输入通道（DI 通道）。模拟量输入通道由多路采样开关、放大器、模/数转换器和接口电路组成，它将模拟量信号（如温度、压力、流量等）转换成数字信号，再输入给计算机；数字量输入通道包括光耦合器和接口电路等设备，它直接输入开关量和数字量信号（如设备的启/停状态、故障状态等）。过程输出设备包括模拟量输出通道（AO 通道）和开关量输出通道（DO 通道），模拟量输出通道由接口电路、数/模转换器、放大器等组成，它将计算机计算出的控制量数字信号转换成模拟信号后，再输出给执行机构（如电动机、电动阀门、电动风门等）。开关量输出通道包括接口电路、光耦合器等设备，它直接输出开关量信号或数字量信号，用来控制设备的启/停和故障报警等。过程输入/输出设备还必须包括自动化仪表才能够和生产过程（或被控对象）发生联系，这些仪表包括信号测量变送单元（传感器、变送器）和信号驱动单元（执行机构等）。

(4) 通信设备

用于实现不同地理位置、不同功能计算机或设备之间的信息交换。

2. 软件部分

计算机内部需要配置相应的软件，从而达到对各个设备的管理。计算机软件有系统软件和应用软件。

系统软件是计算机操作运行的基本条件之一，它是计算机控制系统信息的指挥者和协调者，并具有数据处理、硬件管理等功能，支持包括程序设计语言、编译程序、诊断程序等软件。目前，大多数计算机控制系统软件采用通用的 Windows 操作系统。

应用软件是用户根据自己的需要，自行编制的控制程序、控制算法程序及一些服务程序，包括对系统进行直接检测、控制的前沿程序，人机接口程序，对外围设备管理的服务性程序，保证系统可靠运行的自检程序等，它的质量的好坏直接影响控制系统的控制效果。

（三）集散控制系统

随着计算机技术的不断发展，根据计算机参与控制的方式与特点不同，一般来讲计算机控制系统分为集散控制系统和现场总线控制系统。

集散控制系统（Distributed Control System，DCS），是 20 世纪 70 年代后期随着计算机技术、数字通信等技术发展而诞生的一种先进而有效的控制方法。集散控制系统采用集中管理、分散控制的计算机系统，以分布在现场的数字化控制器或计算机装置完成对被控设备的实时控制、监测和保护任务，以具有强大的数据处理、显示、记录及具有丰富软件功能的中央计算机，完成优化管理、集中操作及显示报警等工作。它的优越性在于克服了集中控制带来的危险性，即高度集中和常规仪表控制功能单一的局限性，避免了常规仪表控制分散后人机联系困难与无法统一管理的缺点,并具有高可靠性、高灵活性、高扩展性的特点。

集散型控制系统是由中央管理级、现场控制级、监控级和数据通信网络4部分组成。中央管理级主要由中央管理计算机及相关控制软件组成。现场控制级和监控级部分主要由现场自动数字控制器及相关控制软件组成,对现场设备的运行状态、参数进行监测和控制。现场控制器的输入端连接传感器等现场检测设备,现场控制器的输出端与执行器连接在一起,完成对被控量的调节及设备状态、过程参数的控制。数据通信网络部分连接集散型控制系统的中央管理计算机与现场控制器,完成数据、控制信号及其他信息在两者之间的传递,如图2-4所示。

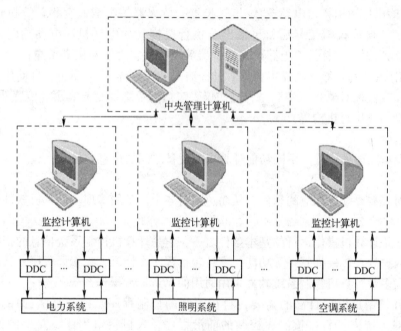

图2-4 集散型控制系统的结构

1. 中央管理级

中央管理级主要由中央管理计算机及相关控制软件组成。中央管理计算机是以中央控制室操作站为中心,辅以打印机、报警装置等外部设备,实现对整个系统的集中操作与监视。

中央管理计算机的主要功能为实现数据记录、存储、显示和输出,优化控制和优化整个计算机控制系统的管理调度,实施故障报警、事件处理和诊断,实现数据通信。

2. 现场控制级

现场控制级是由现场直接数字控制器(Direct Digital Controller,DDC)和其他现场设备组成。现场直接数字控制器直接与各种现场装置(如变送器、执行器等现场仪表与装置)相连,对现场控制对象的状态和参数进行监测和控制;现场直接数字控制器与监控级相连,接受来自中央管理计算机的指令和管理信息,与中央管理计算机及其他站点进行数据交换。

现场控制器的功能包括周期性采样现场数据，处理采样数据，控制算法与运算，执行控制输出等。

3. 监控级

监控级是由一台或多台计算机通过局域网连接构成，作为现场控制器的上位机。监控级直接与现场控制器通信，监视其工作情况，并将来自现场控制器的系统状态和数据通过通信网络传送给中央管理计算机。而中央管理计算机的操作要求又通过网络传递给监控级，再由监控级实现具体操作，给出现场控制器的操作命令。

监控级的主要功能包括如下几个方面。

① 报告功能：如控制器报警功能、操作员操作追踪记录功能等。

② 趋势功能：集散型系统的一个突出特点是可以存储历史数据，并可以以曲线的形式进行显示。一般的趋势显示有两种：一种是跟踪趋势显示，又称为实时趋势；另一种趋势显示为长期记录。

③ 报警管理功能：用户定义所有事件的报警级别、报警延迟时间、屏蔽点的报警等。

④ 历史记录功能：能记录系统历史运行状况。

⑤ 进行系统运行操作功能：通过中央监控计算机和工作站，实现对控制对象的直接操作控制、系统控制参数修改、报警确认等系统运行操作控制。

⑥ 系统维护与管理功能：通过累计设备运行时间、评价系统、设备工作状态等项目，辅助工作人员进行系统与设备的维护管理。

监控级的计算机除了要求完善的软件功能外，还必须有可靠性高的硬件设备，因为它关系到整个系统的运行安全。

4. 数据通信网络

数据通信网络由通信电缆和数据传输管理装置组成，用以传送数据信息，将监控级设备与现场控制级设备连接起来。数据通信网络是集散控制系统的支柱，整个集散控制系统的构成，实质上就是一个网络结构，现场控制站、数据采集站、监控计算机等都是这个网络上的节点，都含有CPU和网络接口，可以通过网络发送和接收数据。网络中的各个节点可以处于平等地位，既能共享资源，又不互相依赖，形成既有统一指挥，又使危险分散的功能结构。

（四）现场总线控制系统

20世纪90年代，现场总线控制系统（Fieldbus Control System，FCS）产生，使得自动控制设备与系统在功能性、可靠性、兼容性、智能化与网络化等方面都得到迅速的发展。

由于微电子学和通信技术的发展，出现了各种智能现场仪表，现场总线是适应智能仪表发展的一种计算机网络结构。现场总线的每个节点均是智能仪表或设备，把每个单个分散的测量控制设备变成了网络节点，网络上传输双向数字信号，是一种多节点、多分支结构的开放型控制系统。集散型控制系统是把控制网络连接到现场控制器，而现场总线控制系统则把通信一直连接到现场设备。现场总线控制系统的结构如图2-5所示。

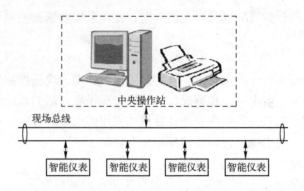

图 2-5　现场总线控制系统的结构

现场总线控制系统具有可靠性高、抗干扰能力强、便于容错、全数字化、通信距离长、速度快、通信方式灵活、造价低廉等优点，适应了控制系统向分散化、网络化、标准化和开放性发展的趋势。

集散型控制系统的现场控制器输入端连着传感器、变送器，输出端连着执行器，由控制器完成对现场设备的控制。传输的是模拟量信号和开关量信号，是一对一的物理连接。

随着电子技术、计算机技术、通信技术、控制技术等的不断发展，自动控制系统的现场仪表与装置的技术水平迅速提高，出现了大量智能化现场设备。智能化的现场设备不仅能检测、转换、传递现场参数（如温度、湿度、压力等），接收控制、驱动信号执行调节、控制功能，还含有运算、控制、校验和自诊断功能，智能化的现场设备自身就能完成基本的控制功能。这种智能化现场设备具有很强的通信能力，通过标准化的网络，将智能化的现场设备联系在一起，构成现场总线控制系统，实现了彻底的集散控制。现场总线控制系统的特点有以下几个方面。

1. 系统的开放性

现场总线为开放式互联网络，既能与同类网络互连，也能与不同类型网络互连，并且可以与世界上任何地方遵守相同标准的设备或系统连接。通信协议的公开，使得遵守同一通信协议不同厂家的设备之间可以实现互换。用户可按自己的需要，选用不同供应商的产品，通过现场总线构筑自己所需要的自动化系统。

2. 互操作性与互换性

不同生产厂家性能类似的设备可以相互通信、相互组态、互换构成控制系统。

3. 现场设备的智能化与功能自治性

现场总线系统将传感测量、计算与转换、工程量处理与控制等功能分散到现场设备中完成，仅靠现场设备即可完成自动控制的基本功能，并可随时诊断设备的完好状态。

4. 分散的系统结构

现场总线系统把传感测量、补偿、运算、执行和控制等功能分散到现场设备中完成，体现了现场设备功能的独立性，构成新的分散控制的结构，简化了系统结构，提高了可靠性。

二、现代通信技术

当今社会已开始进入信息时代,信息技术的更新给人类的学习、生活、工作乃至整个社会都带来了巨大的影响,国家信息基础结构的建设已在许多国家兴起,并将对国家的经济、科技、教育、国防乃至综合国力的提高都起着重大的作用,而通信则在信息化中占有无可争议的重要地位,因此,只有通信的现代化才能实现全社会的信息化。

(一)通信的基本概念

简单意义上讲,通信系统是进行信号传输所使用的硬件设备和软件系统的总称。为了达到高速、高效、准确地传送信息,就需要建立优良的通信系统。通信系统的种类很多。信号由一地向另一地传输需要通过媒质,按媒质的不同,通信方式可分为两大类:一类称为有线通信,另一类称为无线通信。有线通信是用导线作为传输媒质的通信方式,这里的导线可以是架空明线、各种电缆及光纤等。无线通信则不需要架设导线,而是利用无线电波在空间的传播来传递信息。

无论是有线通信还是无线通信,为了实现消息的传送和交换,都需要一定的技术设备和传输媒质。为完成通信任务所需要的一切技术设备和传输媒质所构成的总体称为通信系统。通信系统的一般模型如图2-6所示。图中,信息源即原始电信号的来源,它的作用是将原始信息转换为相应的电信号,这样的电信号通常称为消息信号或基带信号。常用的信息源有电话机的话筒、摄像机、传真机等。为了传输基带信号,发送设备对基带信号进行各种处理和变换,以使它适合于在信道中传输。这些处理和变换通常包括调制、放大、滤波等。在发送设备和接收设备之间用于传输信号的媒质称为信道。在接收端,接收设备的功能与发送设备的功能相反,其作用是对接收的信号进行必要的变换,以便恢复出相应的基带信号。收信者的作用是将恢复出来的原始电信号转换成相应的信息,例如,电话机的听筒将音频电信号转换成声音,提供给最终的信息接收对象。图中的噪声源,是信道中的噪声及分散在通信系统其他各处的噪声的集中表示。

图2-6所示的是对各种通信系统都适用的一个抽象模型,它概括地反映了各种通信系统的共性。根据研究对象及研究问题的不同,将会出现不同形式的较为具体的通信系统模型。

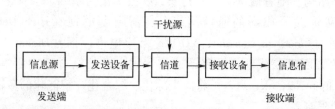

图2-6 通信系统的一般模型

（二）模拟通信与数字通信

通信系统有待传输的信息形式是多种多样的，它可以是符号、文字、语音或图像等。为了实现消息传输的交换，首先需要把信息转换为相应的电信号（以下简称信号）。通常，这些信号是以它的某个参量的变化来表示信息的。按照信号参量的取值方式不同可将信号分为两类，即模拟信号与数字信号。模拟信号的某个参量与信息相对应而连续取值，例如，电话机话筒输出的语音信号、电视摄像机输出的电视图像信号等都属于模拟信号。数字信号的参量是离散取值的，例如，计算机、电传机输出的信号就是数字信号。根据信道中传输的是模拟信号还是数字信号，通信分为模拟通信和数字通信两大类。目前，无论是模拟通信还是数字通信，都已取得了广泛应用。

虽然电信是始于19世纪30年代的电报通信（为数字通信），但是，由于技术和器件等原因，近一百多年来发展最快的却是模拟通信，并且长期占据统治地位。不过，20世纪中叶以后，由于晶体管和集成电路的出现，大大促进了数字电路技术和计算机技术的发展，数字电路的发展突飞猛进，目前已出现了数字通信取代模拟通信的趋势。这是因为，与模拟通信相比，数字通信更能适应于对通信技术越来越高的要求，其主要优点如下所述。

① 抗干扰能力强。在远距离传输中，各中继站可以对数字信号波形进行整形再生而消除噪声的积累。此外，还可以采用各种差错控制编码方法进一步改善传输质量。

② 便于加密。有利于实现保密通信。

③ 易于实现集成化，使通信设备的体积小、功耗低。

④ 数字信号便于处理、存储、交换。便于和计算机连接，也便于用计算机进行管理。

由于模拟信号和数字信号之间可以相互变换，因此，增加适当的变换设备，数字通信系统可以传输模拟信息，模拟通信系统也可以用来传输数字信息。

（三）现代通信技术

现代通信的内容涵盖了多媒体通信、计算机通信网络、个人通信、数字图像通信、程控交换、信息高速公路、语音信箱与电子信箱等，通信网络正在由模拟走向数字、由单一业务走向综合业务、由语音业务走向非语音业务、由自动控制走向智能控制、由窄带走向宽带、由固定走向移动、由服务到家走向服务到人、由电气通信走向光通信、由封闭式的网络结构走向开放式的网络结构。随着信息时代的到来，以数字化为基础、综合化为核心的电信网、计算机网和电视网将融合成新的通信网络。高清晰度电视（High Definition Television，HDTV）、视频点播（Video On Demand，VOD）、数字电声广播（Digital Audio Broadcasting，DAB）在数字传输方面已获成功，由移动通信和固定通信结合运用所组成的个人通信网（Personal Comunication Network，PCN）将向全球化、综合化、智能化的多媒体方向发展，帮助人们超越空间的限制。

现代通信技术是实现大厦内部，大厦与大厦，大厦与国内、国外信息交换不可缺少的关键技术。它在作为未来"信息高速公路"网站主节点的智能大厦中的地位和作用不言而喻。

三、计算机网络技术

计算机网络技术是智能建筑的核心技术，是计算机技术与通信技术的结合。计算机网络技术涉及通信网络系统、办公自动化系统和建筑设备自动化系统。这些系统已延伸到建筑的各个楼层及角落。计算机网络系统已成为智能建筑的重要设施之一。为了更好地理解智能建筑中的网络结构与作用，以便得心应手地使用，了解计算机网络的基本知识是很有必要的。

（一）计算机网络的概念

计算机网络是通过通信设备将地理上分散的多个计算机系统连接起来，按照协议互相通信，达到信息交换、资源共享、可互操作和协作处理的系统。

从定义中不难看出计算机网络有以下一些特点。

① 计算机网络是多个计算机系统互连而成的一个群体，这些系统在地理上是分散的，小到一间办公室就可容纳，如局域网；大到遍布一个国家甚至全球，如因特网。

② 进行通信的每台主机都是独立工作的，它们需要遵循共同的网络协议，才能协同工作。

③ 系统互连需要通过各种有线、无线或卫星等通信线路及相关设备组成的通信设施来实现。

（二）计算机网络的功能

一般而言，大部分计算机网络都具备以下基本功能。

① 数据快速传送和集中处理，这是计算机网络的最基本功能。

② 资源共享，这是计算机网络最有吸引力的功能。由于计算机的许多资源成本是非常昂贵的，如大型数据库、海量存储器、特殊的外部设备等，资源共享指的是网上用户能部分或全部地享用这些资源，使网络中各地区的资源互通有无、分工协作，从而大大提高系统资源的利用率。

③ 提高可用性及可靠性。网络中的各台主机通过网络连接起来后，当某台主机负担过重时，网络可将它的部分任务转交网络中较空闲的主机处理，这样就能均衡各台主机的负载。另外，通过网络，各台主机可以彼此互为备份，如果某台主机出现故障，它的任务可由网络中其他主机代为完成，这就避免了系统瘫痪，提高了系统可靠性。

④ 实现分布处理。对大型的综合性问题可将任务交给多台计算机完成，达到分布处理的目的。

第二节　物业智能化管理基础

物业设备管理在整个智能化物业管理中处于非常重要的地位，它是物业运作的物质和技术基础。建筑智能化系统使用期限的长短、工作效率和工作精度的高低，既取决于系统本身的结构和精度性能，也在很大程度上取决于对它的使用和维护情况。科学、合理的物业设备管理是对设备从使用、维护保养、检查修理、更新改造直至报废的过程进行技术管理和经济管理，使设备始终可靠、安全、经济地运行，为人们提供生活和工作所需的舒适、安全、方便、快捷的环境，从而体现物业的使用价值和经济效益。

一、智能物业设备管理概念

建筑物本体及其中的设施设备都是有寿命的，通常建筑物本体的寿命在60~70年不等。而设施设备的寿命在6~25年不等。建筑物一经投入使用，就需要良好的经营管理和维护管理。对建筑物本体和其中的设施设备，要定期地进行测试和诊断，及时地进行维护和修理，以保证建筑物及设施的完好，这不仅可以延长使用寿命，而且还可以使物业增值。因此，可以说物业设备管理是一个朝阳产业。

国际物业设施管理协会（International Facility Management Association，IFMA）对于物业设施管理所下的定义是："以保持业务空间高品质的生活和提高投资效益为目的，以最新的技术对人类有效的生活环境进行规划、准备和维护管理的工作。"

根据国际物业设施管理协会的分类，物业设施管理的业务内容主要为以下9项。

① 物业的长期规划。
② 物业管理的年度计划。
③ 物业的财务预测和预算。
④ 不动产的获得及其处理。
⑤ 物业规划、业务房间装修标准的设定，机器、器具和备品的设置及房间管理。
⑥ 建筑和设备的规划和设计。
⑦ 新建筑或原建筑的改造更新。
⑧ 维护管理和运行管理。
⑨ 物业的支援机能和服务。

智能建筑设备管理是由一系列以智能建筑设备为核心的管理规章、方法和环节组成，这些设备与系统、管理规章、方法和环境相互联系、相互制约、协调配合地组成了一个为人们提供特大使用功能、实现设备资产目标的设备及其管理的有机体系。图2-7为智能建筑设备管理工程构成框图。由图2-7可知，智能建筑设备管理工程分为规划设计管理工程和使用维修管理工程两大部分，它与建筑公用工程和安全与环境保护工程密不可分，它是对楼宇设备进行全寿命周期的管理。

二、智能物业设备管理的目标与任务

现代化的智能建筑具备了人们生活、工作所要求的各种功能和条件，建筑围护结构及其装饰美化可以满足人们生活、工作的舒适性要求，而各智能化设备设施则可以满足人们所要求的使用功能。智能建筑设备是智能建筑极其重要的一部分，正是由于智能建筑设备在技上的先进性、功能上的完备性和运行的可靠性，才使得智能化建筑的寿命增长，智能建筑得到有效地保值增值，从而获得最佳的经济效益。

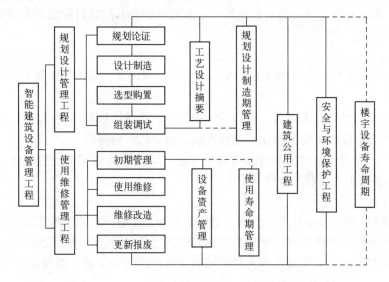

图 2-7 智能建筑设备管理工程构成框图

（一）智能物业设备管理的目标

智能物业设备管理的目标主要有 3 大要素：质量、财务和供给。每一个要素都有十分丰富的内容。

1. 质量目标

智能物业设备管理的质量与人直接相关，建筑物中所有设施都应最大限度地满足使用者的要求。这一质量目标又可分解为以下 5 个分项。

① 特色：每一建筑物都由其位置、功能与建筑风格来表现出其特色，如象征（标志）性、美观及地方的风土特色。

② 舒适：建筑物的环境要使人对身边的一切都感到满意，如光、声、空气、色彩等建筑物理环境不仅适合人的居住活动，而且还能满足使用人的特殊爱好。

③ 效率：建筑物中的信息、通信、计算机网络等各种设施高度综合并形成有机的整体，共享信息，这更提高了各类设施的效率、可操作性和兼容性。

④ 可靠：这里的可靠具有多层含义，在受到灾害与侵犯时对人员的伤害降到最低，减少各类污染对人体健康的损害，提高设施的安全运行寿命，为建筑物使用人提供私密的个人空间等。

⑤ 适应：建筑物的运行符合政府的法规，能和周边地区协调相处，并且为环境保护与节能作出贡献。

2. 财务目标

智能物业设备管理是追求经济效益的组织活动，财务目标自然是十分重要的。随着中国的人力成本、能源费用与设备器材的增长，应从长远的经营战略目标出发来指导工作。财务常可分为4个分项。

① 设施运营费：包括设备租借费、能源费、运行服务费。在工程项目筹建时，需对这3部分费用进行权衡以确定设施的方案。在设施已定的情况下，则控制能源费与运行维护费的支出。

② 设施相关与投资：土地费、增容费、排污费、设备维护更新费用。

③ 设施的固定资产：要努力使固定资产减少折旧，促进增值。

④ 生命周期费用：利用技术措施与管理方法，延长设施的安全运行寿命，降低建筑物运行费用、设备维护更新费用、修缮费等。

3. 供给目标

能随时为用户需求提供最大的空间，是智能物业设备管理的重要职能。

① 需求的响应：能为用户不断地提供他们所需要的空间、环境、设施与服务。

② 设施的利用效率：充分发挥公共区域的设施功能（会议室、健身房、停车场等），提供服务，同时有效利用这些资产。

因此，设备管理应是一项极重要的业务工作和经济活动。但是从中国长期盛行的重建设、轻管理和近年来只是简单的对下岗职工安排从事物业管理的情况来看，似乎对此尚未有足够的认识。

（二）智能物业设备管理的任务

智能建筑设备管理的任务简单地说就是使所有的楼宇设备经常处于良好的工作状态，并尽量避免它们的使用价值下降；在提高各种设备功能的同时，最好地发挥其综合效益，以提高经济收入和达到经济运行的目的。

1. 保持设备完好

通过一系列的技术、经济、组织与综合管理措施，正确使用、精心维护、科学检修，保持设备运转正常，性能良好，设备完好率达到规定要求，设备输出功能能量与能源消耗量比达到设计要求或规定。

2. 保障设备"安全、经济、可靠、合理"地运行

对智能建筑设备来说，"安全"主要体现在设备运行状态参数应符合设计或说明书要求，应在安全参数界限以内，按照安全技术规定操作设备，避免事故发生；"可靠"是指设备的运行操作、保养、维修应按有关规定、规程实施，其内容和质量应达到相应标准，杜绝组织管理上的疏忽，保证设备无故障可靠运行；"经济"主要是指在运行方式上的管理和调节，对不同的使用要求及季节变化、外界条件变化等因素下，确定比较经济的运行方式，在管理措施上给予保证，在具体运行中给予适当调节；"合理"主要指在具体运行操作规程或程序上的合理性，在运行过程中状态参数调节的合理性，在不同情况和条件下运行管理的合

理性。

3. 追求设备寿命周期的费用最经济

追求设备寿命周期费用的经济性，获得良好的设备投资效益，是建设单位和设备管理者要达到的总体目标。对建设单位来说，智能建筑的使用功能定位，确定了设备购置项目及投资额。设备购置费用的合理性、经济性是由建设单位规划确定的，而设备使用寿命维持费用的经济性，则是在建设单位对楼宇功能定位、规划设计符合市场客观要求及设备规划设计、购置合理的基础上，由设备管理达到的。由于设备使用寿命期占设备整个寿命期的大部分时间，其使用寿命周期费用的经济性对设备整个寿命期费用的影响极为显著，所以衡量建设单位设备的投资效益，应从设备规划购置费和使用维持费两部分分析权衡。根据统计分析，智能建筑设备使用维持费大约是规划购置费的 2.5 倍左右。为了使设备寿命周期费用最经济，获得良好的设备投资效益，设备管理者就不仅要负责设备使用寿命期的管理，还要参与建设单位的智能建筑设备规划设计和购置的工作。

4. 延长设备自然寿命，实现设备资产保值

通过科学合理地组织实施设备的综合管理，使设备的自然寿命得以延长。当设备的自然寿命超过了折旧年限，但又在其技术寿命和经济寿命年限之内时，可以认为设备资产实现了保值，而设备资产的保值又构成了智能建筑保值的主要内容。

三、物业智能化管理的内容

（一）智能建筑设备管理的内容

智能建筑设备管理的基本内容包括设备管理机构设置，智能建筑设计建筑阶段的设备规划、选型购置、订货、安装，设备的验收接管等前期管理，设备资料管理、设备的经济管理以及设备使用、维护、维修管理和安全管理。其中对于物业管理企业来说，主要内容是设备运行管理、维护管理、维修管理和安全管理，这 4 个方面的管理内容随具体设备的组成、结构、性能和用途的差异，有较大的差别，需要根据各类设备各自的特点制定相应的管理办法。然而，不论各种设备具体运行、维护、维修管理的措施和办法有多大差异，从宏观角度看，智能建筑设备管理根本上都包括对设备管理人员的管理和设备管理人员对设备的科学管理。

1. 长寿命管理

由于智能化大楼的设备设施日趋大型化、高级化、自动化，在初投资中所占比例也越来越大，设备的物业管理费占据设备寿命周期成本的比例越来越大，因此，维持设备的功能、确保设备的高效率、尽量减少设备的故障，是发挥设备投资效益的重要环节。

2. 设备"三期"的管理工作

建筑设备按使用时间可分为初期故障期、偶发故障期及磨耗故障期，俗称为设备的"三期"。在初期故障期，为了减少设备故障时间，物业设施管理人员要了解装置中寿命最短的部件或组件，并加以特别注意；还要找出设计、施工和材料方面的缺陷和不足，分析造成设备故障的原因并加以解决，尽快使设备故障率下降并进入稳定运行状态。为此，物业设施管理人员在建筑物的安装调试阶段就应该到位，对工程施工进行监理，熟悉整个系统，学习操作和设备保养的方法和程序。

在偶发故障期，使设备的故障率下降到允许故障率之下。此时，应着重提高物业设施管理人员对故障的检测诊断能力和修理能力，加强对物业设施管理人员的教育培训，加强对备品的管理。为降低设备故障率、延长使用寿命，应进行必要的设计改善。

在磨耗故障期，使设备和系统构成接近或达到各自的寿命期。由于零部件的磨损和材质的老化使故障率上升。但如果在磨耗故障期之前将部分零部件更新，可以降低此期间的故障率。在磨耗故障期还应精心进行预防保养，定期对零部件进行检测，掌握其老化程度。同时坚持日常的清扫、加油、调整，减缓零部件的磨损和老化速度，延长其寿命。

3. 设备状况诊断

建筑设备的管理人员，必须对自己所管理对象的情况有全面深入的了解，及时对设备的故障作出可靠的诊断。

首先是调查，根据竣工图文件、各种管理台账、大楼管理者和业主提供的资料现场确认，为今后的诊断确定调查对象。但仅凭这样的调查是不能作出诊断的。调查的主要内容是确认设备故障的程度和范围、今后进行设备诊断的实施条件（如实施的时间、周期、预算、保管的资料、数据）、进行诊断维修的制约条件（维修作业的空间限制、时间限制；设备功能中止的允许范围、时期和周期等）。

要作出正确诊断必须了解设备的下述情况。

① 设备的老化情况：对部件主要是掌握其磨耗度、腐蚀度和绝缘性能；对机器主要是掌握其效率、噪声和振动；对系统则主要掌握其热平衡、水量平衡。设备的老化会影响其功能，比较容易找准诊断的对象，但调查得到的现象必须找到原因。

② 节能情况：调查分析能耗量的构成，判断是否引入建筑、设备、运行管理和室内环境方面的节能用途及空间的分隔对能耗量的变化，而实际运行与当初的设计思想不可能完全一致。因此，室内的重新装修和重新布置必须要与建筑设备系统的改造相结合。

③ 信息化：当设备系统提出功能变更和升级的要求时，应对现存系统的功能程度进行调查诊断，以机器、系统的性能测定为中心，掌握附加新功能的可能性和制约因素。

④ 安全性：对建筑物的防灾能力与防范能力根据现行法规调查其设置状况和动作情况。

（二）物业智能化管理的重点

智能化系统物业管理的核心是保持长期、持续的运行，在精细化运行中发挥效益。由于智能化系统以电子技术为主的特点，使得智能化系统的物业管理工作产生了3方面的重点转移。

① 在系统与设备的维护管理方面，要求从以往的定性检查转而深入到对系统每个零部件物理层的定量检测。例如，从电源的通断转移到供配电系统的电压、频率的质量与稳定性的检测，对设备、线路、接点的老化与漂移的检测等。这些都是传统建筑物业管理中没有深

入的工作层面。

② 智能系统的管理需要更多的相关环境条件的保证。智能建筑的物业管理就应当上升到大系统的层面来考虑。例如，建筑的防水、防尘、防潮性能都会影响到智能化系统的运行精度和正常工作。建筑材料的防静电性能和措施、防泄漏屏蔽、周界干扰，也会关系到智能化系统的安全。外界供能的顺畅与否更是决定了智能化系统的运行质量和方式。为了防止智能化系统的受损，对防雷措施的类型与全面性则有更加严格的要求。

在智能化条件下，不仅是外来人员的非法闯入，任何人员的非法操作或者有意无意的误操作都将给建筑系统带来不可估量的损害。

③ 智能化系统在突出信息作用的同时，也带来了信息资源的安全保护问题。因此，智能化系统的物业管理与传统物业管理最显著的区别，在于智能建筑的管理必须从人流、物流、信息流3个角度来保证安全性。物业管理部门不仅要防止显性设备的不正常现象，还要防止隐性信息的不正常流传。因此，智能化系统的物业管理特别需要严格内部人员的管理和信息资源的合法性管理。诸如通信传输方面，既要保证传输线路、载体的正常完好，还要采取口令、密码、多重复核等技术进行监视，制止非法入侵、窃听窥视和非法复制等信息资源的被破坏或流失。

四、智能物业设备管理制度

现代物业管理都是专业化管理，最主要的内容就是要建立一套完整的管理制度。

（一）物业设备管理岗位职责

1. 工程部经理

工程部经理是进行管理、操作、保养、维修、保证设备正常运行的总负责人。其主要职责如下：在公司经理的领导下，贯彻执行有关设备和能源管理方面的方针、政策、规章和制度；负责组织设备的使用、维护、更新、改造，直到报废的整个过程的管理工作，使设备始终保持良好的技术状态；在安全可靠、经济合理的前提下，组织人力、物力，及时完成住户提出的维修要求，为住户提供良好的工作和生活条件；组织编制各种设备的保养、检修计划，原材料采购计划，并进行组织实施；组织收集、编制各种设备的技术资料、图纸，做好设备的技术管理工作；组织拟定设备管理、操作、维护等各种规章制度和技术标准，并监督执行。

2. 技术主管

各技术主管在部门经理的领导下，负责本班次的组织、管理工作，并负责编制主管专业的设备保养和维修计划、操作规程；负责检查主管设备的使用、维护和保养情况，并解决有关技术问题，以保证设备经常处于良好的技术状态；负责制订主管系统的运行方案并审阅运行记录，监督下属员工严格执行操作规程，保证设备的正常运行；组织调查分析设备事故，提出处理意见及措施，并组织实施，以防止同类事故再次发生；负责制订主管设备的更新、改造计划，并负责工程监督，以实现安全可靠、经济合理的目标；负责组织培训，不断提高下属员工的技术和服务素质。

3. 领班

领班负责本班所管理设备的运行、维护、保养工作,负责本班日常工作安排,做好各项记录及汇总,定期交上级部门审阅;负责制订本班设备的检修计划和备件计划,经审核后组织实施。

4. 技术工人

技术工人应自觉遵守各项规章制度和操作规程,保证安全、文明生产,不断提高自己的业务素质。

5. 资料统计员

资料统计员负责收集、整理、保管工程部各种技术资料及设备档案;负责本部门各下属单位的各项工作报表的汇总、存档;负责能源、材料、人力等各项资源消耗的统计。

(二) 物业设备管理制度

1. 物业设备接管验收制度

设备验收工作是设备安装或检修完成后转入使用的重要过程,因此,在设备的运行管理和维修管理之前,首先要做好设备的接管验收工作。接管验收不仅包括对新建房屋附属设备的验收,而且包括对维修后设备的验收以及委托加工或购置的更新设备的开箱验收。验收后的设备基础资料要保管好。

2. 物业设备预防性计划维修保养制度

预防性计划维修保养是为了延长设备的使用寿命、防止意外损坏而按照预定计划进行的一系列预防性设备维修、维护和管理的组织和技术措施。实施预防性计划维修保养制度,可以保证物业设备经常保持正常的工作能力,防止设备在使用过程中发生不应发生的磨损、老化、腐蚀等情况,充分发挥设备的潜力和使用效益,正常掌握设备状况,提高设备运行效率。实施预防性计划维修保养制度既可延长设备的修理间隔期,降低维修成本,提高维修质量,又可保证物业设备的安全运行,延长设备使用寿命,树立物业管理企业的良好形象。

预防性计划维修保养制度主要包括制订设备的维修保养计划,确定设备的维修保养类别、等级、周期、内容,实施预防性计划维修保养制度,并进行监督检查等。

3. 运行管理制度

运行管理制度包括巡视抄表制度、安全运行制度、经济运行制度、文明运行制度等。此外,特殊设备还需另行制定一些制度,如电梯安全运行制度等。

4. 值班制度

建立值班制度并严格执行,可以及时发现事故隐患并排除故障,从而保证设备安全、正常地运行。它主要包括不得擅自离岗;按时巡查,及时发现事故隐患;接到故障维修通知,及时安排人员抢修、维修等。

5. 交接班制度

交接班制度主要包括做好交接班工作;提前办好交接班手续;除值班人员外,其他人员一律不准进入值班室等。

6. 报告记录制度

整个管理过程中，任何报告均有记录，应建立完善的报告记录制度。

思 考 题

1. 简述物业智能化的技术基础。
2. 什么是智能物业设备管理？
3. 智能物业设备管理的目的是什么？
4. 智能物业设备管理的任务有哪些？
5. 简述物业智能化管理的内容。
6. 设备"三期"指的是什么？
7. 简述物业智能化管理的重点。
8. 物业设备管理制度主要有哪些内容？

第三章 物业设备自动化系统及其应用管理

物业设备自动化系统是智能物业的基础,已成为现代智能物业必不可少的基本组成部分。它利用计算机技术来完成对各种设备运行的监控和协调工作,为人们提供安全、舒适、可靠、节能的工作或生活环境,实现现代综合性建筑追求的经济效益和社会效益的统一。本章将对物业设备自动化系统的构成及各子系统的原理、功能作详细的介绍。

第一节 物业设备自动化系统概述

一、物业设备自动化系统的定义

物业设备自动化系统,是根据现代控制理论和控制技术,采用现代计算机技术,对建筑物(或建筑群)的电力、照明、空调、给排水、防灾、保安、车库管理等设备或系统进行自动监测、自动控制、自动调节和自动管理的系统。物业设备自动化系统通过对建筑物(或建筑群)的各种设备实施综合自动化管理,使建筑物(或建筑群)内的有关设备能够合理、高效地运行,从而为业主和用户提供安全、舒适、便捷、高效的工作与生活环境。

与传统的物业相同,在智能物业中有大量的设备,包括空调、给排水、供配电、照明、电梯、应急广播、保安监控、防盗报警、出入口门禁、停车场或车库等设备或设施,它们为用户的工作、生活和生产提供必需的环境。但是,传统的设备自动化仅仅注重于这些设备本身的自动控制,其目的主要是实现每个设备的优化控制和管理。而在智能物业中,建筑设备自动化系统(BAS)根据结构、系统、服务和管理等几个要素之间的关系,将智能物业中的设备分成若干个子系统。通过计算机控制技术、计算机通信技术和计算机网络技术,将各个功能子系统组成一个有机的整体,进行管理、控制或监视,它是一个综合自动化系统,是智能物业的重要组成部分之一。

二、物业设备自动化系统的发展历史

物业设备自动化系统是随着建筑物的环境设备,尤其是暖通空调系统,即供热、通风、空气调节与制冷系统的发展而出现的。物业设备自动化系统在20世纪50年代末期引入我国,在此后的20年随着自动化技术的进步也有所发展,但发展比较缓慢。近年来随着经济和科学技术的快速发展,特别是电子技术、计算机技术和自动化技术的高速发展,使物业设备自动化系统在科技与应用两个方面都得到了前所未有的迅猛发展。

物业设备自动化系统的发展与其他领域自控系统的发展是相似的。最早的物业设备自动化系统是气动系统，气动控制系统的能源是压缩空气，主要用于控制供热、供冷管道上的调节阀和空气调节系统的空气输配管道调节阀。当时由于市场的竞争和业主的需求，这种控制技术也进行了标准化，标准化的主要内容是统一压缩空气的压力和有关气动部件。在标准的规范下，许多控制设备生产厂商生产的控制设备可以互换，这样不仅可以满足用户的需求，更重要的是控制设备的标准化有利于市场竞争，促进了物业设备自动化系统的发展。

随后，电气控制系统逐渐代替气动控制系统，并成为物业设备自动化系统的主要控制形式。1973年爆发能源危机，迫使物业设备自动化系统必须寻求更为有效的控制方式来控制楼宇设备，以减少能源的消耗。这样，出现了以暖通空调系统为主要控制对象的计算机物业设备自动化系统，以后逐渐发展为包含照明、火灾报警等系统的集成计算机物业设备自动化系统。

三、物业设备自动化系统在智能物业中的作用

（一）实现功能

为了满足机电设备的一些工艺要求，必须有自动化系统。例如，空调系统的功能是根据气候的变化和室内热湿量的变化，改变送入室内的冷热量来达到控制环境的目的。气候和室内各种热湿干扰是随时间不断变化的，空调系统必须不断地进行相应的调节，否则就不可能满足室内环境控制的要求。而要达到恒温、恒湿的目的，无自动化系统几乎是不可能实现的。一些大型公共建筑公共区域的照明需要根据活动的性质开启不同的灯具和控制不同的亮度，实现场景控制，这时往往需要由设备自动化系统来实现。所以，只有通过设备自动化系统才能使机电设备各系统的各项功能按照设计意图得以全面实施。

（二）保障安全

保障安全是设备自动化系统的主要目的之一。保护措施不完善，就会导致重大事故或影响工艺系统的正常运行。例如，冬季北方地区突然出现寒流，气温急剧下降时，可能会发现大量的新风机组出现加热器冻裂的事故。而运用设备自动化系统，通过合理设计系统的自动控制方案，可以有效避免类似安全事故的发生。

（三）降低能耗

一般来说，实现房间恒温、恒湿的方法有很多。例如，实际需要的冷量仅为冷机制冷量的1/3时，可以投入冷机满负荷运行，降温除湿，再开启电加热器和电加湿器补充过多的制冷量和除湿量，从而与实际的冷负荷、湿负荷匹配，实现恒温、恒湿。也可以使冷机间歇运行，恰好满足冷负荷与湿负荷，从而不需要开启电加热器和电加湿器。这两种方式尽管都实现了恒温、恒湿，但耗电量却相差几倍。类似的状况在空调系统中普遍存在。根据实际工况确定合理的运行方式和调节策略与不适当的运行方式相比，往往可产生运行能耗上的很大区别。自动控制系统的目的之一是通过采用优化的运行模式和调节策略实现节省运行能耗的目的。

(四)提高工效

随着经济的发展和社会进步,降低运行维护人员工作量和劳动强度也逐渐成为一个重要问题。例如,候车厅和商业区的空调由分布于各个机房的几十台空调箱构成。对各台空调箱巡视检查一遍要爬上爬下,步行累计十余千米,共费 3~4 小时。如果没有遥控启/停系统,由运行工人到各个机房去启/停空调箱,几乎是不可能实现的。由物业设备自动化系统对各空调箱进行远程监测和控制,可有效地减少运行维护人员工作量并显著降低运行维护工作的劳动强度。随着建筑物的规模越来越大,系统越来越复杂,要求越来越严格,自动化系统在节省人力、降低劳动强度方面的要求就越来越高。

(五)改善管理

采用计算机联网的物业设备自动化系统,其另一个显著功能是极大地改善了系统管理水平。大型建筑的机电设备系统要求有完善的管理,包括对各系统图纸资料的管理,运行工况的长期记录和统计资料的整理与分析,各种检修与维护计划的编制和对维护检修过程记录等。手动进行这部分管理工作需要很大的工作量,且难以获得好的效果。物业设备自动化系统可以出色地承担这部分工作,实现完善的管理。

四、物业设备自动化系统的功能

物业设备自动化系统以提供安全舒适的高质量工作环境和先进高效的现代化管理手段、节省人力、提高效率和节省能源为设计目的。其基本功能包括以下几个方面。

① 自动监视并控制各种机电设备的启、停,显示或打印当前运行状态。如显示设备出现故障,则控制备用设备投入等。

② 自动监测、显示、打印各种设备的运行参数及其变化趋势或历史数据。如温度、湿度、压差、流量、电压、电流、用电量等。当参数超过正常范围时,自动实现越限报警。物业设备自动化系统中需要监测及控制的参数主要有:风量、水量、压力或压差、温度、湿度、气体浓度等。监测及控制这些参数的元件包括温度传感器、湿度传感器、压力或压差传感器、风量及水量传感器、执行器(包括电动执行器、气动执行器、电动风阀、电动水阀等)及各种控制器等。在实际工程中,应具体分析和采用上述部分或全部参数的监测和控制。

③ 根据外界条件、环境因素、负荷变化情况自动调节各种设备,使其始终运行于最佳状态。如空调设备可根据环境和室内人数变化,自动进行调节,将系统优化到既节约能源又感觉舒适的最佳状态。

④ 监测并及时处理各种意外、突发事件。如监测到停电、煤气泄漏等偶然事件时,可按照预先编写的程序迅速进行处理,避免事态扩大。

⑤ 实现对大楼内各种机电设备的统一管理、协调控制。如当火灾发生时,不仅消防系统立即自动启动,而且整个大楼内所有有关系统都将自动协同工作。供配电系统立即自动切断普通电源,确保消防电源;空调系统自动停止通风,启动排烟风机;电梯系统自动停止使

用普通电梯并将其降至底层，自动启动消防电梯；照明系统自动接通事故照明、避难诱导灯；有线广播系统自动转入紧急广播、指挥安全疏散等。整个物业设备自动化系统将自动实现一体化的协调运转，以使火灾损失减少到最小。

⑥ 能源管理。自动进行对水、电、燃气等的计量与收费，实现能源管理自动化；自动提供最佳能源控制方案，达到合理、经济地使用电源；自动监测、控制设备用电量以实现节能。如下班后及节假日室内无人时，自动关闭空调机、照明等。

⑦ 设备管理。包括设备档案管理（设备配置及参数档案）、设备运行报表和设备维修管理等。

此外，根据建筑物的用途，还应具有停车场管理、客房管理和建筑群管理等方面的功能。

五、物业设备自动化系统的监控范围

物业设备自动化系统的任务是提供给用户安全、舒适的生活与高效的工作环境，并能保证系统运行的经济性和管理的智能化，因此，系统的监控范围涉及面很宽，如图3-1所示。它适用于需要集中管理、要求现代化管理水平高的场所。如大型综合建筑物，重要、特殊建筑，监控范围如图3-1所示。

1. 暖通空调系统

暖通空调系统是建筑物内功能最复杂、涉及设备最多、设备分布最分散和能耗最大的一个系统，是物业设备自动化系统控制的主要对象。

暖通空调系统需要监控的主要设备有热水泵、冷却塔、冷冻水泵、冷水机组、新风机组、空气处理机组、变风量机组、风机盘管、热交换器、锅炉、分汽缸、凝结水回收装置等。空调系统在建筑物中的能耗最大，故在保证提供舒适环境的条件下，应尽量降低能耗。主要节能控制措施如下所述。

① 设备最佳启/停控制。
② 空调及制冷机的节能优化控制。
③ 设备运行周期控制。
④ 电力负荷控制。
⑤ 蓄冷（热）系统最优控制等。

2. 给排水系统

在智能物业中，生活给水系统通常有水泵直接供水方式、高位水箱供水方式和气压给水方式等。生活排水系统通常采用先把污水集中于污水池，然后用排水泵排水的方式。

建筑给排水系统需要监控的设备主要有高位水箱、低位水箱、蓄水池、污水池、水泵、饮水设备、热水供应设备、生活水处理设备、污水处理设备等。给排水系统设备监测控制的内容主要包括如下几项。

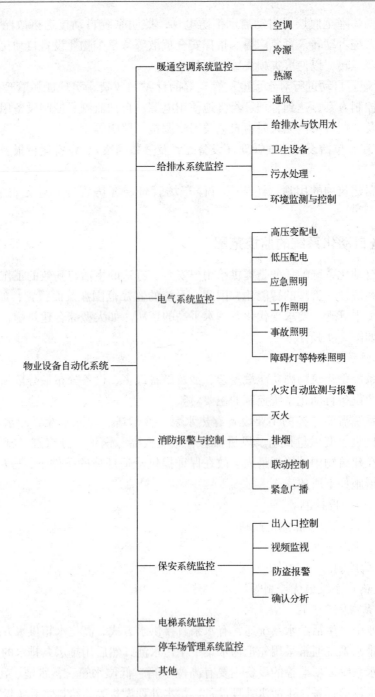

图 3-1 物业设备自动化的监控范围

① 给排水系统的状态检测。

② 使用水量、排水量测量。
③ 污水池、集水坑水位检测及异常报警。
④ 地下、中间层屋顶水箱水位检测。
⑤ 公共饮水过滤、杀菌设备控制、给水质量监测。
⑥ 给排水泵的状态控制。
⑦ 卫生、污水处理设备运转监测、控制。

3. 电气系统

电气系统包括供配电与电气照明两个系统。

安全、可靠供电是智能物业正常运行的先决条件。供配电系统的主要任务是为整个建筑物提供电源，保证各个系统的正常供电要求，保障整个建筑物的正常工作秩序。供配电系统除具有继电保护与备用电源自投入等功能要求外，还必须具备对开关和变压器的状态、系统的电流、电压、有功功率与无功功率、电能等参数的自动监测，进而实现全面的能量管理。

照明系统能够为人们的工作和生活提供必需的光环境，并且满足人体舒适感的要求，但是照明系统能耗很大，在大型高层建筑中往往仅次于供热、通风与空调系统，并导致冷气负荷的增加。因此，智能照明控制应十分重视节能，例如，人走灯灭，用程序设定开/关灯时间，利用钥匙开关、红外线、超声波及微波等测量方法，实现按设定时间自动关灯等。

电气系统需要监控的设备主要有变配电设备、自备电源、不间断电源（Unintorruptable Power Source，UPS）、照明设备、动力设备等。其监控内容主要包括以下几个方面。

① 高低压柜主开关动作状态的监视及故障报警。
② 变压器与配电柜运行状态及参数的自动检测与报警。
③ 主要设备的供电控制。
④ 停电复电自动控制。
⑤ 应急电源供电顺序控制。
⑥ 各楼层门厅照明定时开关控制。
⑦ 楼梯照明定时开关控制。
⑧ 灯光照明定时开关控制。
⑨ 停车场照明设备定时开关控制。
⑩ 航空障碍灯状态显示及故障报警。
⑪ 事故应急照明控制。
⑫ 照明设备的状态检测。

4. 电梯系统

大型建筑均配备多组电梯。需要利用计算机实现群控，以达到优化传送、控制平均设备使用率与节约能源的运行管理等目的。电梯楼层的状况、电源状态、供电电压、系统功率因数等都需要监测，并联网实现优化管理。

5. 停车场管理系统

停车场管理常采用读卡方式。内部车库若不采用计时收费方式，汽车经读卡器确认属该系统后，即可进入停车场；若采用计时收费方式，通常分为两种计费方式：一种是当汽车经过读卡器进入车库后即开始计时，在出口处按时收费；另一种是在停车场的每个车位设一车位传感器，当车停在车位时开始计时，当车辆离开车位时计时停止。

六、物业设备自动化系统的组成与系统结构

物业设备自动化系统是一个综合集成化的实时动态监控与管理系统。它利用计算机网络技术将分散在各个系统中的控制器（包括不同楼层的直接数字控制器）连接起来，并通过计算机网络，实现各子系统与中央监控管理级计算机之间的信息通信，以达到分散控制、集中管理的功能模式。系统组成主要包括中央操作站、分布式现场控制器、通信网络和现场仪表，其中通信网络包括网络控制器、连接设备、通信设备、调制解调器、通信线路；现场仪表包括传感器、变送器、执行机构、调节阀、接触器等。

广义物业设备自动化系统的组成结构如图 3-2 所示。

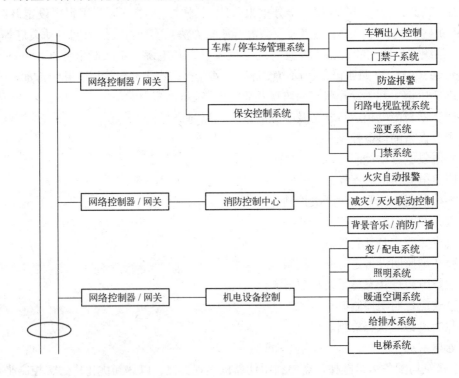

图 3-2　广义物业设备自动化系统的组成结构

第二节　空调系统监控管理

空调系统是现代建筑的重要组成部分，是物业设备自动化系统的主要监控对象，也是物业智能化系统主要的管理内容之一，它的作用是保证建筑物内具有舒适的工作、生活环境和良好的空气质量。此外，空调系统又是整个建筑物（群）中最主要的耗能系统之一，有资料统计显示，空调系统的耗能达整个智能建筑系统的40%左右，通过物业设备自动化系统实现空调系统的节能运行，对降低费用、提高效益是非常重要的。另外，由于空调系统运行过程中，控制系统必须进行实时调节控制，所以空调控制系统的配置与功能相对而言是整个物业设备自动化系统要求比较高的一部分。

一、空调系统概述

空气调节简称空调，它的目的是创造一个适宜的室内空气环境，使人在该环境中感到舒适，满足人类日常生活中对舒适度、洁净度的要求；或者是保证生产工艺、科学研究或试验过程对空气条件的要求。空气调节所依靠的技术手段主要是通风换气，即加工和处理一定质量的空气后送入室内，使室内大气环境满足要求。空气调节主要包括温度调节和湿度调节。

1. 空气温度调节

根据人类的生理特征和生活习惯，利用空调系统，将人们生活与工作的夏季室温保持在 $25℃ \sim 27℃$、冬季保持在 $16℃ \sim 20℃$，使人们在该温度环境中感到舒适，或者根据生产工艺或科学研究的需要把环境温度调整到所要求的范围内。温度调节要注意居住和工作环境与外界的温差不宜过大。

2. 空气湿度调节

空气过于潮湿或过于干燥都将使人产生不适感。一般来说，相对湿度夏季在 $50\% \sim 60\%$ 之间，冬季在 $40\% \sim 50\%$ 之间，人的感觉比较良好。假如温度适宜，相对湿度即便在 $40\% \sim 70\%$ 的范围内变化，人们也能基本适应。生产、科学实验对空气湿度又有着不同的要求，如纺织车间要求相对湿度为 $(85 \pm 1)\%$，电子生产车间对湿度的要求较小，能保持在 $(50 \pm 10)\%$ 即能满足工艺要求。

3. 空气的其他参数调节

除了常规的空气温度、湿度调节外，在特殊场合，空调系统还可以实现空气质量、空气压力等调节。舒适的空调要保证一定的新风量，否则人们会感到不舒服。对空间洁净度要求较高的场合，如精密生产加工车间、生物医药制品间等特殊的高清洁度场合，需要空调正压调节，以免不满足要求的空气进入而破坏房间内的洁净度；对产生有害气体、有害污染物的车间或传染病隔离病房等场合，需要空调负压调节，以避免有害气体泄漏造成空气的污染与破坏。

二、空调系统的类型

在智能物业中，空调系统有不同的类型。不同类型的空调系统其空气的处理方式、所用的设备及其设置均有所不同，对其监控的要求也不同。按空气处理设备集中程度的不同，可将空调系统分为集中式空调系统、半集中式空调系统与分散式空调系统。

1. 集中式空调系统

集中式空调系统的所有空气处理设备，如风机、加热器、冷却器、过滤器、加湿器等都集中在一个空调机房内；其冷、热源一般也集中设置，分别集中在冷冻站和锅炉房或热交换站。空气处理的全过程在空调机房内进行，然后通过空气输送管道和空气分配器送到各个房间，这种空调系统又称为中央空调系统。

集中式空调系统按照所处理的空气来源可分为封闭式空调系统、直流式空调系统和混合式空调系统 3 种形式。

在封闭式空调系统中，空气处理设备所处理的空气全部为空调房间的再循环空气（回风），而无室外新鲜空气（新风）补充，在空调机房和空调房间之间形成了一个封闭的循环环路。由于封闭式系统的新风量为零，全部使用回风，故其冷、热消耗量最省，但卫生效果差，仅用于密闭空间且无需或无法补充新风的个别场合。

在直流式空调系统中，空气处理设备所处理的空气全部采用室外新风，新风经过处理后送入室内，消除室内的热、湿负荷后，再排到室外。直流式系统的卫生效果最好，但由于该系统全部采用新风，其冷、热消耗量大，运转费用高。该系统仅适用于空调房间的排风中含有大量有害物不允许再循环使用的情况。

混合式空调系统综合了封闭式和直流式系统的利弊，是一种采用部分新鲜空气和室内空气（回风）混合的全空气系统。全空气系统的新风和回风混合并经过处理后，送入室内消除室内的热、湿负荷。绝大多数的空调系统采用混合式，其新风量的取值应符合有关规范对风量卫生质量的要求。

集中式空调系统按送风量是否变化可分为定风量系统与变风量系统。

定风量系统的总送风量不随室内热湿负荷的变化而变化，其送风量是按空调房间的最大热湿负荷设计的，而实际上空调区域的热湿负荷不可能总是处于最大工况。当室内负荷变化时，依靠调节该房间的送风末端装置的再热量来控制室内温度，这样，既浪费了为提高送风温度所加的热量，也浪费了再热量抵销掉的冷量，对节能不利。

变风量系统，其送风量随室内热湿负荷的变化而变化，热湿负荷大时送风量就大，热湿负荷小时送风量就小。这种送风装置通常设在房间的送风口处，它可以根据室温自动地调节房间的送风量，并相应调节送风机的总风量。变风量系统的优点是在大多数非高峰负荷期间不仅节约了再热量与被再热量抵销了的冷量，还由于处理风量的减少，降低了风机电耗，运行经济，具有明显的节能效果。

2. 半集中式空调系统

在半集中式空调系统中，除了集中空调机房外，还设有分散在被调节房间的二次设备（又称为末端装置）。这类空调系统主要包括诱导式空调系统和风机盘管空调系统。

（1）诱导式空调系统

诱导式空调系统是指诱导器加新风的混合系统。该系统由一次空气处理设备（新风机组）、诱导器（送风末端装置）、风道、风机所组成，它是依靠经过处理的一次空气在诱导器内通过喷嘴高速喷出气流的引射作用，在诱导器内形成负压，从而使室内二次空气流过装有诱导器内的热交换器被冷却或加热，然后与一次风混合构成了房间的送风。如果热交换器盘管内的热媒或冷媒是水，就称为空气水诱导器系统；若诱导器内不装设换热器盘管，而直接诱导室内的二次风与一次风混合后送入室内，就称为全空气诱导器系统。

诱导式空调系统由于其通风管一般采用高速送风，故管道口径小，占空间少；诱导器中二次盘管担负了一部分室内负荷，使一次风系统只需对新风进行处理，所用的设备较少；此外，由于在一次风处理系统中一般不用回风，故可避免各空调房间互相干扰和污染。该系统的主要缺点是：各空调房间的冷热量不宜单独调节；二次风难以净化，诱导器中容易积灰，清理不便；另外，高速送风时室内会有一定噪声。

（2）风机盘管空调系统

风机盘管机组是空调系统中的末端装置，它将风机与表面式换热器盘管机组装在一起，装设于每个空调房间内，负担空调房间的冷热负荷。换热器盘管通常与冷水机组（夏）或热水系统（冬）组成一个供冷或供热系统，其风机的电动机多为单向调速电动机，通过调节电压使风量分为高、中、低三挡，因而可以调节风机盘管的供冷（热）量。除风量调节外，风机盘管的供冷（热）量也可通过水量调节阀进行自动调节，为此在水管上安装电动阀门，由室温控制器就地控制，或由空调监控子系统统一控制。在结构形式上，风机盘管有立式、卧式和柱式等，也有净化与消毒功能的风机盘管产品。

在风机盘管空调系统中，每台风机盘管都是独立控制的，而为盘管供冷、热媒的系统是集中的，加之新风机组也多为集中的（大型新风机组安装于专门的机房内，小型新风机组一般为吊顶式，可安装在房间的顶棚内），因而称为半集中式空调系统，目前是应用最广泛的一种空调系统。

3. 分散式空调系统

分散式空调系统又称局部空调系统，是指将空气处理设备全分散在被调房间内的系统。该系统是把空气处理设备、风机以及冷热源设备都集中在一个箱体内，形成一个整体机组（整体式空调器），置于空调房间内。也有将空气处理设备与制冷设备分开组装的空调器，称为分体式空调器。这种系统主要用于需要分户使用和控制的场合，一般不属于物业设备自动化系统的监控范围。

三、空调系统的基本构成

物业设备自动化系统对空调系统的监控主要是针对集中式中央空调系统。一般的局部空调如窗式空调机、柜式空调机、专用恒温恒湿机等都自带冷、热源和控制系统，不是智能物业自动化系统的主要监控内容。因此，物业设备自动化系统涉及的空调系统专指中央空调系统。中央空调系统可简单划分为冷源/热源和末端设备两大主要组成部分。

（一）中央空调的冷、热源系统

中央空调的冷源系统包括冷水机组、冷冻水循环系统、冷却水循环系统。中央空调的热源系统包括锅炉机组、热交换器等。中央空调的冷、热源系统建设投资与耗能费用比较大，应该在运行节能方面合理设计。

1. 中央空调冷源系统

空调系统的冷源通常为冷冻水。空调冷冻水由制冷机（也称冷水机组）提供。空调系统中应用最广泛的制冷机有压缩式（活塞式、离心式、螺杆式、涡旋式等）和吸收式两种，制冷机的选择应根据建筑物用途、负荷大小和变化情况、制冷机的特性、电源、热源和水源情况，及初次建设投资、运行费用、维护保养、环保和安全等因素综合考虑。

冷源系统除了最主要的制冷机外，还有冷却塔、冷冻水循环泵、冷却水循环泵等设备，它们与制冷机一起构成冷源系统。

（1）制冷机原理

① 压缩式制冷机。压缩式制冷机的原理如图3-3所示。在压缩式制冷机中，制冷剂蒸汽在压缩机内被压缩为高压蒸汽后进入冷凝器，制冷剂和冷却水在冷凝器中进行热交换，制冷剂放热后变为高压液体，通过热力膨胀阀后，液态制冷剂压力急剧下降，变为低压液态制冷剂后进入蒸发器。在蒸发器中，低压液态制冷剂通过与冷冻水的热交换而发生汽化，吸收冷冻水的热量而成为低压蒸汽，再经过回气管重新吸入压缩机，开始新一轮制冷循环。在此过程中，制冷量即是制冷剂在蒸发器中进行相变时所吸收的汽化潜热。

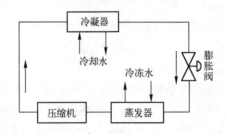

图3-3 压缩式制冷机的基本原理示意图

② 吸收式制冷机。吸收式制冷与压缩式制冷一样，都是利用低压制冷剂的蒸发产生的汽化潜热进行制冷。两者的区别是：压缩式制冷以电为能源，而吸收式制冷则是以热为能源。在大型民用建筑的空调制冷中，吸收式制冷机组所采用的制冷剂通常是溴化锂水溶液，

其中水为制冷剂，溴化锂为吸收剂。溴化锂吸收式制冷循环的基本原理如图 3-4 所示。

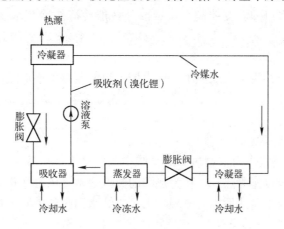

图 3-4 溴化锂吸收式制冷循环的基本原理示意图

在吸收式循环制冷过程中，来自发生器的高压蒸汽在冷凝器中被冷却为高压液态水，通过膨胀阀后成为低压蒸汽进入蒸发器。在蒸发器中，制冷剂（冷媒水）与冷冻水进行热交换发生汽化，带走冷冻水的热量后成为低压冷媒蒸汽进入吸收器，被吸收器中的溴化锂溶液吸收，吸收过程中产生的热量由送入吸收器中的冷却水带走。吸收后的溴化锂溶液由溶液泵送至发生器，通过与送入发生器中的热源进行热交换而使其中的水发生汽化，重新产生高压蒸汽。

由于溴化锂制冷机组的蒸发温度不可能低于 0 ℃，所以，从这一点可以看出溴化锂制冷的适用范围不如压缩式制冷广。

③ 风冷热泵式冷热水机组。风冷热泵式冷热水机组又称为空气热源热泵，它通过制冷剂管路四通阀的转换，夏季可以供冷，冬季则可以供热，利用一台机组就可解决全年的空调需要。

（2）冷却塔

冷却水进入制冷机与制冷剂进行热交换，吸收制冷剂释放的热量后水温升高，然后通过冷却水循环系统进入冷却塔，释放热量、降温后再循环进入制冷剂进行热交换。高温的冷却回水被循环送至冷却塔上部喷淋。由于冷却塔风扇的转动，使冷却水在喷淋下落过程中，不断与室外空气发生热交换而冷却，又重新送入冷水机组而完成冷却水循环。冷却塔是冷源系统的重要组成部分。

（3）冷冻水与冷却水循环泵

冷冻水循环泵将从空调前端设备返回的冷冻水（一般为 12 ℃）加压送入冷冻机，在冷冻机内进行热交换、释放热量、降低温度后离开冷冻机（冷冻机出口冷水温度一般为7 ℃），到达空调末端设备进行水/气热交换——空气（降温）调节，再循环返回冷冻机，实现冷冻水的循环制冷。

冷却水循环泵则实现冷却水在冷冻机与冷冻塔之间的循环，并通过冷却塔系统将冷冻机的冷却水入水口和出水口的温度控制在设定值（一般冷冻机冷却水入口温度设计为 32 ℃，出水口为 37 ℃）。

2. 中央空调热源系统

空调系统的热源通常为蒸汽或热水，可由城市热网或自备锅炉提供，而直燃型溴化锂机组和风冷热泵机组可通过模式转换，直接转换成热源装置，成为空调末端设备提供热源的设备。

(1) 热网供热方式

① 蒸汽。在采用蒸汽作为空调热源的系统中，以城市热网或工厂、小区和单位自建的蒸汽锅炉提供的高温蒸汽作为热源。作为热源的蒸汽通常是压力在 0.2 MPa 以下的蒸汽。当蒸汽进入热交换器，放出潜热后冷凝成凝结水；凝结水回流到中间水箱，通过水泵送回蒸汽锅炉再加热。

按照蒸汽的压力大小，将蒸汽供暖分为 3 类：压力高于 70 kPa 时称为高压蒸汽供暖；压力等于或低于 70 kPa 时称为低压蒸汽供暖；当系统中的压力低于大气压时，称为真空蒸汽供暖。

② 热水。在采用热水作为空调热源的系统中，通常由城市热网或工厂、小区和单位自建的热水锅炉提供高温热水；经换热器换热后，变成空调热水。使用热水比使用蒸汽安全，传热比较稳定。在空调机组中，可以采用冷、热盘管合用的方式（即两管制系统），以减少空调机组及系统的造价，而通常使用的冷热水盘管不能适用于蒸汽，因而采用热水作为空调热源的系统得到广泛的应用。

(2) 自备热源装置

① 锅炉。锅炉按用途区分，有动力锅炉和供热锅炉。动力锅炉用于动力、发电等方面；供热锅炉用于工业生产和生活供热等方面。

供热锅炉按工作介质不同有热水锅炉和蒸汽锅炉两种；按容量的大小不同有大型、中型和小型锅炉之分；按压力的高低有高压、中压和低压锅炉之分；按水循环动力来源的不同有自然循环锅炉和机械循环锅炉之分；按形状的不同有立式、卧式锅炉之分；按所用燃料种类的不同有燃油、燃煤和燃气锅炉之分。

锅炉类型及台数的选择，取决于锅炉的供热负荷、产热量、供热介质和当地燃料供应情况等因素。锅炉的数目一般不宜少于两台。

② 热交换器。空调系统终端热媒通常是 65 ℃ ~ 70 ℃ 的热水，而锅炉提供的经常是高温蒸汽，也有的锅炉提供 90 ℃ ~ 95 ℃ 的高温热水。在空调系统中要完成高温蒸汽或高温热水的转换，这种转换通过热交换器实现，热交换器也称为换热器。

空调系统中的热源，如高温蒸汽或高温热水先经过热交换器变成空调热水，经热水泵加压后经分水器送到各终端负载，在各负载中进行水/气热交换，即空气升温调节后，水温下降。水温下降后的空调水回流，经集热器进入热交换器再进行加热。

(二)空调系统的末端设备

影响室内空气参数的变化是由内外两个方面的原因造成的:一是外部原因,如太阳辐射和外界气候条件的变化;二是内部原因,如室内设备和人员的散热量、水汽挥发量等。当室内空气参数偏离设定值时,应该采取相应的空气调节技术使其恢复到设定值。完成空气调节的设备称为空气处理设备或空调机组,也称为末端设备。常见的空调末端设备有新风机组、空调机组、风机盘管、变风量系统等多种类型。空气处理设备或空调机组与冷热源一起构成空气调节系统,即空调系统。

四、空调系统的智能化监控与维护管理

(一)空调系统的智能化监控

在现代大型建筑中,空调系统设备较多,自动化管理是使其安全工作并运转良好的重要保证,是实现节约能源的前提。对空调系统采取智能化监控有如下好处。

- 可以使系统安全运行,最大限度地提高舒适度。
- 对空调系统进行智能化监控,可以在保证系统安全运行及各种技术指标的同时,最大限度地实现节能控制。
- 实现设备的智能化监控和管理,可以缩减人员维护费用,节省人员开支,提高综合管理水平,减少突发事故的发生,降低设备损坏率,从而带来潜在的效益。

中央空调系统可划分为冷源/热源和末端设备两大主要组成部分,因此对空调系统的智能化监控,主要包括冷/热源系统监控和空调末端设备的监控两大方面。

1. 冷/热源系统监控

冷热源设备及水系统的能耗占据了空调系统能耗的 80%~90%。因此,提高冷热源设备及水泵等的效率,降低其能耗,可以有效实现空调系统的节能。冷热源设备与水系统的节能控制是衡量物业设备自动化系统成功与否的关键因素之一,同时冷热源设备又是物业设备系统中最核心、最具经济价值的设备之一,保证其安全、有效地运行具有十分重要的意义。

冷热源系统和水系统的监控主要完成以下两大功能,即基本参数的测量,设备的正常启/停与保护;根据具体的设备及水系统的构造形式进行冷热源及水系统的能量调节,实现节能运行。

(1)制冷系统监控

空调冷源系统一般由多台制冷机和冷冻水循环泵、冷却水循环泵、冷却塔、补水箱、膨胀水箱等设备组成。制冷机、循环水泵、集水器/分水器、补水箱等设备及水处理装置等辅助设备通常安装在专用的设备间——制冷站。制冷站通常设在建筑物的地下室;而冷源系统的冷却塔安装在室外(一般选在辅助建筑物屋顶),膨胀水箱一般安装在建筑物最高的屋顶。为了保护空调系统的设备,冷冻水在进入系统之前须经过处理(如除盐、除氧等),水处理设备也安装在制冷站。由于水处理设备运行时间相对较短,一般不纳入智能建筑自动化

系统进行监控。大多数情况下,热源装置,如锅炉、换热器也安装在制冷站。

空调制冷站一般有数台冷水机组。冷水机组所制成的冷冻水进入分水器,由分水器向各空调区域的新风机组、空调机组或风机盘管等空调末端设备,冷冻水与末端设备的空调系统,进行水/气热交换、吸热升温后返回到集水器,再由冷冻水循环泵加压后进入冷水机组循环制冷,这样就实现了冷冻水的循环过程。冷冻水系统由冷水机组、冷冻水循环泵、分水器/集水器、差压旁路调节和空调末端等构成。通过冷冻水供回水温度、流量、压力检测和差压旁路调节、冷水机组运行台数、循环泵运行台数的监控,实现冷水(循环)系统的控制,以满足空调末端设备对空调冷源冷冻水的需要,同时达到节约能源的目的。制冷系统监控原理如图3-5所示。

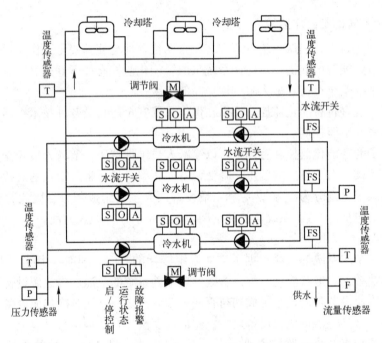

图3-5 制冷系统监控原理示意图

制冷系统的监控功能如下。

① 冷水机组进水口与出水口冷冻水温度检测,以了解冷冻机组的制冷温度是否在合理的范围之内。

② 根据供回水温差、流量,计算冷负荷的变化量,以控制冷水机组投入运行的台数。

③ 集水器回水与分水器供水温度测量(一般情况下与冷水机组进/出口冷冻水温度相同,二者可以只选其一),以了解末端冷负荷的变化情况。

④ 冷冻水/回水流量检测,测量流量和供回水温度结合,可计算出空调系统的冷负荷量,以此作为能源消耗计量和系统效率评价的依据。

⑤ 根据冷冻水压差检测值，调节旁通阀开度。

⑥ 分水器和集水器压力压差测量。用压力传感器分别测量分水器进水口、集水器出水口的压力，或者用压差传感器测量分水器进水口、集水器出水口的压力差。根据供回水压差调节压差旁通阀的开度。

⑦ 冷水机组运行状态和故障监测，取自冷水机组控制器输出触点或主接触器触点。

⑧ 冷冻水循环泵运行状态、故障状态监测。用安装在水泵电动机配电柜接触器、热继电器的触点和安装在水泵出水管上的水流指示器共同监测。当水泵处于运行状态时，其出口管内即有水流，在水流作用下水流开关迅速动作，显示水泵进入工作状态。

⑨ 监测参数是否过限，水流开关，设备故障报警。

⑩ 状态显示总数设定、报警、显示打印。

（2）热源系统监控

空调系统热源通常为蒸汽或热水，有两种常用的获取方式，一种是通过城市热网，另一种是通过自备锅炉。而直燃型溴化锂机组和风冷热泵机组可通过模式转换，直接转换成热源装置为空调末端设备提供热源。由于燃煤和燃油锅炉属于压力容器，国家有专门的技术规范和管理机构，因此这类锅炉的运行控制一般不纳入智能物业自动化系统。而对于电加热的空调热源锅炉和电加热的生活热水锅炉，由于其工作工艺和控制相对简单，纳入智能物业自动化系统的监控范围内。

热源系统的监控原理如图3-6所示，其主要的监控功能包括如下几个方面。

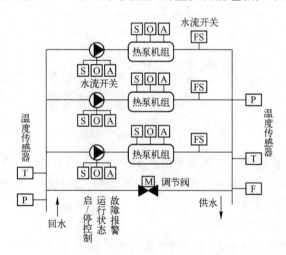

图 3-6　热源系统的监控原理示意图

① 供/回水温度、压力，供水水流状态监测。

② 热泵机组运行状态监测。

③ 水泵启/停状态监测。

④ 根据供回水温度，控制运行台数。
⑤ 根据供回水压力，控制旁通阀，以保持水力稳定。
⑥ 热泵机组与水泵以一对一方式运行，开机时先水泵后热泵机组。
⑦ 监测参数是否过限、水流开关、设备故障报警。
⑧ 状态显示、参数设定、报警、显示打印。

2. 空调末端设备的监控

（1）新风机组的监控

新风机组通常与风机盘管配合使用，主要是为建筑物各房间提供一定的新鲜空气，满足环境卫生要求。为避免室外空气对室内温度、湿度、洁净度等状态参数的干扰，在将其送入房间之前需要对其进行热湿处理。例如，处理到与室内空气状态的焓相同的机器露点，新风不再增加室内的空调负荷。室内负荷通常由风机盘管处理。新风机组的监控原理如图3-7所示。

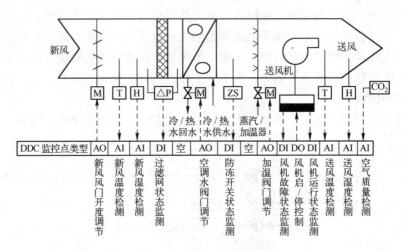

图3-7 新风机组的监控原理图

新风机组只有一个换热器，冬夏季共用。在冬季送入热水对空气进行加热，在夏季则送入冷冻水对空气冷却去湿。加湿器仅在冬季对新风加湿。新风机组在南方地区作为舒适性空调使用时，一般取消了加湿器。

新风机组的基本监控功能如下所述。

① 监测风机的电动机的工作状态，确定是处于"开"还是"关"。
② 监测风机的电动机的电流是否过载。
③ 测量风机出口处的空气温、湿度，以了解机组是否已将新风处理到要求的状态。
④ 测量空气过滤器两侧的压差，以了解过滤器是否要求清洗、更换。
⑤ 检查新风阀状态，确定是"开"还是"关"。
⑥ 根据要求启/停风机。

⑦ 控制水量调节阀的开度,使机组出口空气温度达到设定值。
⑧ 控制干蒸汽加湿器调节阀开度,使冬季机组出口处空气相对湿度达到设定位。
⑨ 换热器的冬季防冻保护。
⑩ 显示新风机组启/停状态,送风温湿度,风阀和水阀状态。

(2) 空调机组的监控

空调机组的监测功能与新风机组相同,但是在调节功能上却有很大的差别,如图3-8所示。

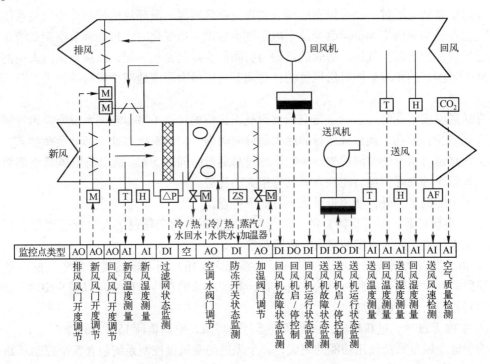

图3-8 空调机组的监控原理图

① 控制调节的对象是房间内的温、湿度,而不是送风参数。
② 要求空调区域的温、湿度全年均处于舒适区范围内,与上面新风机组的控制相比,在夏季也要进行湿度控制,同时控制器软件还应具有节能控制算法。
③ 空调机组不但要处理新风,还要处理回风,因此不再是全新风系统,这使得空气状态监测点的设置与新风机组有所不同。

空调机组最终是要将房间的温度、湿度控制在一定的允许波动范围内,而不是像新风机那样控制送风状态的参数。由于控制目标的改变,控制系统的组成环节发生了变化,采用的调节方法也随之改变。

与新风机组相比,需要增设被调区域内的温、湿度传感器。如果该区域较大,或是由几个房间构成一个区域作为被调对象,则可安装几组温湿度测点,以各测点数据的平均值或其中重要位置的温、湿度直接送入空调机组的数字控制器,作为控制调节的一个重要反馈信号。如果空调区域距空调机房较远,需测量的温、湿度参数又较多时,采用现场总线技术比较方便,只要将各温、湿度传感器"挂"在同一条现场总线上。当然,这些传感器本身是智能化的,它们的内部可以对所测信号进行一定的处理,并通过数据通信与空调机组的现场控制机交换信息。

(3) 变风量系统的监控

变风量系统是通过空调送风量的调节实现空调区域温、湿环境的控制。变风量系统的基本控制原理是当室内空调负荷改变及室内空气参数设定值变化时,自动调节空调系统送入房间的送风量,使通过空气送入房间的负荷与房间的实际负荷相匹配,以满足室内人员的舒适要求或工艺生产的要求。同时送风量的自动调节可以最大限度地减少风机的动力,节约运行能耗。

在送风温度不变时,送风量与空调负荷呈正比例的线性关系,空调系统所需风量随负荷的减少而减少;而在空调系统运行的绝大部分时间内,空调系统总处于部分负荷状态,达到设计负荷总运行状态的时间很少,一般不超过总运行时间的5%。所以与定风量空调系统相比,变风量系统在降低运行能耗方面具有很大的优势。

除了节能的优势外,变风量系统还有如下特点。

① 能实现局部区域(房间)的灵活控制,可根据负荷变化或个人的舒适度要求调节个性化的工作环境,能适应多种室内舒适性要求。

② 由于能自动调节送入各房间的冷量,系统内各用户间可以按实际需要调配冷量,考虑各房间的同时使用系数和负荷的时间分布,系统冷源的总冷量配置可以减少20%~30%,设备投资相应有较大的削减。

③ 室内无过冷、过热现象,由此系统运行时可减少空调负荷15%~30%。

为保障变风量系统使用功能的完成,一个先进的变风量控制系统包含5个控制环路——室温控制、总风量控制、送回风量匹配控制、新风量控制及送风温度控制。

① 室温控制在末端装置中完成。基本任务是变风量系统根据室内温度的偏差调节送风量,以满足室温的要求。

② 总风量控制是变风量系统控制的核心。进行风量调节时,送风管网的流量及阻力特性都在发生变化。总风量调节的目标就是实时辨识送风管网的流量及阻力特性,然后确定风机应有的工作状态点,使风机与管网特性实现良好的匹配。

③ 送回风量匹配控制通过风管送回风机联动控制变风量系统完成。应带有风量测量装置及数据通信装置,当送风风量确定后,回风风量为送风风量减去保持室内正压所需的风量。由此关系可以对回风机进行控制。

④ 新风量控制。系统风量的调节会导致总新风量的变化,为此,在需要维持新风量不变的场合,有必要采取恒定新风量的措施。不同区域的新风比不同,而总送风量中新风比只

会有一个，这就给新风量供应带来了很大的困难。简单的控制方法是在运行过程中始终维持设计的总新风量不变。这对于改善室内空气品质很有好处，当然能耗也增加了。

3. 风机盘管的监控

风机盘管是半集中式空调系统的末端装置，与新风系统配合使用，实现对房间内空气进行调节。风机盘管的结构如图 3-9 所示。

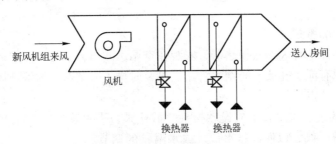

图 3-9　风机盘管的结构示意图

风机盘管由风机和换热器盘管组成，以冷冻水或热水作介质，并使空气以射流方式送入室内。换热器盘管有二管制和四管制两种形式，前者是用一对供、回水管路，只在夏季给盘管送入冷冻水，冬季停止使用的称为两管制单冷水式风机盘管，或夏季送入冷冻水，冬季对盘管供热水，称为两管制冷热水两用式风机盘管。后者是把加热盘管和冷却盘管分开，各自均有一套供回水管路，故冷、热水系统可分别调节，不需按季节进行"转换"。风机盘管中的风机一般具有"高"、"中"、"低"3 挡速度，以适应不同房间和场合的温度调节需要。

风机盘管机组的主要优点是设置灵活，各房间均有独立装置进行控制调节室温，房间无人时可自行关闭机组，并且不影响其他房间的使用，因而可以节约能源，降低运行费用。

对风机盘管系统的控制，一般采用就近安装手动调节恒温器进行控制。

（二）空调系统的维护管理

对空调系统的维护管理主要包括对空调系统的日常维护和运行管理两大主要内容。空调系统的日常维护是指物业管理企业及时发现空调系统在运行过程中出现的问题，并能够及时处理，保证空调系统的正常运行，使建筑物的使用功能得以最大限度的发挥；空调系统的运行管理是指根据建筑物实际情况确定空调系统的运行方案，使空调系统能够在节能、合适的状况下工作，既满足使用者的要求，又可以达到经济运行的目的。

1. 空调系统的维护管理

（1）空调机组的维护

空调机组的维护主要包括空调机组的检查及清扫。空调机组的检查和清扫需要在停机时进行，一般 2~3 人一起按照事先规定的程序进行。检查时关闭有关阀门，打开检修门，拆卸空调机组内部的过滤网，检查盘管及风机叶片的污染程度，并彻底进行擦拭清扫，在清扫时检查盘管及箱底的锈蚀和螺栓紧固情况，并在运转处加注润滑油。将过滤器在机外冲洗干净，晾干后再稳固安装上去，如发现有损坏应及时修复或更换。

内部检查完毕后，关闭检修门，打开有关阀门，然后把空调机组外体擦拭干净，再进行单机试车。单机试车时必须注意运行电流、电动机温升、传动装置的振动及噪声等是否正常。单机试车结束后再进行运行试车，运行试车时检查送风温度和回风温度是否正常，进水电磁阀与风阀的动作是否可靠正确，温度设定是否灵敏等。一切正常后，该空调机组可以正式投入使用。

（2）风机盘管的维护

风机盘管其实是一种表面式换热器，安装在空调房间出风口处，需在风机盘管下设置凝结水集水盘，盘中有泄水孔接入凝结水管路，可及时排走凝结水。为保证风机盘管能够正常工作，应注意以下几点。

① 风机盘管的进、出水管上应设软接头、截止阀；进水管上设过滤器；出水管上宜设电动二通（或三通）阀，以便进行水量（或水温）的调节。

② 风机盘管水系统在安装好后，要进行进出水管的清洗。由于盘管的管径较小，初次使用前冲洗干管时，污水不能通过盘管。因此，要安装旁通管。

③ 冬季取暖时，盘管内的热水温度应低于 65 ℃，不宜将蒸汽作为热媒。

④ 经常清洗风机盘管回风口的过滤器，并对盘管定期拆卸除垢。

⑤ 经过室内的冷冻水管要保温，凝结水管敷设在技术夹层中时也应保温。

⑥ 风机轴承为含油轴承时，每年加油一次，以防止噪声增加。

（3）换热器的维护

换热器的维护包括换热器表面翅片的清洗和换热器的除垢。清除垢层常用的方法有压缩空气吹污、手工或机械除污和化学清洗。

（4）制冷机房的维护管理

制冷机房的维护管理主要是对安装在其中的制冷设备的管理和维护，制冷机房的管理目的是保证制冷设备的安全运行，制冷机房管理的关键是监控系统的运行状态，一旦系统发生故障，能及时采取相应的措施并发出信号，以保证系统安全运行。

制冷机房的维护管理工作主要有如下几个方面。

① 经常检查滤网、油位、油温、油压，发现异常应及时处理。

② 经常检查润滑部位，如轴承温度、声音是否正常。

③ 常用阀门丝杆和螺母之间，要定期注油润滑，润滑油器具要经常检查，定期清洗或更换。

④ 检查有关部位的压力、温度、液位。

⑤ 检查传动皮带、链条的紧固情况和平稳度。

⑥ 检查设备运行中有无异常振动和杂声。

⑦ 检查控制计量仪表与调节器的工作情况。

⑧ 检查安全阀、制动器及事故报警装置是否良好。

2. 空调系统的运行管理

(1) 制定系统或设备的操作规程

操作规程是使系统或设备从静止状态进入到运行状态，或从运行状态回复到静止状态的过程中应遵守的规定和操作顺序。这种规定和操作顺序对于由众多设备组成的智能化系统或大型设备来说是至关重要的，因为稍有不慎就会对设备造成损害，甚至造成灾难性事故。为了使系统或设备的启/停过程都能安全、正常地进行，应该把相应的、规范的操作规程简明扼要地书写清楚，以减少人为误操作所造成的损失和危害。

(2) 集中式空调系统的运行调节

空调系统在全年运行中，由于空气热湿负荷的变化，使得整个系统必须根据负荷的变化进行运行调节，才能保证室内温、湿度的要求。集中式空调系统的运行调节方法主要有以下4种。

① 露点控制法。如果只有室外空气状态发生变化，可以采用露点控制法，即只需要把喷水室（或换热器）出口的空气状态按需要进行控制，就能保证需要的送风状态，同时也保证了需要的室内空气状态。

② 温度调节法。温度调节有两种方法，一种方法是用阀门调节盘管内冷冻水或热水的流量；另一种方法是调节新风旁通阀，使部分新风不经过盘管而通过旁通管，改变加热新风和旁通新风的混合比例。

③ 湿度调节法。温度调节有控制露点温度和控制送风水蒸气分压两种方法。控制送风水蒸气分压就是改变送风状态的含湿量，在冬季可以用喷蒸汽加湿的方法，在夏季可以用固体或液体吸湿剂减湿的方法。

④ 风量调节法。在负荷变化的情况下，用调节风量的方法来保证室内空气的温、湿度要求是一种有效且节能的方法，这种系统统称成为变风量系统，风量的调节可通过风机变速或风量调节阀等实施。

(3) 制冷机组的运行管理

在蒸汽压缩式冷水机组的运行管理过程中，要注意制冷剂的安全使用。氟利昂类制冷剂泄漏时，若与明火接触，便会分解出剧毒物质光气，另外，氟利昂对大气中的臭氧层的破坏极其严重，将会危及人类健康及地球的生态平衡，所以氟利昂安全使用的首要任务是减少泄漏，提高制冷剂的回收率。氨类制冷剂易燃、易爆，因此要防止制冷剂泄漏，在氨制冷机房里要有可靠的安全措施，如氨浓度报警装置、事故排风装置等。

第三节 给排水系统监控管理

给排水系统是任何建筑都必不可少的重要组成部分，对智能建筑尤其重要，因为智能建筑大都是多功能的高层建筑，对生活用水及防火设施用水要求非常严格。建筑给排水系统的主要任务是在建筑物中经济、合理、安全、可靠地为人类生活和生产活动提供充足、优质的水,并将使用后的水进行一定的水质处理使之符合环保要求后再排入城市管网或自然水系统。广义上的给排水系统包括城镇给排水、热水和饮水供应、消防给水、建筑排水、建筑给水、建筑小区给排水和建筑水处理等多项内容。本书所涉及的是一般建筑物的给排水系统,包括生活给水系统、生活排水系统和消防水系统,这几个系统都是物业设备自动化系统重要的监控对象。

一、生活给水系统的监控

给水系统是将城市给水管网或自备水源的水引入建筑物内,送至各种用水设备,并满足各用水点对水量、水压和水质要求的冷水供应系统。给水系统是整个建筑必不可少的重要组成部分,许多新建的高档建筑,如写字楼、高档办公楼、会展中心、星级宾馆、医院等,除了有冷水供水系统外,还有生活热水供水系统。生活给水系统主要是对给水系统的状态、参数进行监测与控制,保证系统的运行参数满足建筑的供水要求及供水系统的安全。

现代建筑中常见的生活给水系统有3种方式:高位水箱给水方式、水泵直接给水方式和气压给水方式。无论是何种给水系统,其构成设备基本是相同的,主要由水泵、水箱(罐、池)、管道、阀门等组成,因此,各种给水系统的监控也有其共通性,主要体现在以下几个方面。

① 测量:水箱或水池的水位、压力。
② 报警:水箱或水池水位越限,水泵发生故障时报警。
③ 控制:控制水泵的启/停;根据对水压或水箱液位的监测结果,控制投入运行的水泵的数量;根据各水泵运行时间,实现主、备泵自动切换,平衡各泵运行时间。
④ 管理:通过计算机累计各设备运行时间,并据此制订设备的检修保养计划。

(一) 高位水箱给水系统监控

1. 系统工作原理

高位水箱给水方式,即在建筑的最高楼层设置高位供水水箱,用水泵将低位水箱水输送到高位水箱,再通过高位水箱送给给水管网供水,将水输送到用户。这种给水方式供水压力较稳定,且有水箱储水,供水比较安全。但因为水箱重量较大,增加了建筑负担,占用了楼层的建筑面积。

在高层建筑中,由于最高层与最低层的压差较大,如果只用一个高位水箱给整个建筑直接给水,则低层的生活给水压力较大,供水效果不好。因此,在高层建筑中,采用高位水箱给水时,有两种常用办法:一种是在不同标高的分区设置独立的高位水箱,对相应的分区供水,相当于多个独立的高位水箱给水系统;另一种是对最高层的高位水箱进行减压后,向不同的分区供水,即一个高位水箱给水系统。这样就避免了低楼层供水压力太大的问题。两种高位水箱给水系统供水原理如图3-10所示。

2. 系统监控原理

在高位水箱中,设置4个液位开关,分别为检测溢流水位(OL)、停泵水位(HL)、启泵水位(ML)和低限报警水位(LL),控制器根据液位开关送入信号来控制生活水泵的启/

第三章 物业设备自动化系统及其应用管理

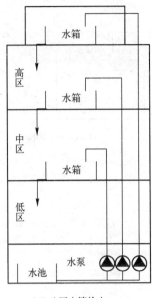
(a) 分区水箱给水

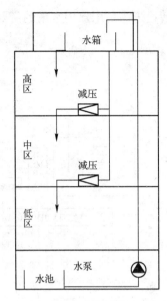
(b) 单一水箱分区给水

图 3-10 高位水箱给水系统的供水原理图

停。系统监控原理如图 3-11 所示。当高位水箱液位低于启泵水位时,控制器送出信号自动启动生活水泵运行,向高位水箱供水。当高位水箱液位高于启泵水位而达到停泵水位时,控制器送出信号自动停止生活水泵。如果高位水箱液位达到停泵水位,而生活水泵没有停止供水,液面继续上升达到溢流报警水位,控制器发出声光报警信号,提醒工作人员及时处理。同样,当高位水箱液位低于启泵水位时,水泵没有及时启动,用户继续用水,但水位达到低限报警水位时,控制器发出声光报警信号,提醒工作人员及时处理。当工作水泵发生故障时,备用水泵自动投入使用。

系统的监控包括以下几个方面。

① 水位监测:信号取自水池水位开关输出点,一般选用液位开关,溢流报警水位、启泵水位、停泵水位、低限报警水位各设一个液位开关。

② 根据液位开关送入的信号来控制水泵的启/停:当高位水箱液面低于启泵水位时,自动启动水泵运行;当高位水箱液面达到停泵水位时,自动停止水泵运行。

③ 报警:当高位水箱液面达到溢流报警水位时,控制器发出声光报警信号;当高位水箱液面达到低限报警水位时,控制器发出声光报警信号。

(二) 水泵直接给水系统监控

1. 系统工作原理

水泵直接给水方式,是用水泵直接向终端用户提供一定水压的供水方式。这种供水系统常采用恒速泵加变频调速泵的供水方式,即根据终端用户的用水量调整恒速泵的台数与变频调速泵的转速来满足用户用水量的需要。

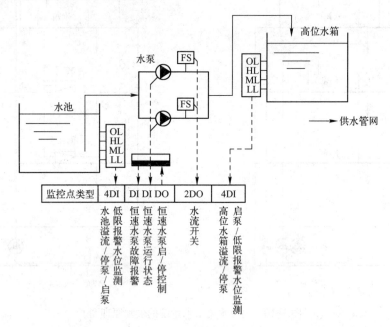

图 3-11 高位水箱给水系统监控原理图

这种给水方式一般在室外给水管网水量充足、但水压较低时采用。因为水泵直接从外网抽水，会使外网水压降低，影响附近用户供水，所以，通常在水泵前建有缓冲水池，避免水泵大水量不均衡供水对城市管网的影响。

在高层建筑中，水泵直接给水系统如果采用一种给水压力向整个建筑直接给水，也存在低层的生活给水压力过大、给水效果差的问题。因此，采用水泵直接给水时，通常有两种方法：一种是采用分区配置不同扬程的水泵向不同分区直接给水的方式，相当于多个独立的水泵直接给水系统；另一种是采用统一扬程的水泵，进行减压后再向不同分区给水，即一个水泵直接给水系统。两种水泵给水系统供水原理如图 3-12 所示。

2. 系统监控原理

安装在水泵输出口的水管式压力传感器检测管网压力，控制器根据这一检测值与定值比较的偏差去控制变频器的输出频率，实现水泵转速的控制，将供水压力维持在设计范围内。

水泵直接给水系统监控原理如图 3-13 所示，监控包括以下几个方面。

① 当给水管用户用水量增多、管网压力减小，控制器控制变频器输出频率增加，水泵转速随之增加，则供水量增加。

② 当给水管用户用水量减少、管网压力增加，控制器控制变频器输出频率降低，水泵转速随之减少，则供水量减少。

③ 系统运行时，调速泵首先工作，当调速泵不能满足用水量要求时，自动启动恒速泵。

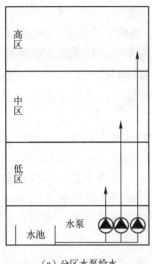
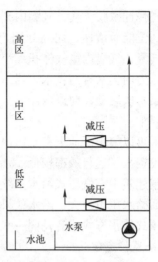

(a) 分区水泵给水　　　　　　　　　(b) 单一水泵分区给水

图 3-12　两种水泵给水系统供水原理图

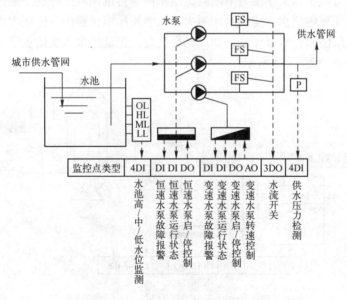

图 3-13　水泵直接给水系统监控原理图

④ 水压过高时，先调低调速泵的转速，然后减少恒速泵的运行台数。

（三）气压给水系统监控

1. 系统工作原理

气压给水方式是利用气压罐代替高位水箱的给水系统。气压罐的外层为金属罐体，内有一个密封式弹性橡胶气囊,气囊内充有一定压力的氮气,利用压缩空气的压力,使气压罐中的储水得到位能而增压,向高处用户供水。当水泵向罐体和气囊间的空间注水时,水压升高、压迫气囊,气囊内氮气体积缩小。当罐体和气囊间的水压力达到规定值时停泵,靠气囊内气体的压力向集水管网供水。当给水网用户用水后,管网和罐内水压下降,水压降到规定值后,水泵再次启动,向罐内注水,水压再次升高。如此循环,保持水压在一定范围内,以满足供水要求。

气压罐可以集中于地下室泵房内,这样可以避免高位水箱的缺点,但是气压罐供水系统的缺点是投资大、运行效率较低。

在高层建筑中,气压式给水系统如果采用一种给水压力向整个建筑直接给水,同样存在低层的生活给水压力过大、给水效果差的问题。因此,也可以采用设置不同分区、不同水压的多个气压式给水方式或者是同一水泵系统、不同分区进行减压的单一气压式给水方式。

2. 系统监控原理

在没有水泵运行时,随着给水管网用户用水量的增多,气压罐内气囊体积增加,压出罐内的水供用户使用,囊内气体压力减小,管网压力减小。如用户继续用水,气囊体积继续增大,囊内气体压力减小到工作压力下限时,给水网压力也同时下降到下限值,控制器自动启动给水泵,向气压罐内注水,罐内水压增大,气囊被压缩,囊内气体压力增大。当管网压力增加到设定的上限值时,水泵停供。如此循环往复,保证给水系统的正常运转。气压罐压力给水系统监控原理如图3-14所示。

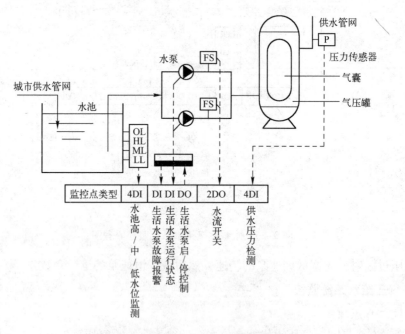

图3-14 气压罐压力给水系统监控原理图

二、给水系统的管理

对建筑物中给水系统的管理主要是对给水设备的管理,包括水塔、水泵和储水池等设备的管理。主要管理内容有防止二次供水的污染,对水池、水箱进行经常性维护和定期消毒,保持其卫生;对供水管道、阀门、水表、水泵、水箱进行经常性检查和定期维护,保证供水安全。

① 水塔:水塔的管理主要是定期清洗水塔内的淤泥,一般半年清洗一次。水塔的检修内容有:水位指示器是否保持准确动作;管道连接口是否严密;阀门操作是否灵活,关闭是否严密,尤其是容易出故障的浮球阀,更是需要注意和检修的对象;对于钢板制作的水柜,检查油漆是否脱损,内外是否需要重新刷漆。还有检查避雷针的完好情况。

② 水泵:水泵的维修分为一级保养、二级保养和大修理 3 种。一级保养以日常维护为主,其主要内容有设备的擦拭、清洗、检查轴承稳度,监视设备振动情况,检查紧固件是否松动,设备加油换油,加盘根或更换盘根等;二级保养以拆修为主,包括清洗泵体、清洗叶轮、更换轴承、更换垫衬等易损件,修理更换泵轴、修理更换叶轮、作静平衡检查、组装、油漆等。

③ 贮水池:对储水池主要是日常管理,即定期清洗池底、池壁,保持池内干净,一般一年一次,然后用液氯或漂白晶浸泡 1 h 后方可恢复使用。此外是检查四壁、池底有无沉陷、裂纹和渗透现象。外部应定期粉刷、修补,对金属构件进行刷漆防腐等。

④ 发生跑水、断水等故障要及时抢修。

⑤ 消防水泵要定期试泵,至少每年进行一次。要保持电气系统正常工作,水泵正常上水,管道截门水龙带配套完整,检查报告应送交当地消防部门备案。

三、生活排水系统的监控

建筑排水系统的任务是接纳、汇集各种卫生器具和用水设备排放的污、废水,以及屋面的雨、雪水,并在满足排放要求的条件下,将水排入室外排水管网。智能建筑的排水系统主要是针对生活用水,由于对卫生条件要求较高,排水系统必须通畅,并且常采用生活污水和生活废水分流排放,避免水流干扰。

地上建筑的排水系统比较简单,可以靠污水的重力沿排水管道自行排入污水井进入城市排水管网。而建筑物地下的污水排放则有所不同,通常把污水集中于污水池,然后用泵排放到地面的排水系统。以排污水泵和污水集水井为监控对象的排水系统监控原理,如图 3-15 所示。

在集水井中设置液位开关,分别检测停泵水位(HL)、启泵水位(ML)、溢流报警水位(OL)和低限报警水位(LL),直接数字控制器(Direct Data Controller,DDC)根据液位开关的检测信号来控制排水泵的启/停。当集水井液面达到启泵水位时,控制器自动启动污水泵运行,将集水井中的污水排出,集水井液面下降;当集水井液面达到停泵水位时,控制器自动停止污水泵运行;当集水井液面达到启泵水位时,但水泵没有及时启动,集水井水位继续升高达到报警水位时,监控系统发出报警信号;当集水井液面达到停泵水位时,但排水泵没有停止,集水井水位继续下降至低限水位时,监控系统发出报警信号。

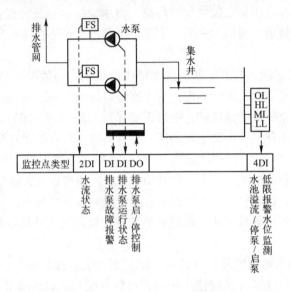

图3-15 排水系统监控原理图

智能物业排水系统的监控对象主要为污水处理池、污水集水井和排污泵等。对排水系统进行监控的主要内容如下。

① 集水井水位监测:信号取自安装在集水井的液位开关,一般有溢流报警、启泵、停泵3个液位开关。

② 排水泵启/停状态:信号取自排水泵配电箱接触点辅助触点,也可以采用水流开关来检测。

③ 排水泵故障报警:信号取自排水泵配电箱热继电器辅助触点。

④ 排水泵启/停控制:从控制器输出端输出控制信号到排水泵配电箱接触器控制回路。

四、排水系统的管理

对建筑物中排水系统的管理主要是对排水设备的管理,包括水泵和排水管道等设备的管理。

① 定期对排水管道进行养护、清通。

② 告知使用者不要把杂物投到下水管道,防止阻塞。下水道堵塞应及时清通。

室内下水道堵塞是建筑排水系统最常见的故障。多因杂物进入管道造成水流不畅、排泄不通,严重的会在地漏、水池、马桶等处外溢。修理时应首先判断堵塞物的位置,在靠近的检查口、清扫口、通气管等处,采用人工和机械疏通。如上述方法无效时,可用剔洞疏通,或进行打开挖掘排除堵塞。同时物业管理部门应把好施工验收关，向用户宣传正确使用和爱护排水设施。

室外排水管道堵塞，首先应将检查井中的沉积物，用钩勺掏清，随后用毛竹片进行疏通，再用中间扎有钢丝球的麻绳来回拉刷，同时防水冲淤。如上述方法无效时，则应在堵塞位置上进行破土开挖，采用局部起管疏通，然后重新接管。

③ 定期检查排水管道和阀门等是否有生锈和渗透现象，发现隐患应及时处理。

室内排水管道的渗漏，大都是因为在横管、存水弯处有砂眼或裂缝所致，或是由于管道接头不严等造成的。对砂眼可用打楔的方法堵渗；裂缝可用哈夫夹堵漏法；轴承接口渗漏，可用水泥重新打封口；对于塑料管接口渗漏，可用胶封，管身开裂不大的，可用热塑料焊接补漏；若管道接头不严，可采用更换接口垫或涂以密封胶等方法来进行处理。

④ 室外排水沟渠应定期检查和清扫，清除淤泥和杂物。

第四节　供配电系统智能化监控管理

供配电系统是智能物业最主要的能源供给系统，是电力供应的枢纽，对智能物业各系统的正常运行起着重要的作用。为了确保建筑内用电设备的正常运行，必须保证供电的可靠性。电力供应管理和设备节电运行也离不开供配电设备的监控与管理，因此，供配电系统是物业设备自动化系统最基本的监控对象之一。

智能物业从 10 kV 市电高压取得电能，称为供电；将取得的高压进行降压至 380/220 V 电压，称为变电；将电能分配至各个用电设备（负荷），称为配电。3 个环节的有机结合形成了智能物业的变配电系统。

一、供配电系统的组成

智能建筑的供配电系统由高压及低压配电线路、变电所（配电所）和用电设备（负荷）组成。智能建筑变配电的系统结构如图 3-16 所示。

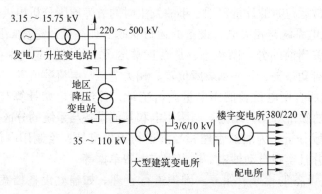

图 3-16　智能建筑变配电系统的结构

1. 配电所

引入电源不经过电力变压器变换，直接以同级电压重新分配给附近的变电所或供给用电设备的电能供配场所称为配电所。将电源经电力变压器变换成另一种电压等级后，再由配电线路送至各变电所或供给各用电负荷的电能供配场所称为变配电所，简称变电所。

大型建筑设有总降压变电所，把 10～35 kV 电压降为 6～10 kV，再向各楼宇小型变电所供电，小型变电所把电压 6～10 kV 降为 380/220 V 对低压设备供电。

2. 用电设备

变配电系统的电气设备分为高压和低压电气设备两种，主要包括高（低）压断路器、高（低）压负荷开关、高（低）压隔离开关、高（低）压熔断器、电压互感器、电流互感器、避雷器和电力电容器。

① 断路器是供电系统的主要电气设备。正常供电时用它通/断负荷电流，当供电系统发生短路故障时，它与保护继电器及自动装置配合能切断故障电流，防止事故发生。

② 负荷开关是介于隔离开关和断路器的开关设备，能断开负荷电流，但不能切断短路电流，多用于 10 kV 以下的电压等级。

③ 隔离开关是与断路器配合使用的设备，必须在断路器断开后才允许拉开，其主要功能是隔离电源、方便检修。

④ 电流互感器和电压互感器是电能变换装置，前者是将大电流变成小电流，后者将高电压变成低电压，供电压、电流、功率及用电量的检测、计量和继电器保护用。

⑤ 避雷器是变电所对雷电冲击波的防护设备。电力电容器是提高变配电系统功率因数、节约电能的设备。

二、供配电系统的监控

供配电系统是智能物业自动化系统中最基本的监控对象之一，对变配电系统的监控管理功能可以概括为以下几个方面。

① 对配电系统的运行参数进行实时检测。如电压、电流、功率、功率因数、频率、变压器温度等，为正常运行时的计量管理、事故发生时的故障原因分析提供数据。

② 实时监视配电系统与相关电气设备的运行状态。如高低压进线断路器、母线联络断路器等各种类型开关当前的分合闸状态、是否正常运行，并提供电气主接线图开关状态画面；如发现故障，自动报警，并显示故障位置、相关电压、电流数值等。

③ 对建筑物内所有用电设备的用电量进行统计，并进行电费计算与管理。包括空调、电梯、给排水、消防喷淋等动力用电、照明用电和其他设备与系统的分区用电量的统计；进行电量的时间与区域分析，为能源管理和经济运行提供支持；绘制用电位荷曲线，如日负荷、年负荷曲线；并且实现自动抄表、输出用户电费单据等。

④ 对各种电气设备的检修、保养、维护进行管理。如建立设备档案，包括设备配置、参数档案，设备运行、事故、检修档案，生成定期维修操作单并存档，避免维修、操作时引

起误报警等。

变配电系统设备监控的主要任务,是对变配电系统中各设备的状态和变配电系统的有关参数进行实时的监视、测量,并将各种检测信号通过计算机网络传输到中央管理计算机,使建筑设备自动化系统管理中心能够及时了解供变电系统运行的情况,保证变配电系统安全、可靠、优化、经济地运行。因此,除了对供配电系统安全运行、正常监测外,供配电监控管理系统还应具备以节约能源为目标,对系统中的电力设备进行控制与调度的功能,如变压器运行台数控制、额定用电量经济值监控、功率因数补偿控制及停电、复电的节能控制等。

变配电系统的设备监控主要包括以下几个方面的内容:

① 变配电设备各高低压主开关运行状况监视及故障报警;
② 电源及主供电回路电流值显示;
③ 电源电压值显示;
④ 功率因数测量;
⑤ 变压器超温报警;
⑥ 电能计量;
⑦ 应急电源供电电流、电压及频率监视。

三、供配电系统的管理

建筑供配电系统的管理是按照国家法规和物业管理公司的管理规范,对已验收并投入使用的供电设备,运用现代化的管理方式和先进的维护技术进行的管理和服务。对供配电系统管理的目的是保证物业小区或楼宇的供电系统正常、安全运行,给人们提供一个良好的工作、生活环境,同时保证系统运行的经济性。

建筑供配电系统的管理部门应根据要管理供电设备的种类和数量配备专业技术人员进行管理。主要管理内容如下。

1. 发电机房的管理

① 未经管理处主管同意,非管理处人员不得随意进入机房。
② 柴油机组平时应置于良好的状态,蓄电池置于浮充电状态,冷却水应满足运行要求,油箱内应储备 8 小时满负荷用油量,室内应配备应急照明灯。
③ 柴油机组的开关及按钮,非值班技工或维修人员不得操作。操作人员必须熟悉设备,严格按照操作规程操作。
④ 机房内严禁抽烟、点火,室内应配备手持式气体灭火器。
⑤ 机房内不能堆放任何杂物,更不能存放易燃物品。
⑥ 定时启动柴油机,空载试机,发现问题应及时处理,并做好记录。
⑦ 机房及机组的清洁卫生由技工班负责清扫,达到设备无积尘,墙、地面卫生整洁。

2. 配电房的管理

① 配电房全部机电设备,由机电班负责管理和值班,停送电由值班电工操作,非值班

电工禁止操作，无关人员禁止进入配电室，非管理处人员须办理书面许可才能进入。

② 保持良好的室内照明和通风，墙上配挂温度计，室温控制在35 ℃以下。

③ 建立运行记录，每班至少巡查一次，每月组织检查一次，每年大检修一次，查出问题及时修理，不能解决的问题及时报告管理处和工程部。每班巡查内容包括：房内是否有异味，记录电压、电流、温度、电表运行数；检查屏上指示灯、电器运行声音、补偿柜运行情况；发现异常，及时修理与报告。

④ 供电器线路操作开关设明显标志，停电拉闸，停电检修，挂标志牌。

⑤ 房内严禁乱拉乱接线路，供电线路严禁超载供电；如果确有需要，报管理处主管人员书面同意后，方可进行。

⑥ 配电房内设备及线路改变，要经过管理处主管人员同意，重大改变报公司工程部经理批准。

⑦ 节约电能消耗，降低成本是每个机电管理人员的主要职责之一。机电班每周书面报告管理处主管人员总电表运行数一次。

⑧ 严禁违章操作，检修时必须遵守操作规程，穿绝缘鞋、戴绝缘手套等。

⑨ 值班人员要随时接受对电机设备情况的投诉，做好记录并向班长汇报，以便安排整改。

⑩ 防止小动物进出配电房。

第五节　照明系统监控管理

在现代建筑中，照明系统是提供良好舒适环境的重要手段，也是供电系统的主要负荷之一。照明系统的用电量很大，仅次于空调用电量。因此，如何做到既保证照明质量又节约能源是照明控制的重要内容。在多功能建筑中，不同的区域对照明有不同的要求，因此应根据照明区域的性质、特点及用途，对照明设施进行不同的控制。

照明系统的监控主要是对建筑物内外的各种照明器具进行控制，以便在保证设计照明质量的前提下取得明显的节能效果。例如，对于室外的庭院灯、航空障碍灯及装饰用灯，一般只在特定的时间段内使用，因此可以根据时间和日历设定控制灯具启停的程序，使它们按预定的时间自动开启或关闭；对于室内的大厅、走廊、楼梯、会议室、停车场等照明，可以根据使用性质的不同，实现不同的控制功能。

照明系统的监控对象包括建筑物各层的照明配电箱、应急照明配电箱及动力配电柜。按照功能，可将照明监控系统划分为几个部分，即走廊、楼梯照明监控、办公室照明监控、障碍照明监控、建筑物外立面照明监控以及应急照明的应急启/停控制和状态显示。

照明监控系统的任务主要有两个方面：一是监视照明配电系统的工作状态，以便对照明系统进行有效的管理，保证其正常工作，实现照明设计的要求；二是根据一定的策略控制各类照明灯具的开启、关闭，从而达到节能的目的。照明系统的监控原理如图3-17所示。

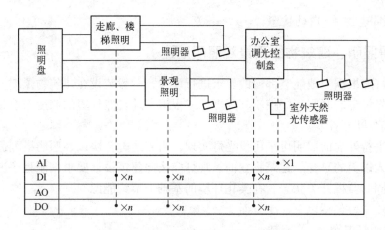

图 3-17 照明系统的监控原理图

一、走廊、楼梯照明监控

走廊、楼梯属于公共区域,除保留部分值班照明外,其余的灯在下班后及夜间可以及时关掉,以节约能源。因此,可以预先设定时间,编制程序进行开/关控制,并监视开关状态。例如,对于自然采光的走廊,白天、夜间可以断开照明电源,但在清晨和傍晚及上、下班前后应接通。

走廊、楼梯照明监控的内容主要包括以下几个方面:

① 测量室外自然光照度;

② 控制各楼层照明电源开关;

③ 监测各楼层照明电源的运行状态及故障;

④ 各楼层照明电源手/自动状态监测。

二、办公室照明监控

办公区域照明应为办公人员创造一个良好、舒适的视觉环境,以提高工作效率。该区域照明应该采用自动控制的白天室内人工照明。这种照明方式由辐射入室内的自然光和人工照明协调配合而成,不论晴天、阴天、清晨或傍晚自然光如何变化,也不论房间朝向、进深尺寸有多大,始终能有效地保持良好的照明环境,减轻人们的视觉疲劳,是一种质量高、经济效果好的人工照明系统。

办公室照明监控的主要内容包括如下几个方面:

① 室外自然光照度测量;

② 室内照明电源开关控制;

③ 室内照明电源运行状态;

④ 室内照明电源故障;

⑤ 室内照明电源手/自动状态。

三、航标障碍照明、建筑物立面景观照明监控

航空障碍灯应根据当地航空部门的要求进行设计，一般装设在建筑物顶端，属于应急照明。可根据预先设定的时间程序控制其闪烁，或根据室外自然环境的照度来控制光电器件的动作，实现开启/断开控制。

对建筑物进行外立面照明可采用投光灯实现，当光线配合协调、照明搭配适当时，建筑物外立面可给人以美的享受。建筑物立面景观灯应按照建筑设计要求编制程序进行时间控制和强度控制，同时监视开关状态，在美化环境的基础上节约能源。

其监控功能主要包括以下几个方面：
① 航空障碍灯电源开/关控制；
② 航空障碍灯电源运行状态；
③ 航空障碍灯电源手/自动状态；
④ 航空障碍灯电源故障；
⑤ 景观照明电源开/关控制；
⑥ 景观照明电源运行状态；
⑦ 景观照明电源手/自动状态；
⑧ 景观照明电源故障。

四、应急照明的应急启/停控制、状态标志显示

设置应急照明的主要目的是为了保证市电停电后的事故照明和疏散照明，并且当建筑物发生紧急或意外事件时，需要照明系统作出相应的联动配合。当有火警发生时，联动正常照明系统关闭，事故照明打开；当有保安报警时，联动相应区域的照明灯开启。

应急照明监控的主要内容包括如下几个方面：
① 各楼层事故照明电源开/关控制；
② 各楼层事故照明电源运行状态；
③ 各楼层事故照明电源手/自动状态；
④ 各楼层事故照明电源故障。

第六节　电梯系统监控管理

一、电梯系统概述

电梯是现代建筑，尤其是高层建筑中必备的垂直交通工具。电梯按照结构可分为直升电梯和自动扶梯；直升电梯按照用途可分为普通客梯、观光梯、货梯等；按控制方式可分为层

间控制、简易自动、集选控制、有/无司机控制及群控等,对于智能物业通常选用群控方式。

电梯由轿箱、曳引机构、导轨、对重、安全装置和控制系统组成。对电梯系统的要求是:安全可靠,启、制动平稳,感觉舒适,平层准确,候梯时间短和节约能源。在智能物业中,对电梯的启动加速、制动减速、正反向运行、调速精度、调速范围和动态响应都提出了较高的要求,因此,应该选择自带计算机控制系统的电梯系统。电梯系统是物业设备自动化系统中基本的监控对象之一。

二、电梯系统的监控

每台电梯都有自己的控制箱,对电梯的运行进行控制,如上/下行驶方向、加/减速、制动、停止定位、停止电梯门开/闭、超重检测报警等,对电梯运行状态的监控系统原理如图 3-18 所示。

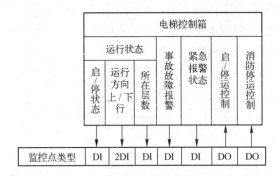

图 3-18 电梯运行状态的监控系统原理图

电梯监控的内容包括以下几个方面。

1. 按时间程序设定运行时间表启/停电梯、监视电梯的运行状态、故障及紧急状况报警

电梯的运行状态监视包括启动/停止状态、运行方向、所处楼层位置等,通过自动检测并将检测结果送至控制器,动态地显示各台电梯的实时状态。

故障检测包括电动机、电磁制动器等设备发生故障后,自动报警,并显示故障地点、故障发生时间、故障状态等。

紧急状况检测包括火灾、地震状况检测,发生故障时电梯中是否有人等,一旦发现有人,应立即报警。

2. 多台电梯群控管理

如何在不同的客流时间自动进行电梯调度控制,达到既减少候梯时间、最大限度的利用电梯的承载能力,又能避免数台电梯同时响应同一命令造成空载运行、浪费电力,这就需要对多台电梯实现群控管理。群控系统能对运行区域进行自动分配,自动调配电梯至不同的服务区域。这样可以缩短候梯时间,改善电梯的服务质量,最大限度地发挥电梯的作用,使之具有较好的适应性和交通应变能力。

3. 配合消防系统协同工作

发生火灾时，普通电梯驶至首层、放客、切断电梯电源；消防电梯应由紧急电源供电，在首层待命。

4. 配合安全防范系统协调工作

按照保安级别自动行驶至规定的停靠楼层，并对电梯门进行监控。

思 考 题

1. 什么是智能物业设备自动化系统？
2. 简述物业设备自动化系统的功能。
3. 简述物业设备自动化系统的监控范围。
4. 简述空调系统监控的主要内容。
5. 简述给排水系统监控的主要内容。
6. 简述电梯系统监控的主要内容。

第四章 智能物业的消防系统及其应用管理

智能物业由于其建筑面积大、楼层高、设备种类繁多、装修复杂等特点，使得火灾的防范难度加大，火灾危害程度较高。保证智能物业的防火安全性已成为确保智能物业健康发展的重要条件之一。因此，在追求智能物业内部功能健全性与外部形式美观性的同时，必须满足防火安全性这一基本要求。

第一节 概 述

在智能物业中，由于引进了许多技术先进、价格昂贵的设备和系统，一旦发生火灾，除了造成人员伤亡外，其经济损失也比一般建筑物严重得多。所以消防系统的重要性更加突出，它是物业设备自动化系统中非常重要的一个子系统。智能物业对消防系统的安全可靠性、技术先进性及网络结构等方面提出了更高、更新的要求。

一、智能物业的火灾特点

智能物业的火灾是由其自身特点决定的，概括起来主要有以下几个方面。

1. 建筑结构跨度大、特性复杂

智能物业由于采用大跨度框架结构和灵活的环境布置，使建筑物开间和隔墙布置复杂，随着建筑物高度增加，在起火前室内外温差所形成的热风压大，起火后由于温度变化而引起烟气运动的火风压大，因而发生火灾时烟气蔓延、扩散迅速。同时，高层建筑室外风速、风压随着建筑物的高度而增加，室外风速增大，使得火灾烟气蔓延速度急剧增加。

2. 建筑环境要求高、内部装修材料多

为了加强智能物业室内空间的艺术效果和实现智能物业的环境舒适性的要求，满足在其中工作、生活的人们的生理和心理的多种需要，智能物业中大量采用易燃或可燃材料，且有不少是有机高分子材料，遇火后这些易燃、可燃材料或有机高分子材料将分解出大量的CO、CO_2及少量的H_2S、SO_2等有害的烟气和毒气，直接危及人的生命安全。

3. 电气设备多、监控要求高

在智能物业中大量使用各种电气设备，如照明灯具、家用电器、通信设备、电梯、电炉、空调设备、电机、广播电视、电子计算机等电气设备，电气设备配电线路和信息数据通信布线系统密密麻麻，若一处出现电火花或线路绝缘层老化碰线短路而发生电气火灾，火灾会沿着线路迅速蔓延。

4. 人员多且集中

智能物业内通常容纳有成百上千，甚至数以万计的人员，一旦发生火灾，人们通常会产生慌乱，再加上建筑通道复杂及楼层多等，使人员疏散难度大，难以安全疏散逃离。

5. 建筑功能复杂多样

智能物业多数是具有多用途的综合性大楼，往往设有办公室、写字间、会议厅、商业贸易厅、饭店、宾馆、公寓、住宅、餐厅、娱乐场所、室内运动场、厨房、锅炉房、变配电室、汽车库、各种库房等，从而造成安全疏散通道复杂。此外，高层智能物业上下内外联系的主要交通工具是电梯，一旦发生火灾，电梯停止使用，导致疏散困难。

6. 管道竖井多

智能物业内部必然设置电梯及楼梯井、上下水管道井、电线电缆井、垃圾井等。这些竖井若未加垂直和水平方向隔断设施，一旦烟火窜入，则会产生"烟囱"效应，使火灾迅速蔓延扩散到上层楼房。

综上所述，根据智能物业自身的特点，使其火灾发生时具有火势蔓延快、烟气扩散快，人员疏散困难，火灾扑救难度大，火险隐患多、火灾损失重等特征。

二、火灾基础知识

（一）基本火灾现象

物质燃烧过程是一种伴随有烟、光、热的化学反应过程。在物质燃烧过程中，一般有以下现象产生。

1. 热（温度）

凡是物质燃烧，必然有热量释放，使得环境温度升高，这是物质燃烧的基本特征之一。因此，物质燃烧过程所产生的温度变化是重要的火灾特征参数之一。但是，普通可燃物质在燃烧速度非常缓慢的情况下，物质燃烧所产生的热（温度）不易被鉴别出来。

2. 燃烧气体和烟雾

普通可燃物质在燃烧开始时，往往首先释放出燃烧气体。燃烧气体一般由单分子的CO、CO_2、碳氢化合物等气体及悬浮在空气中的未燃烧物质微粒等组成，粒径一般在 $0.01\ \mu m$ 左右，通常称作气溶胶。烟雾一般是指人眼可见的燃烧生成物，通常粒径为 $0.03 \sim 10\ \mu m$ 的液体或固体微粒。

普通可燃物质在燃烧过程所产生的燃烧气体和烟雾具有流动性和毒害性，能潜入建筑物的任何空间。根据统计数据，火灾中约有70%的人员死亡是燃烧气体或烟雾的毒害或窒息作用造成的，所以，物质燃烧过程所产生的燃烧气体和烟雾是重要的火灾探测参数。通常，物质燃烧所产生的燃烧气体和烟雾统称为烟雾气溶胶，其粒径一般在 $0.01 \sim 10\ \mu m$ 范围内。

3. 火焰

火焰是物质燃烧产生的灼热发光的气体部分。物质燃烧到发光阶段，一般是物质的全燃阶段。这时，由于物质的燃烧反应放热，从而提高了燃烧物质的温度，并引起物质分子内部电子能级跃迁，因而放出各种波长的光。火焰的光辐射除了可见光部分外，还有大量的红外光辐射和紫外光辐射。所以，火焰光作为燃烧的鉴别特征之一，也是重要的火灾探测参数。

（二）火灾形成的过程

了解火灾形成过程及各个阶段的火灾特点对正确有效设计消防系统是非常重要的。火灾发生时，人员和财产的损失不仅仅是火焰燃烧造成的，大多数情况下是烟雾和有害气体的毒害作用造成的，因此，现代防火理论越来越重视火灾形成过程中烟雾浓度的变化情况。

不同原因造成的火灾，其火灾形成和蔓延的过程也不同，但一般认为火灾形成及蔓延的全过程可分为3个阶段，即初始阶段、阴燃阶段和火焰燃烧阶段。火灾发展过程示意如图4-1所示，该曲线表示了烟雾浓度与热气流温度随时间的变化。

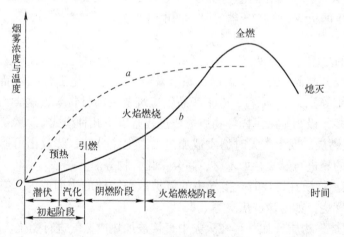

图 4-1　火灾发展过程示意图

a—烟雾气溶胶浓度与时间的关系；b—热气流温度与时间的关系

1. 初起阶段

火灾初起阶段，由于物质燃烧开始的预热和气化作用，主要产生大量的烟雾气溶胶，没有可见的烟雾和火焰，热量也相当少，环境温升不易被鉴别出来。在此阶段，火情仅局限于火源所在部位的一个很小的有限范围内，如果在此阶段能将火灾信息感知，提供早期报警，进行早期灭火，就可以将火灾损失降低在最低程度。因此，建筑物内应优先考虑选择感烟探测器进行信号检测。火灾初起阶段一般情况下所占时间较长。

2. 阴燃阶段

阴燃阶段室内的烟雾气浓度已达到相当水平,因此增长缓慢,但是蓄积的热量使环境温度迅速升高,遇明火极易点燃,这一阶段所占时间较短。火灾的初起阶段和阴燃阶段最显著的特征是产生大量烟雾气,因此,有时又将这两个阶段合称为初期引燃阶段。

3. 火焰燃烧阶段

火焰燃烧阶段也称为充分燃烧阶段。此阶段室内可燃物充分燃烧,产生大量可见光,室内温度迅速上升,同时火情得以逐步蔓延扩散,且蔓延的速度越来越快,范围越来越大。当燃烧产生的热与通过外围结构散失的热量逐渐平衡后,室内温度基本上维持恒定,此时已形成火灾。这一阶段灭火的重点应是防止火灾进一步蔓延,以减少火灾损失。火灾蔓延主要通过热对流和热辐射两种途径进行,由于智能物业中各种管道竖井、电梯井的存在使得建筑物内部热对流往往是火灾迅速蔓延的主要途径。

三、建筑物防火分类

根据国家标准《火灾分类》(GB/T 4968—2008)的规定,将火灾分为:A(固体物质火灾)、B(液体火灾和可熔化固体物质火灾)、C(气体火灾)、D(金属火灾)4 类。此外还有带电设备发生的火灾,如变压器等设备的电气火灾。

1. A 类火灾

A 类火灾指的是固体物质火灾,固体物质是火灾中最常见的燃烧对象,如木材及木制品、棉、麻、毛及其制品、纸及纸制品、粮食及谷、豆类、化工合成制品(合成橡胶、合成塑料、合成纤维等)、化工原料、电工产品、建筑及装饰材料等,这类物质往往具有有机物性质,种类繁多,极为复杂。固体物质燃烧过程有以下几种模式。

① 热分解式燃烧。发生火灾时物质被加热,产生热分解,释放出可燃的挥发成分,挥发成分与空气中的氧进行燃烧,如木材、高分子化合物等。

② 表面燃烧。物质在燃烧时,空气中的氧扩散到物体的表面或内部空隙中,与物质表面的碳直接进行燃烧,如木炭、焦炭等。

③ 升华式燃烧。物质(如萘)在火灾中直接被加热成蒸气进行燃烧。

2. B 类火灾

B 类火灾是指可燃液体及可熔化固体燃烧引起的火灾。可燃液体有酒精、苯、乙醚、丙酮等各种有机溶剂。可熔化固体有蜡、石蜡等。

可燃液体燃烧是液体在火灾中受热变为蒸气,蒸气与空气进行的燃烧。可燃液体可分为轻质可燃液体和重质可燃液体两大类,轻质可燃液体的蒸发属相变过程;重质可燃液体的蒸发除了相变过程外,还有热分解过程。可熔化固体在火灾中被加热熔化为液体,继续加热变成蒸气,属于熔融蒸发式燃烧。

3. C 类火灾

C 类火灾是指可燃气体燃烧引起的火灾。可燃气体燃烧有预混燃烧和扩散燃烧两种。预混燃烧是可燃气体与空气预先混合好后的燃烧;扩散燃烧是可燃气体与空气边混合边燃烧。预混燃烧如果失去控制便会产生爆炸,发生爆炸的可燃气体最低浓度称爆炸下限;最高浓度称爆炸上限。爆炸极限除了与可燃气体浓度有关外,还和温度条件有关。

4. D类火灾

有些金属物质,当其为薄片状、颗粒状或熔融状态时很容易着火,这类金属称为可燃金属。常见的可燃金属有锂、钠、钾、钙、镁等。可燃金属引起的火灾称为D类火灾。由于金属在燃烧时,燃烧热量大(为普通燃料的5~20倍)、火焰温度高($\geqslant 3\,000\,℃$),同时高温下的金属性质活泼,需用特殊的灭火剂灭火。金属结构,如轻钢结构、钢筋、铝合金框架在火灾中不会燃烧,但是在高温下会降低强度。钢材在500 ℃时,抗拉强度降低一半。铝合金在高温下完全丧失抗拉强度,因此应采取相应技术措施保护钢和铝合金制作的金属构件。

四、智能物业消防安全要求

智能物业多以高层和超高层建筑为主,并且多为高级宾馆和高级办公大楼,对消防系统及其管理具有很高的要求。因此,对智能物业的消防系统设计应立足于防患于未然,遵循"预防为主,防消结合"的消防指导方针,我国《高层民用建筑设计防火规范》(GB 50045—1995)规定了"立足自防自救,采用可靠的防火措施,做到安全适用、技术先进、经济合理"的消防设计原则,提出了"以自防、自救为主,及时、可靠防火,迅速、有效灭火"的智能物业消防安全要求。

为了加强智能物业的消防安全性,一般在智能物业内部装设火灾监测、报警和自动灭火控制系统,一旦发生火灾,便可发挥设备及设施的作用,将火灾扑灭在初起阶段;同时,在建筑结构方面,尽量选用阻燃型的建筑装修材料,设计一些能够阻断或封闭火灾蔓延的建筑构造及安全可靠的疏散设施,如防火卷帘门、疏散楼梯间等。这些建筑构造具有一定的防火能力,可与火灾自动报警与消防设备控制系统构成连锁联动关系。供配电与照明系统、机电设备的控制系统等强电系统必须符合消防要求。另外,建立一支具有高素质、防灾措施严密的管理队伍对于提高消防的安全性也是非常必要的。

智能物业的消防设施主要有火灾自动报警系统、火灾通信广播和安全疏导系统、消火栓系统、水喷淋系统、水雾系统、防排烟系统、气体灭火系统等。这些自动消防系统通过消防控制中心协调控制,完成对火灾的有效探测、数据信息处理、火灾报警与消防设备连锁动作、自动消防系统的设备联动控制,共同构成了智能物业的火灾自动监控系统。

智能物业的消防安全要求必须以消防安全设计为基础。智能物业的消防安全设计主要包括结构防火设计、建筑材料防火安全要求、消防设施合理配置、物业消防设备及其供电系统和建筑物火灾监控系统的良好设计与有机组合,通过智能物业中配置的各类消防设备与设施,实现火灾的早期预报和消防设备的有效动作,做到火灾报警及时可靠、消防设备联动迅速有效、智能物业防火安全。

第二节 火灾自动报警系统

一、消防系统的组成

在消防控制系统中，探测器负责监视现场的烟雾浓度、温度、火焰等火灾信号，并将探测到的信号不断送给火灾报警器。报警器将接收到的代表烟雾浓度、温度数值及火焰状况的电信号与报警器内存储的现场正常整定值进行比较，判断是否发生火灾。经过判断确认发生火灾时，报警器发出声光报警信号，同时显示火灾发生的区域和地址编码，并打印出报警时间、地址等信息，启动火灾现场的声光报警器。为防止探测器或火警线路发生故障，现场人员发现火灾时也可手动启动报警按钮或通过火警对讲电话直接向消防控制室报警。

在火灾报警器发出报警信号的同时，火灾控制器可实现手动/自动控制消防设备，如关闭风机、防火阀、非消防电源、防火卷帘门、迫降消防电梯；开启防烟、排烟风机和排烟阀；打开消防泵，显示水流指示器、报警阀的工作状态等，并将反馈信号再输送到火灾控制器上。

因此，一个完整的消防系统不仅应具有报警功能，还应具备联动控制功能，主要由报警与联动控制设备组成，其具体设备如下所述。

① 报警设备：其中包括各类火灾探测器、报警控制器、手动报警按钮、紧急报警设备（电铃、紧急电话、紧急广播等）。

② 自动灭火设备：洒水喷水、泡沫、粉末、气体灭火设备等。

③ 手动灭火设备：灭火器（泡沫、粉末、室内外消火栓）。

④ 防火排烟设备：防火卷帘门、防火风门、排烟口、排烟机、空调通风设备等。

⑤ 通信设备：应急通信机、一般电话、对讲电话、无线步话机等。

⑥ 避难设备：应急照明装置、引导灯、引导标志牌。

⑦ 其他设备：洒水送水设备、应急插座设备、消防水池、防范报警设备、航空障碍灯设备、地震探测设备、煤气检测设备、电气设备的监视等。

二、火灾自动报警系统保护对象分级

火灾自动报警系统的保护对象应根据其使用性质、火灾危险性、疏散和扑救难度等分为特级、一级和二级，并且符合表4-1中的规定。

表4-1 火灾自动报警系统保护对象分级表

等级	保护对象	
特级	建筑高度超过100 m的高层民用建筑	
一级	建筑高度不超过100 m的高层民用建筑	一类建筑
一级	建筑高度不超过24 m的民用建筑及建筑高度超过24 m的单层公共建筑	1. 200床及以上的病房楼，每层建筑面积1 000 m² 及以上的门诊楼。 2. 每层建筑面积超过3 000 m² 的百货楼、商场、展览楼、高级旅馆、财贸金融楼、电信楼、高级办公楼。 3. 藏书超过100万册的图书馆、书库。 4. 超过3 000座位的体育馆。 5. 重要的科研楼、资料档案楼。 6. 省级（含计划单列市）的邮政楼、广播电视楼、电力调度楼、防灾指挥调度楼。 7. 重点文物保护场所。 8. 大型以上的影剧院、会堂、礼堂。 9. 电子计算中心。 10. 省（市）级档案馆。 11. 省（市）级博展馆。 12. 4万以上座位大型体育场。 13. 星级以上旅游饭店。 14. 大型及以上铁路旅客站。 15. 省（市）级及重要开放城市的航空港。 16. 一级汽车及码头客运站
一级	工业建筑	1. 甲、乙类生产厂房。 2. 甲、乙类物品库房。 3. 占地面积或总建筑面积超过1 000 m² 的丙类物品库房。 4. 总建筑面积超过1 000 m² 的地下丙、丁类生产车间及物品库房
一级	地下民用建筑	1. 地下铁道车站。 2. 地下电影院、礼堂。 3. 使用面积超过1 000 m² 的地下商场、医院、旅馆、展览厅及其他商业或公共活动场所。 4. 重要的实验室、图书、资料、档案库
二级	建筑高度不超过100 m的高层民用建筑	二类建筑
二级	建筑高度不超过24 m的民用建筑	1. 设有空气调节系统的或每层建筑面积超过2 000 m²、但不超过3 000 m² 的商业楼、财贸金融楼、电信楼、展览楼、旅馆、办公室、车站、海河客运站、航空港等公共建筑及其他商业或公共活动场所。 2. 市、县级的邮政楼、广播电视楼、电力调度楼、防灾指挥调度楼。 3. 中型以下的影剧院。 4. 高级住宅。 5. 图书馆、书库、档案楼。 6. 大、中型电子计算站。 7. 2万以上座位体育场
二级	工业建筑	1. 丙类生产厂房。 2. 建筑面积大于60 m²，但不超过1 000 m² 的丙类物品库房。 3. 总建筑面积大于60 m²，但不超过1 000 m² 的地下丙、丁类生产车间及地下物品库房
二级	地下民用建筑	1. 长度超过500 m的城市隧道。 2. 使用面积不超过1 000 m² 的地下商场、医院、旅馆、展览厅及其他商业或公共活动场所

备注：一类建筑、二类建筑的划分，应符合现行国家标准《高层民用建筑设计防火规范》GB 50045—1995（2005年版）的规定；工业厂房、仓库的火灾危险性分类，应符合现行国家标准《建筑设计防火规范》GB 50016—2006的规定。

三、火灾自动报警系统的结构形式

火灾自动报警系统结构按不同的分类方式可以有多种形式。按火灾探测器与火灾报警控制器间连接方式的不同可分为多线制和总线制系统结构；按火灾报警控制器实现火灾信息处理及判断智能的方式不同可分为集中智能和分布智能系统结构；根据火灾自动报警系统联动功能的复杂程度及报警系统保护范围的大小，可将火灾自动报警系统分为区域报警系统、集中报警系统和控制中心报警系统3种系统结构。

1. 多线制系统结构

多线制系统结构一般要求每个火灾探测器采用两条或两条以上导线与火灾报警控制器相连接，从而保证了每个火灾探测点都能够发出火灾报警信号。火灾探测器与火灾报警控制器采用硬线——对应连接，有一个火灾探测点便需要一组硬线与之对应，其设计、施工与维护复杂，已逐步被淘汰。

2. 总线制系统结构

总线制系统结构目前应用非常广泛，它是在多线制基础上发展起来的。微电子器件、数字脉冲电路及计算机应用技术用于火灾自动报警系统，改变了以往多线制结构系统的直流巡检和硬线对应的连接方式，代之以数字脉冲信号巡检和信息压缩传输，采用大量编码、译码电路和微处理器实现火灾探测器与火灾报警控制器的协议通信和系统监测控制，大大减少了系统线制，提高了工程布线的灵活性，并形成了枝状和环状两种工程布线方式。

3. 集中智能系统结构

集中智能系统结构的主要特点是，火灾探测器仅完成对火灾参数的有效采集、变换和传输工作；火灾报警控制器采用微型机技术实现信息集中处理、数据储存、系统巡检等，并由内置软件完成火灾信号特征模型和报警灵敏度调整、火灾判别、网络通信、图形显示和消防设备监控等功能。该系统结构的主要缺点是，当建筑规模庞大、火灾探测器和消防设备数目众多时，单一火灾报警主机会出现应用软件复杂庞大、火灾探测器巡检周期过长、火灾监控系统可靠性降低和使用维护不便等。

4. 分布智能系统结构

在分布智能系统中，现场火灾探测器或区域控制器直接处理火灾探测信息的基本分析、环境补偿、探头清洁报警和故障判断等，从而免去中央火灾报警控制器处理大量信号的负担，使之能够从容地实现系统巡检、火灾参数算法运算、消防设备监控、联网通信等管理功能，提高了系统巡检速度、稳定性和可靠性。由于分布智能系统采用了集散化的结构，即使某一部分发生故障，也不会对其他部分造成影响，并且其联网功能强，应用网络技术，可以和建筑物自动控制系统进行集成，增强了综合防灾能力。分布智能系统结构形式是火灾监控系统的发展方向并逐渐成为主流。

5. 区域火灾报警结构

区域火灾报警系统通常由区域火灾报警控制器、火灾探测器、手动火灾报警按钮、火灾报警装置及电源等组成，如图4-2所示。由于未设置集中报警控制器，当火灾报警区域过多而又分散时，不便于集中监控与管理。

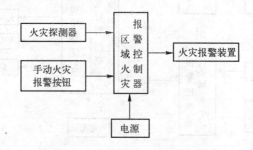

图4-2 区域火灾报警系统结构图

6. 集中火灾报警系统结构

集中火灾报警系统通常由集中火灾报警控制器、至少两台区域火灾报警控制器、火灾探测器、手动火灾报警按钮、火灾报警装置及电源等组成，其系统结构如图4-3所示。

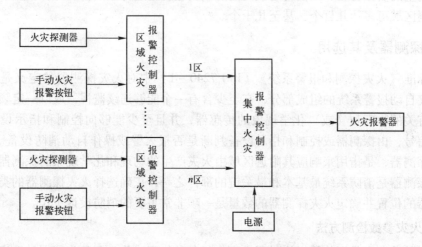

图4-3 集中火灾报警系统结构图

集中火灾报警系统应设置在由专人值班的房间或消防值班室内，有助于建筑物内整体火灾自动报警系统的集中监控和统一管理。

7. 控制中心火灾报警系统结构

控制中心火灾报警系统通常由至少一台集中火灾报警控制器、一台消防联动控制设备、至少两台区域火灾报警控制器、火灾探测器、手动报警按钮、火灾报警装置、火警电话、火警应急照明、火灾应急广播、联动装置及电源等组成,其系统结构如图4-4所示。

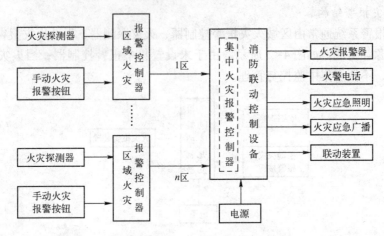

图4-4 控制中心报警系统结构图

控制中心报警系统的火灾报警控制器设在消防控制室内,其他消防设备及联动控制设备,可采用分散控制和集中遥控两种方式。各消防设备工作状态的反馈信号,必须集中显示在消防控制室的监控台上,以便对建筑内的防火安全设施进行全面控制与管理。控制中心报警系统探测区域可多达几百个,甚至几千个。

四、火灾探测器及其选用

国际标准《火灾探测和报警系统》(ISO 7240 - 1)中对火灾探测器的定义是:火灾探测器是火灾自动报警系统的组成部分,它至少含有一个能够连续监视,或以一定频率周期监视与火灾有关的物理和(或)化学现象的传感器,并且至少能够向控制和指示设备提供一个适合的信号,由探测器或控制和指示设备判断是否报火警或操作自动消防设备。简言之,所谓火灾探测器,是指用来响应其附近区域由火灾产生的物理和化学现象的探测器件。

火灾探测器是消防系统最基本和最关键的部件之一,正确选择火灾探测器的类型、布置火灾探测器的位置并确定火灾探测器的数量是一项非常重要的消防设计工作。

(一)火灾参数检测方法

火灾参数检测室是以物质燃烧过程中产生的各种物理或化学现象为依据,以实现早期发现为目的的。因此,可以物质燃烧过程中发生的能量转换和物质转换为基础,来确定采用何种火灾探测方法进行火灾参数的检测。具体做法可依据图4-5来判别。

1. 空气离化探测法

空气离化探测法是利用放射性同位素释放的 α 射线将空气电离,使电离室内具有一定的导电性,在电场的作用下形成离子流,当烟雾气溶胶进入电离室内,烟雾粒子将吸附其中的带电离子,产生离子电流变化,从而获得与烟浓度有直接关系的电信号,用于火灾的确认

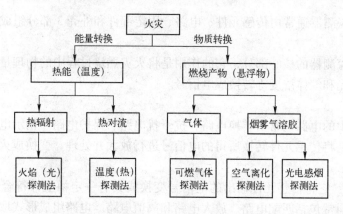

图 4-5 火灾探测方法

和报警。采用空气离化探测法实现的感烟探测一般称为离子感烟探测，对于火灾初期引燃阶段的烟雾气溶胶探测非常灵敏有效，可测烟雾粒子的粒径范围为 0.03~10 μm。

2. 光电感烟探测法

光电感烟探测法是根据火灾产生的烟雾颗粒对光线的阻挡或散射作用来实现感烟式火灾探测的方法。根据光散射定律，在通气暗箱内用发光元件产生一定波长的探测光，当烟雾气溶胶进入暗箱时，其中直径大于探测光波长的着色烟粒子产生散射光，通过与发光元件成一定夹角（一般在 90°~135°之间，夹角越大，灵敏度越高）的光电接收元件收到的散射光强度，可以得到与烟浓度成正比的电流或电压，以此判断火灾的发生。

3. 温度（热）探测法

温度（热）探测法是根据物质燃烧放出的热量（温度）所引起的环境温度升高或其变化率大小，通过热敏元件与电子线路来探测火灾的。

4. 火焰（光）探测法

根据物质燃烧所产生的火焰光辐射的大小，其中主要是红外光辐射和紫外光辐射的大小，通过光敏元件与电子线路来探测火灾现象。

根据各类物质燃烧时的火灾信息探测要求和上述不同的火灾探测方法，可以构成各种类型的火灾探测器，主要有感烟式、感温式、感光式和可燃气体 4 种类型的火灾探测器。

（二）火灾探测器的构造

火灾探测器本质上是感知其装置区域范围内火灾形成过程中的物理和化学现象的部件。原则上讲，火灾探测器既可以是人工的，也可以是自动的。由于人工很难做到 24 小时全天候看守，因此，一般讲到火灾探测器均是指自动火灾探测器。

无论何种火灾探测器，其基本功能要求是：① 信号传感要及时，具有相当精度；② 传感器本身应能给出信号指示；③ 通过报警控制器，能分辨火灾发生的具体位置或区域；④ 探测器应具有相当稳定性，尽可能地防止干扰。

因此，火灾探测器通常由传感元件、电路、固定部件和外壳3部分组成。

1. 传感元件

传感元件是探测器的核心部分，它的作用是将火灾燃烧过程中的物理量或化学量，如烟雾、温度、辐射光和气体浓度等转换成电信号。

2. 电路

火灾探测器中的电路通常由转换电路、抗干扰电路、保护电路、指示电路和接口电路等组成，它的作用是将传感元件转换所得的电信号进行放大并处理，变换成火灾报警控制器所需要的信号。

① 转换电路：它将传感元件输出的电信号变换成具有一定幅值并符合火灾报警控制要求的报警信号。通常包括匹配电路、放大电路和阈值电路。电路组成形式取决于报警系统所采用的信号种类。

② 抗干扰电路：由于温度、风速、强电磁场和人工光等外界环境条件，会影响不同类型火灾探测器的正常工作，或者造成假信号使探测器误报。因此，为了提高火灾探测器信号感知的可靠性，防止或减少误报，探测器要配置抗干扰电路来提高它的抗干扰功能。

③ 保护电路：它由监视电路和检查电路两部分组成，用来监视探测器和传输线路的故障，检查试验自身电路和元件、部件是否完好，监视探测器工作。

④ 指示电路：用以显示探测器是否动作，并给出动作信号。通常在探测器上设置动作信号灯，称作确认灯。

⑤ 接口电路：用以实现火灾探测器和火灾报警器间的电气连接，完成信号的输入和输出。

3. 固定部件和外壳

固定部件和外壳用于固定探测器，其外壳既能保证烟雾、气流、光源、温度等物理量和化学量能够被及时感知，又能尽可能地防止灰尘及其他非感知信号进入。

（三）火灾探测器的分类

火灾探测器的种类很多，不同的火灾探测器其结构和工作原理也是不同的。通常火灾探测器可以按照其结构形式、火灾探测参量及使用环境来进行分类。火灾探测器的分类如图4-6所示。

1. 按结构形式分类

火灾探测器根据其传感器的结构形式，通常可以分为以下两种类型。

（1）点形火灾探测器

点形火灾探测器是目前应用最为广泛的一种探测器，它装置于被保护区域的某"点"，用于响应传感器附近的火灾产生的物理和（或）化学现象。

（2）线形火灾探测器

线形火灾探测器是指响应某一连续线路附近的火灾产生的物理和（或）化学现象的火灾探测器件，常装置于某些特定的环境区域，它可以是管状的线管式火灾探测器，也可以是不可见的红外光束线形火灾探测器。

第四章　智能物业的消防系统及其应用管理　　85

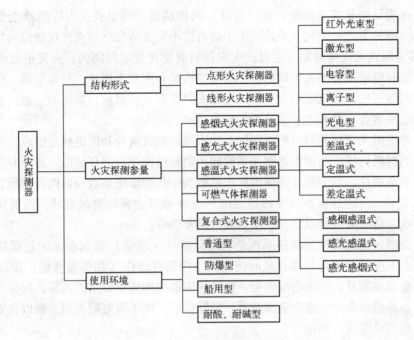

图 4-6　火灾探测器的分类

2. 按火灾探测参量分类

根据探测火灾参量的不同，火灾探测器可以分为感烟式、感温式、感光式火灾探测器和可燃气体探测器及复合式火灾探测器。

（1）感烟式火灾探测器

从火灾形成的过程可以看出，在火灾形成的初起阶段会产生大量烟雾，使得周围环境的烟雾浓度迅速增大，如果此时能够感知火灾信号，将给灭火创造极为有利的条件，并最大程度地降低了火灾造成的损失。因此在实际工程中大量采用这种"早期发现"的感烟式火灾探测器。通过感烟式火灾探测器对烟雾的敏感响应，可以最早感受火灾信号。感烟式火灾探测器是目前世界上应用较普遍、数量较多的火灾探测器，它又可以分为离子型、光电型、激光型、电容型和红外光束型等多种形式。目前，常用的感烟式火灾探测器是离子感烟火灾探测器和光电感烟火灾探测器。

（2）感温式火灾探测器

感温式火灾探测器是最早被人们用于火灾探测和报警的探测器。它动作于阴燃阶段后期，属于"早中期发现"的探测器。在火灾的初期引燃阶段，使用热敏元件来探测火灾的发生是一种有效的手段，特别是那些经常存在大量粉尘、油雾、水蒸气的场所，由于无法使用感烟式火灾探测器，因此感温式火灾探测器显得尤为重要。根据监测温度参数的不同，感温式火灾探测器又可分为定温式、差温式和差定温式 3 种类型。定温式火灾探测器用于响应环境温度达到或超过某一预定值的场合；差温式火灾探测器以检测"温升"为目的；而差定温式火灾探测器则兼顾"温度"和"温升"两种功能。感温式火灾探测器也是工程上常用的火灾探测器种类之一，它主要适用于不适合或不完全适合感烟火灾探测器的场合。

① 点形定温式火灾探测器。定温式火灾探测器是在规定时间内，火灾引起的温度上升超过某个定值时启动报警的火灾探测器。点形结构是利用双金属片、易熔金属、热电偶、热敏半导体电阻等元件，在规定的温度值产生火灾报警信号。目前，常用的定温式火灾探测器有双金属型、易熔合金型和电子型几种类型。

双金属型定温火灾探测器是由热膨胀系数不同的双金属片和固定触点组成。凹面由热膨胀系数较大的材料构成，凸面由热膨胀系数较小的材料构成。当环境温度逐渐升高，热量经集热片传到双金属片。双金属片凹面因膨胀系数大于凸面膨胀系数而向四周伸展，使蝶形双金属片逐渐展平，当达到临界点（即定温值）时蝶形双金属片突然翻转，凸形向上，通过顶杆推动触点，造成电气触点闭合，从而输出报警信号。

易熔合金型定温火灾探测器的原理是利用低熔点（易熔）金属在火灾初起环境温度升高且达到熔点温度时被熔化脱落，从而使机械结构部件动作（如弹簧弹出、顶杆顶起等），造成电触点接通或断开，发出电气信号。这种探测器结构简单，牢固可靠，很少误动作。但应注意的是，易熔合金型定温火灾探测器一旦动作后，便不可复原再用，所以在安装时，不能在现场用模拟热源进行测试。

电子式定温火灾探测器是利用热敏电阻对温度的感应敏感性，使探测器实现定温报警功能的。当温度上升达到热敏电阻的临界值时，其阻值迅速从高阻态转向低阻态，将这种阻值的明显变化采集并采用信号电路予以处理判断，可实现火灾报警。热敏电阻的特点是电阻温度系数大，因而灵敏度高，测量电路简单；体积小、热惯性小；自身电阻大，对线路电阻可以忽略，适于远距离测量。

② 点形差温式火灾探测器。差温式火灾探测器是在规定时间内，火灾引起的温度上升速率超过某个规定值时启动报警的火灾探测器。点形结构差温式火灾探测器是根据局部的热效应而动作的，主要感温元件有空气膜盒、热敏半导体电阻元件等。

③ 点形差定温式探测器。差定温式火灾探测器结合了定温式和差温式两种感温作用原理并将两种探测器结构组合在一起，兼有两者的功能，若其中某一功能失效，则另一种功能仍然起作用。因此，大大提高了火灾监测的可靠性。

（3）感光式火灾探测器

感光式火灾探测器又称火焰探测器，它是一种能对物质燃烧的光谱特性、光强度和火焰的闪烁频率敏感响应的火灾探测器。目前广泛使用紫外式和红外式两种类型，它属于"中期发现"的火灾探测器。在工程上适用于某些特定环境，如火灾形成初期时间极短，或者无阴燃阶段的场合，一般作为感烟探测器和感温探测器的补充。

① 紫外感光火灾探测器。当有机化合物燃烧时，其氢氧离子在氧化反应中会辐射出强烈的紫外光。紫外感光火灾探测器就是利用火焰产生的强烈紫外辐射光来探测火灾的。

紫外感光火灾探测器由紫外光敏管与驱动电路组合而成。紫外光敏管是在玻璃外壳内装置两根高纯度的钨或银丝制成的电极。当电极接收到紫外光辐射时立即发射出电子,并在两极间的电场作用下被加速。由于管内充有一定量氢气和氦气,所以,当这些被加速而具有较大动能的电子同气体分子碰撞时,将使气体分子电离,电离后产生的正负离子又被加速,它们又会使更多的气体分子电离。于是在极短的时间内,造成"雪崩"式的放电过程,从而使紫外光敏管由截止状态变成导通状态,驱动电路发出报警信号。

一般紫外光敏管只对特定波长紫外光起感应。因此,它能有效地探测出火焰而又不受可见光和红外辐射的影响。太阳光中虽然存在强烈的紫外光辐射,但由于在透过大气层时,被大气中的臭氧层大量吸收,到达地面的紫外光能量很低。所以,采用紫外光敏管探测火灾有较高的可靠性。它特别适用于火灾初期不产生烟雾的场所(如生产、储存酒精和石油等的场所),也适用于电力装置火灾监控和探测快速火焰及易爆的场所。

② 红外感光火灾探测器。红外感光火灾探测器是利用红外光敏元件(硫化铅、硒化铅、硅光敏元件)的光电导或光伏效应来敏感地探测低温产生的红外辐射的,红外辐射光波波长一般大于 $0.76\ \mu m$。由于自然界中只要物体高于绝对零度都会产生红外辐射,所以,利用红外辐射探测火灾时,一般还要考虑物质燃烧时火焰的间歇性闪烁现象,以区别于背景红外辐射。物质燃烧时火焰的闪烁频率为 $3\sim30\ Hz$。

与感烟、感温等火灾探测器相比,感光探测器的优点表现在响应速度快,响应时间为几毫秒甚至几微秒内就能发出报警信号,特别是易燃、易爆的场合,它不受环境气流影响,是唯一能用在室外的火灾探测器。并且性能稳定、可靠性高。

(4) 可燃气体火灾探测器

可燃气体火灾探测器是用来探测保护区内可燃气体的浓度,并发出报警信号的火灾探测器,是一种极具发展前途的火灾探测器。目前主要是对可燃气体浓度进行检测,对周围环境气体进行空气采样,对比测定,而发出火灾报警信号。它不仅可以预报火灾发生,同时还可以对诸如煤气、天然气等有毒气体中毒事故进行预报。可燃气体火灾探测器按其敏感元件常划分为有以下两种。

① 半导体可燃气体探测器。半导体可燃气体探测器的敏感元件是一种对可燃气体有高度敏感的半导体,可以对空气中散发的可燃气体如甲烷、醛、醇、炔等,或气化的可燃气体,如一氧化碳、氧气、天然气等进行有效监测。

气敏半导体内的一根电热丝先将气敏半导体预热到工作温度,若半导体接触到可燃气体时,导体电阻发生变化,电阻的变化反映了可燃气体浓度的变化,通过相应电路将其电阻的变化转换成电压变化。当可燃气体浓度达到预报警浓度时,其相应的电压值使开关电路导通,发出报警信号。半导体可燃气体探测器电路简单,对可燃气体的感受能力强,价廉,适用范围广,在工程上得到了广泛的应用。

② 催化型可燃气体探测器。催化型可燃气体探测器是选用熔点高的铂丝作为探测器的气敏元件。工作时,先把铂丝预热到工作温度,如铂金属丝接触到可燃气体时,在其表面产生强烈的氧化反应(无烟燃烧),使铂金丝温度升高,其电阻变化;通过相应电路取出因可

燃气体浓度变化而引起铂金丝电阻变化，放大、鉴别和比较后，输出相应电信号；当可燃气体浓度超过报警值时，开关电路打开，输出报警信号。

（5）复合式火灾探测器

复合式火灾探测器是近年来新兴的一种探测器，其目的在于解决单一参数检测在某些环境不甚可靠的问题。复合型火灾探测器将两种或两种以上探测功能集于同一探测器上，同时具有两个以上火灾参数的探测能力，扩大了探测器环境适应范围，保证报警的快捷与可靠。然而由于产品质量和价格等方面的影响，复合式火灾探测器使用尚不普遍。目前主要的复合式探测器有感烟感温式、感光感温式和感光感烟式几种类型。

3. 按使用环境分类

火灾探测器按使用环境可分为普通型、防爆型、船用型及耐酸耐碱型4种类型。

（1）普通型

普通型火灾探测器用于环境温度为10 ℃~50 ℃，相对湿度在85%以下的场合。凡未注明环境类型的火灾探测器均属于普通型。

（2）防爆型

防爆型火灾探测器适用于易燃、易爆场合。对其外壳和内部电路均有严格防爆、隔爆要求。

（3）船用型

船用型火灾探测器的特点是耐温、耐湿，适用于环境温度高于50 ℃，相对湿度大于85%的场合。主要属于舰船专用，也可以用于其他高温、高湿的场合。

（4）耐酸耐碱型

耐酸耐碱型火灾探测器用于周围环境存在较多酸、碱腐蚀性气体的场所。

（四）火灾探测器的选用原则

① 在火灾初期引燃阶段、产生大量的烟和少量的热、很少或没有火焰辐射的场所，应选择感烟探测器。

下列场所宜选用离子感烟火灾探测器或光电感烟火灾探测器。

- 大厦、商场、饭店、旅馆、教学楼的厅堂、办公室、库房、客房等。
- 电子计算机房、通信机房、配电机房、空调机房、水泵房及其他易产生电气火灾的电气设备机房。
- 书库、档案库、资料库、图书馆、博物馆等。
- 楼梯间、前室和走廊通道。

有下列情形的场所不宜选用离子型感烟探测器。

- 相对湿度大于95%的场所。
- 气流速度大于5 m/s的场所。
- 有大量粉尘、水雾滞留的场所。
- 可能产生腐蚀性气体的场所。

↪ 在正常情况下有烟滞留的场所。
↪ 产生醇类、醚类、酮类等有机物质的场所。
有下列情形的场所不宜选用光电感烟探测器。
↪ 可能产生大量烟雾的场所。
↪ 大量积聚粉尘的场所。
↪ 可能产生蒸汽和油雾的场所。
↪ 存在变频电磁干扰的场所。
↪ 大量昆虫活动的场所。
② 对火灾发展迅速,可产生大量热、烟和火焰辐射的场所,可选择感温探测器、感烟探测器、火焰探测器或复合式火灾探测器。
下列场所宜选用感温探测器。
↪ 相对湿度经常高于95%的场所。
↪ 可能发生无烟火灾的场所。
↪ 有大量粉尘的场所。
↪ 在正常情况下有烟盒蒸汽滞留的场所。
↪ 厨房、锅炉房、发电机房、茶炉房、停车场等。
↪ 吸烟室、小会议室。
↪ 其他不宜安装感烟探测器的厅堂和公共场所。
常温和环境温度梯度较大、变化区间较小的场所宜选用定温探测器。
常温和环境温度梯度较小,变化区间较大的场所,宜选用差温探测器。
火灾初期温度变化难以确定,或粉尘污染较重的场所宜选用差定温火灾探测器。
③ 对火灾发展迅速,有强烈的火焰辐射和少量的烟、热的场所,应选择火焰探测器。
④ 对火灾形成特征不可预料的场所,可根据模拟试验的结果选择探测器。
⑤ 对使用、生产或聚集可燃气体或可燃液体、蒸气的场所,应选择可燃气体探测器。
可燃气体探测器在使用过程中应当注意以下几点。
↪ 安装位置应当根据待探测的可燃气体性质来确定,若被探测气体为天然气、煤气等,则较空气轻的气体,极易于飘浮上升,应将可燃气体探测器安装在设备上方或天花板附近;若被探测气体为液化石油气等较空气重的气体,则应安装在距地面不超过60 cm的低处。
↪ 敏感元件对多种可燃气体几乎有相同的敏感性,所以,在有混合气体存在的场所,它不能作为分辨混合气体组分的敏感元件来使用。

（五）火灾探测器的主要技术指标

　　火灾探测器的灵敏度、稳定性、维修性和长期工作的可靠性是衡量其质量优劣的主要技术指标,也是确保火灾监控系统长期正常运行并处于最佳工作状态的重要指标。

1. 灵敏度

火灾探测器的灵敏度是指其相应于温度、烟雾浓度、可燃气体浓度等火灾参数的灵敏程度，是选择探测器的重要因素之一。

感烟探测器的灵敏度是指其对烟雾浓度的敏感程度，用每米烟雾减光率 δ 表示为

$$\delta = \frac{I_0 - I}{I_0} \times 100\%$$

式中：I_0——标准光束无烟时在 1 m 处的照度，lx；

I——标准光束在烟雾中 1 m 处的照度，lx。

通常感烟探测器的灵敏度标定为以下三级。

Ⅰ级：$\delta = 5\% \sim 10\%$。

Ⅱ级：$\delta = 10\% \sim 20\%$。

Ⅲ级：$\delta = 20\% \sim 30\%$。

感温探测器的灵敏度是指其对温度或温升的敏感程度，它以感温探测器接受温升信号时起，到达到动作温度发出警报信号时止这一动作的时间，即响应时间，用 s 来表示。我国将定温、差定温探测器的灵敏度也标定为三级，无论何种探测器其灵敏度的级别越小，灵敏度越高，动作时间越短，然而误报的可能性也会增加，所以不能单纯追求高灵敏度。

2. 稳定性

火灾探测器的稳定性是指在一个预定的周期内，以不变的灵敏度重复感受火灾的能力。为了保持稳定性，定期检验火灾探测器是十分必要的。

3. 可靠性

火灾探测器的可靠性是指在适当的环境条件下，火灾探测器长期不间断运行期间随时能够执行其预定功能的能力。在严酷的环境条件下，使用寿命长的火灾探测器可靠性高。

4. 维修性

火灾探测器的维修性是指对可以维修的探测器产品进行修复的难易程度或性质。

上述 4 项火灾探测器的主要性能一般不能精确测定，只能给出一般性的估计，因此，通常将灵敏度作为火灾探测器的主要性能指标，但对于某一具体的火灾探测器而言，其实际性能指标也会因设计、制造工艺及安装人员的训练和监督情况的不同而有所不同。

五、火灾报警控制器

火灾报警控制器是智能物业防火系统的重要组成部分，是系统的核心。它可以监测与其连接的各类火灾探测器的正常运行状态，并供给火灾探测器稳定的直流电源，以保证火灾探测器能够长期、稳定、有效地工作。

（一）火灾报警控制器的功能

当火灾发生时，火灾报警控制器接收火灾探测器传来的火灾信号，迅速、正确地进行信号转换和数据处理，并指示报警的具体部位和时间，同时执行相应的辅助控制等诸多任务。

火灾报警控制器除了具有控制、记忆、识别和报警功能外，还具有自动检测、联动控制、打印输出、通信广播等功能。具体表现在以下几个方面。

1. 电源

火灾报警控制器能为火灾报警探测器供电，也可为其连接的其他部件供电。

2. 声光报警

火灾报警控制器能直接或间接地接收来自火灾探测器及其他火灾报警触发器件的火灾报警信号，并发出声、光报警信号。

3. 故障检测及故障报警

当系统产生故障时，能发出与火灾报警信号有明显区别的声、光故障信号。常见故障主要包括以下几种。

① 火灾报警控制器与火灾探测器、火灾报警控制器与起传输火灾报警信号作用的部件间连接线断线、短路（短路时发出火灾报警信号除外）。

② 火灾报警控制器与火灾探测器或连接的其他部件间连接线接地，出现妨碍火灾报警控制器正常工作的故障。

③ 火灾报警控制器与火灾显示盘间的连接线断线、短路。

④ 火灾报警控制器的主电源欠压。

⑤ 给备用电源充电的充电器与备用电源之间连接线断线、短路。

⑥ 备用电源与其负载之间的连接线断线、短路或由备用电源单独供电时其电压不足以保证火灾报警控制器正常工作。

⑦ 打印机连接线断线、短路。

4. 记忆功能

火灾报警控制器能够显示火灾发生的部位，并予以保持，声音报警信号可以手动消除，光信号继续保持，直至确认后复位。但再次有火灾报警信号输入时，能够再启动。

5. 自检功能

火灾报警控制器在执行自检功能时，应切断受其控制的外接设备。自检期间，如非自检回路有火灾报警信号输入，火灾报警控制器应能立即停止自检，响应火灾报警信号，并发出火灾报警声、光信号。

6. 联动输出功能

新型火灾报警及联动控制系统中的火灾报警控制器均已兼有联动控制器的很大一部分功能，因此火灾报警控制器在发出火警信号的同时，经适当延时，能够输出高、低电平或开关触点式的联动灭火及减灾信号。

7. 联网功能

智能物业中的消防自动报警与联动控制系统既能独立地完成火灾信息的采集、处理、判断和确认，实现自动报警与联动控制，还应能够通过网络通信方式与建筑物的整个安保中心及城市消防中心实现信息共享和联动控制。

（二）火灾报警控制器的分类

火灾报警控制器按照容量、用途、使用环境及信号处理方式等的不同可以有多种分类方式。

1. 按用途分类

火灾报警控制器按用途可分为区域报警控制器和集中报警控制器两类。

区域报警控制器的核心器件是微处理器，其主要功能是对探测器进行循环扫描，采集信息，并对采集的信息进行分析处理。当发现火灾或故障信息时，经过多次数据采集确认无误之后，发出声光报警信号，显示打印报警位置及报警时间，并储存这些数据，同时要向集中报警控制器传输火警信息。一般区域报警控制器与火灾探测器直接连接，对火灾探测器进行监测、巡检、供电与备电。

集中报警控制器的组成及工作原理与区域火灾报警控制器基本相同，除了具有声光报警、自检及巡检、记忆和电源等主要功能外，还具有联动火警广播、火警电话、火灾事故照明等功能。集中报警控制器一般不与火灾探测器相连，而是与区域火灾报警控制器相连，用于接收区域控制器火灾信号，显示火灾部位，记录火灾信息，协调联动控制，通常应用于较大的系统。

2. 按火灾信号处理方式分类

按火灾信号处理方式可分为集中智能火灾报警控制器和分布智能火灾报警控制器。集中智能型火灾报警控制器采用微型机技术实现信息的集中处理、数据存储、系统巡检等功能，而火灾探测器仅完成对火灾参数的有效采集、变换和传输。

在分布智能型火灾报警控制器中，信息的采集、分析处理、环境补偿、探头报脏和故障判断等功能由现场火灾探测器或区域控制器来完成，中央火灾报警控制器主要负责系统巡检、火灾参数算法运算、消防设备监控、联网通信等管理功能。

第三节 灭火控制系统

现代消防系统除了具有自动报警功能外，几乎都具有灭火联动控制系统。灭火控制系统与火灾报警控制器配合，接收来自火灾报警控制器的报警点数据，并对接收到的数据进行分析处理，然后对执行器件发出控制信号，实现对各类消防设备的控制。

一、灭火控制系统的基本功能

在接收到火灾报警信号后，按国家标准《火灾自动报警系统设计规范》（GB 50116—1998）所规定的逻辑关系，灭火控制系统应能完成下列功能。

① 切断火灾发生区域的正常供电电源，接通消防电源。
② 能启动消火栓灭火系统的消防泵，并显示状态。
③ 能启动自动喷水灭火系统的喷淋泵，并显示状态。

④ 能打开雨淋灭火系统的控制阀，启动雨淋泵并显示状态。
⑤ 能打开气体或化学灭火系统的容器阀，能在容器阀动作之前手动急停，并显示状态。
⑥ 能控制防火卷帘门的半降、全降，并显示其状态。
⑦ 能控制平开防火门，显示其所处的状态。
⑧ 能关闭空调送风系统的送风机、送风阀门，并显示状态。
⑨ 能打开防排烟系统的排烟风机、正压送风机及排烟阀、正压送风阀，并显示其状态。
⑩ 能控制常用电梯，使其自动降至首层。
⑪ 能使受其控制的火灾应急广播投入使用。
⑫ 能使受其控制的应急照明系统投入工作。
⑬ 能使受其控制的疏散、诱导指示设备投入工作。
⑭ 能使与其连接的警报装置进入工作状态。

二、灭火系统及其控制

在智能物业中，灭火系统主要包括自动水灭火系统、自动气体灭火系统等。典型的灭火控制系统对消防设施的控制内容主要包括：消防水泵控制，喷淋水泵控制，气体自动灭火控制，防火门、防火卷帘的控制，排烟控制，正压送风控制，疏散广播、警铃控制，电梯控制，消防通信及其他消防设施的控制。

（一）室内消火栓系统

为了增强建筑物的防火安全，在建筑物各防火分区（或楼层）内均设置消火栓箱，内装有灭火水龙带、水枪、连接锁扣和消火栓按钮。消火栓按钮与手动报警按钮不同，除了具有报警功能外，还可直接启动消防泵。在消火栓按钮按下后，触发信号经输入总线进入火灾报警控制系统，达到自动启动消防泵的目的。

室内消火栓系统的整个控制过程如下：当发生火灾时，击碎消火栓箱的玻璃罩，按下消火栓按钮报警，火灾报警控制器接收到此报警信号后，发出声光报警信号，并显示记录报警地址和时间，同时将报警点数据传送给联动控制器，经逻辑判断后发出控制执行指令，使相应继电器动作，自动控制启动消防泵。消防泵联动控制框图，见图4-7。

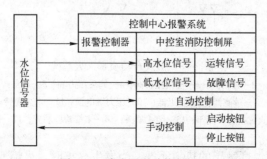

图4-7 消防泵联动控制框图

(二)自动喷水灭火系统

自动喷水灭火系统是解决建筑物早期自防自救的重要措施,是最基本最常用的消防设施,在智能物业和高层建筑中得到广泛的应用。

自动喷水灭火系统按喷头开闭形式分为闭式自动喷水灭火系统和开式自动喷水灭火系统。闭式自动喷水灭火系统有湿式、干式、干湿式和预作用自动灭火系统之分;开式自动喷水灭火系统有雨淋喷水、水幕和水喷雾灭火系统之分。

1. 闭式自动喷水灭火系统

(1)湿式自动喷水灭火系统

湿式自动喷水灭火系统具有自动探测、报警和喷水的功能,为了使其功能更加安全可靠,也可以与火灾自动报警装置联合使用。湿式自动喷水灭火系统由闭式喷头、管道系统、湿式报警阀、报警装置和供水设施等组成,由于这种系统的供水管路和喷头内始终充满有压水,故称为湿式自动喷水灭火系统。图4-8为湿式自动喷水灭火系统图。

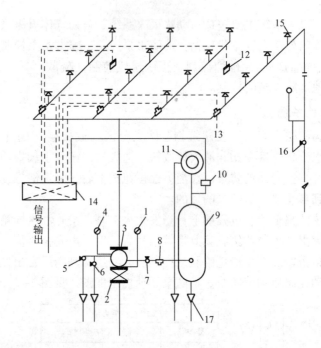

图4-8 湿式自动喷水灭火系统

1—阀前压力表;2—控制阀;3—湿式报警阀;4—阀后压力表;5—放水阀;6—试警铃阀;7—警铃管截止阀;8—过滤器;9—延迟器;10—压力继电器;11—水力警铃;12—火灾探测器;13—水流指示器;14—火灾报警控制箱;15—闭式喷头;16—末端检验装置;17—排水漏斗(或管,或沟)

闭式喷头内含有对温度敏感的热敏元件,当发生火灾时,火焰或高温气流使热敏元件动作,喷头开启,进行喷水灭火。此时,管网中的水由静止状态变为流动状态,使水流指示器动作送出电信号,在报警控制器上显示已喷水的某一区域。由于喷头开启持续喷水泄压造成湿式报警阀上部水压低于下部水压,在压差的作用下,原来处于关闭状态的湿式报警阀自动开启,压力水通过报警阀流向灭火管网,同时打开通向水力警铃的通道,水流冲击水力警铃发出声响报警信号。控制中心根据水流指示器或压力开关的报警信号,自动启动消防水泵向系统加压供水,达到持续自动喷水灭火的目的。湿式自动喷水灭火系统的工作流程,如图4-9所示。

湿式自动喷水灭火系统的特点是,结构简单,施工、管理方便;经济性好;灭火速度快,控制率高;适用范围广,系统适用于设置在室内温度不低于4 ℃且不高于70 ℃的建筑物、构筑物内。

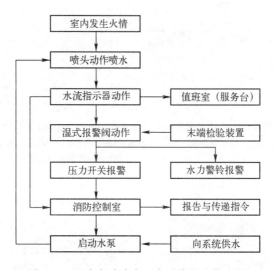

图4-9 湿式自动喷水灭火系统的工作流程

(2) 干式自动喷水灭火系统

干式自动喷水灭火系统由闭式喷头、管道系统、充气设备、干式报警阀、报警装置和供水设施等组成,如图4-10所示。

在正常情况下,干式报警阀前(与水源相连一侧)的管道内充以压力水,干式报警阀后的管道内充以压缩空气,报警阀处于关闭状态。发生火灾时,闭式喷头热敏感元件动作,喷头开启,管道中的压缩空气从喷头喷出,使干式报警阀出口侧压力下降,造成报警阀前部水压力大于后部气压力,干式报警阀被自动打开,压力水进入供水管道,将剩余的压缩空气从已打开的喷头处推出,然后喷水灭火。在干式报警阀被打开的同时,通向水力警铃和压力开关的通道也被打开,水流冲击水力警铃和压力开关,并启动水泵加压供水。干式自动喷水灭火系统工作流程如图4-11所示。

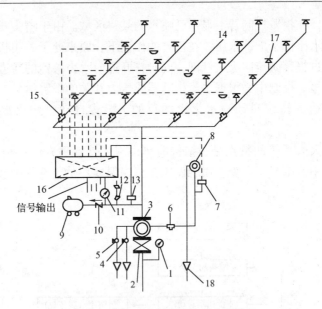

图 4-10 干式自动喷水灭火系统

1—阀前压力表；2—控制阀；3—干式报警阀；4—放水阀；5—试警铃阀；6—过滤器；7—压力继电器；8—水力警铃；9—空压机；10—止回阀；11—压力表；12—安全阀；13—压力开关；14—火灾探测器；15—水流指示器；16—火灾报警控制箱；17—闭式喷头；18—排水漏斗（或管，或沟）

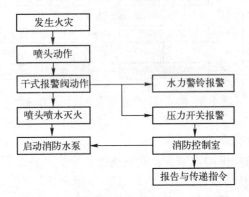

图 4-11 干式自动喷水灭火系统工作流程

干式自动喷水灭火系统的特点是，报警阀后的管道中无水，不怕冻结，不怕高温；灭火速度较湿式系统慢；建设投资较高；管理比较复杂、要求高。干式自动喷水灭火系统适用于环境温度在 4 ℃ 以下和 70 ℃ 以上，不宜采用湿式自动喷水灭火系统的场合。

干式自动喷水灭火系统的主要工作过程与湿式自动喷水灭火系统无本质区别，只是在喷头动作后有一个排气过程，这将影响灭火的速度和效果。对于管网容积较大的干式自动喷水灭火系统，设计时这种不利影响不能忽略，通常要在干式报警阀出口管道上，附加一个

"排气加速器"装置，以加快报警阀处的降压过程，让报警阀快些启动，使压力水迅速进入充气管网，缩短排气时间，及早喷水灭火。

（3）干湿式自动喷水灭火系统

干湿式自动喷水灭火系统是干式自动喷水灭火系统与湿式自动喷水灭火系统交替使用的系统。它有一套干、湿式系统都适用的复合式报警阀，即同时装有湿式和干式报警阀。干式报警阀应装在湿式报警阀的上面，当系统的环境温度在 4 ℃ 及以下时，应为干式系统。干湿式自动喷水灭火系统适用于采暖期不少于 120 天的采暖地区且不采暖的建筑物内，管网应符合干式系统的要求。

干湿式自动喷水灭火系统水、气交替使用，对管道腐蚀较为严重，每年水、气各换一次，管理烦琐，因此，应尽量不采用。

（4）预作用自动喷水灭火系统

预作用喷水灭火系统将火灾探测报警技术和自动喷水灭火系统结合起来，对保护对象起双重保护作用。在未发生火灾时该系统的末端管路内充满压力气体，故系统具有干式系统的特点，能满足高温和严寒条件下的自动喷水灭火需要。一旦发生火灾，安装在保护区的感温、感烟火灾探测器首先发出火灾报警信号，火灾报警控制器在接到报警信号后，发出指令信号打开雨淋阀，在闭式喷头尚未打开前，往系统侧管路充水，使系统转变为湿式系统。同时系统压力开关动作，远传报警信号进行声光报警，显示表明管路中已经充水，同时水力警铃报警。此时，火灾如继续发展，闭式喷头感温玻璃球破碎而打开喷水，水泵自动启动。预作用自动喷水灭火系统的工作流程，如图 4-12 所示。

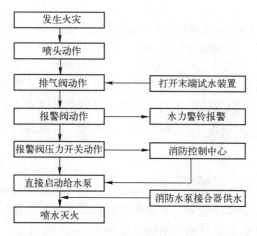

图 4-12　预作用自动喷水灭火系统的工作流程

预作用自动喷水灭火系统将湿式喷水灭火系统与电子报警技术及自动化技术紧密结合，使系统更完善、更安全可靠，从而扩大了系统的应用范围。这种系统适用于高级宾馆、重要办公楼、大型商场等不允许因误喷而造成水渍损失的建筑物，也适用于干式系统适用的场所。

2. 开式自动喷水灭火系统

（1）雨淋喷水灭火系统

雨淋喷水灭火系统在它的保护区内可实现大面积的喷水灭火，降温和灭火效果都十分显著。该系统主要适用于需大面积喷水，要求快速扑灭火灾的特别危险场所。由感烟、感温探测器控制的立式雨淋阀组成的雨淋喷水灭火系统如图4-13所示。

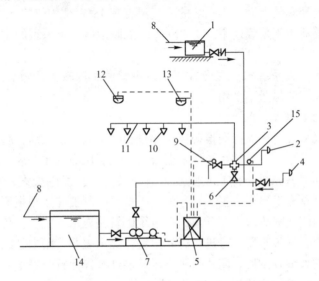

图4-13　由感烟、感温探测器控制的立式雨淋阀组成的喷水灭火系统
1—高位水箱；2—水力警铃；3—雨淋阀；4—水泵接合器；5—控制箱；6—手动阀；
7—水泵；8—进水管；9—电磁阀；10—开始喷头；11—供水管；12—感烟火灾探测器；
13—感温火灾探测器；14—水池；15—压力开关

当系统所保护的空间发生火灾时，通常感烟探测器先发出火灾报警信号，此时人们观察保护空间若发生了火灾，可稍等感温探测器动作，开启雨淋阀喷水灭火；若是感烟探测器发生误报警，可以制止雨淋阀开启。雨淋阀开启后，水进入雨淋管网，喷头喷水灭火，同时水力警铃发出火警信号。

（2）水幕消防系统

水幕消防系统不能直接扑灭火灾，主要起阻火、隔火及冷却防火隔绝物、防止火灾蔓延的作用。水幕消防系统是由水幕喷头、管道和控制阀等组成的，用以阻火、隔火、冷却简易防火分隔物的一种自动喷水系统。水幕消防系统如图4-14所示。

该系统的工作过程与雨淋喷水灭火系统相同。在功能上两者的主要区别是：水幕喷头喷出的水形成水帘状，因此水幕系统不是直接用于扑灭火灾，而是与防火卷帘、防火幕配合使用的，用于防火隔断、防火分区及局部降温保护等。消防水幕按其作用可分为3种类型：冷却型、阻火型和防火型。

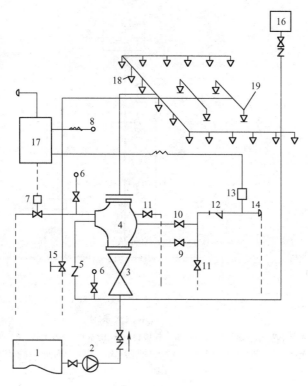

图 4-14 水幕消防系统

1—水池；2—水泵；3—供水闸阀；4—雨淋阀；5—止回阀；6—压力表；7—电磁阀；8—按钮；
9—试警铃阀；10—警铃管路；11—放水阀；12—滤网；13—压力开关；14—警铃；
15—手动快门阀；16—水箱；17—电控箱；18—水幕喷头；19—闭式喷头

（3）水喷雾灭火系统

水喷雾灭火系统是利用水雾喷头在较高的水压力作用下，将水流分离成细小水雾滴，喷向保护对象，实现灭火和防护冷却作用的。

水喷雾灭火系统用水量少，冷却和灭火效果好，使用范围广泛。该系统用于灭火时的适用范围是：扑救固体火灾、闪点高于60℃的液体火灾和电气火灾。用于防护冷却时的适用范围是：对可燃气体和甲、乙、丙类液体的生产、储存装置和装卸设施进行防护冷却。水喷雾灭火系统由水雾喷头、管网、雨淋阀组、给水设备、火灾自动报警控制系统等组成，如图4-15所示。

水喷雾灭火系统的工作原理与雨淋喷水灭火系统和水幕消防系统基本相同。水喷雾灭火系统利用高压水，经过各种形式的雾化喷头将雾状水流喷射在燃烧物表面时会产生表面冷却、窒息、冲击乳化和稀释4种作用。水喷雾的以上4种作用在灭火时是同时发生的，并以此实现灭火的效果。水喷雾的上述灭火原理，使它不仅在扑灭一般固体可燃物火灾中提高了水的灭火效率，而且由于其细小水雾滴的形态所具有的不会造成液体飞溅、电气绝缘度高的特点，在扑灭可燃液体火灾和电气火灾中得到了广泛的应用。

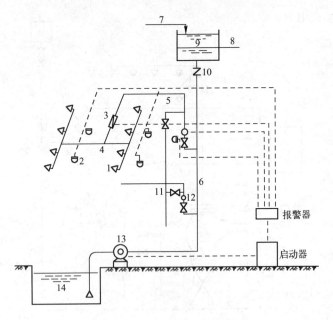

图 4-15 水喷雾灭火系统

1—水雾喷头；2—火灾探测器；3—水力报警铃；4—配水管；5—干管；6—供水管；
7—水箱进水管；8—生活用水出水管；9—消防水箱；10—单向阀；11—放水管；
12—控制阀；13—消防水泵；14—消防水池

(三) 其他灭火系统

由于各类建筑物与构筑物的功能、存储的可燃物质及设备可燃性存在差异，因此仅使用水作为消防手段是不能达到扑救目的的。根据各种可燃物质的物理、化学性质，可采用不同方法和手段进行灭火。

1. 二氧化碳自动灭火系统

二氧化碳自动灭火系统是一种纯物理的气体灭火系统，是目前应用非常广泛的一种现代化消防设备。二氧化碳灭火原理是通过减少空气中氧的含量，使其达不到支持燃烧的浓度。二氧化碳灭火剂储存于高压（$p \geqslant 6$ MPa）容器内。当二氧化碳以气体喷向某些燃烧物时，能产生对燃烧物窒息和冷却的作用，它具有毒性低、不污染设备、绝缘性能好等优点。

二氧化碳自动灭火系统主要由自动报警控制系统、启动瓶、存储瓶、电磁阀、选择阀、单向阀、管网、喷头等组成。二氧化碳自动灭火系统如图 4-16 所示。

二氧化碳自动灭火系统的工作原理是：当被保护区发生火灾时，燃烧所产生的烟雾、热量使设在该区的感烟感温探测器动作，将报警信号传回消防控制中心的消防报警主机上，发出声光报警，消防联动控制器发出指令，联动相关装置动作，如关闭常开防火门、停止机械通风等。延时 0~30 秒（可调）后，发出指令启动灭火系统，首先打开启动瓶阀门，使启动气体（一般为氮气）放出，驱动相应选择阀门打开，使钢瓶组与发生火灾的区域连通。

接着此启动气体又作用于容器瓶头阀上,使阀门打开,则储存的二氧化碳灭火剂通过管道输送到着火区域,经喷嘴释放灭火。

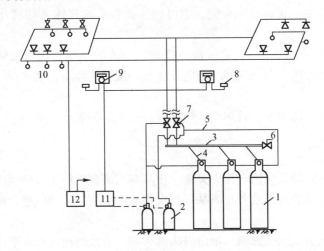

图4-16 二氧化碳自动灭火系统
1—CO_2存储容器;2—启动用气容器;3—总管;4—连接管;5—操作管;6—安全阀;
7—选择阀;8—报警阀;9—手动启动装置;10—探测器;11—控制盘;12—检测盘

二氧化碳自动灭火系统主要适用于计算机房、图书馆、档案馆、博物馆、文物库、银行金库、电信中心、电站、大型发电机、烘干设备、电缆隧道和烟草库等场所。

2. 七氟丙烷自动灭火系统

为了达到保护大气臭氧层的目的,1986年全世界主要国家签订了著名的《蒙特利尔公约》,决定逐步停止使用哈龙灭火剂。七氟丙烷灭火剂的灭火效能高、速度快、无二次污染,是哈龙灭火剂在现阶段比较理想的替代物。七氟丙烷是一种无色、无味的气体,对臭氧层的耗损潜能值为0;是高效低毒的灭火剂,它的灭火浓度低,钢瓶使用少,可用于有人区域;它不导电、不含水,不会对电器设备、资料等造成损害。

七氟丙烷自动灭火系统由火灾报警系统、灭火控制系统和灭火装置3部分组成,灭火装置由灭火存储设备及管网系统(无管网系统除外)组成,具体为启动瓶、存储瓶、液体单向阀、高压软管、集流管、选择阀、管网和喷头等。

七氟丙烷自动灭火系统分为局部保护灭火系统和全淹没灭火系统。全淹没灭火系统是指可扑灭保护区空间内任何一点火灾的一套装置。按保护区的多少,可分为单元独立系统、组合分配系统和无管网灭火系统。无管网灭火系统是一种预制的、独立成套的系统,它不设储瓶间,灵活方便、高效快捷。

3. 干粉灭火系统

以干粉作为灭火剂的系统称为干粉灭火系统。干粉灭火剂是一种干燥的、易于流动的细微粉末。干粉灭火主要是对燃烧物质起到化学抑制作用,使燃烧熄灭。干粉有普通型干粉

（BC 类干粉）、多用途干粉（ABC 类干粉）和金属专用灭火剂（D 类火灾专用干粉）。

BC 类干粉根据其制造基料的不同，有钠盐、钾盐、氨基干粉。BC 类干粉适用于扑救易燃、可燃液体，如汽油、润滑油等火灾，也可用于扑救可燃气体（如液化气、乙炔气）和带电设备的火灾。

ABC 类干粉按其组成的基料有磷酸盐、硫酸铵与磷酸铵混合物和聚磷酸铵之分。这类干粉适用于扑救易燃液体、可燃气体、带电设备和一般固体物质，如木材、棉、麻、竹等的火灾。

干粉灭火具有灭火历时短、效率高、绝缘好、灭火后损失小、不怕冻、不用水、可长期存储等优点。

4. 泡沫灭火系统

泡沫灭火的工作原理是应用泡沫灭火剂，使其与水混合后产生一种可漂浮物质且粘附在可燃、易燃液体或固体表面，或者充满某一着火物质的空间，达到隔绝、冷却燃烧物质，进而灭火。

泡沫灭火剂有化学泡沫灭火剂、蛋白泡沫灭火剂、合成型泡沫灭火剂等，泡沫灭火系统广泛应用于油田、炼油厂、油库、发电厂、汽车库等场所。

泡沫灭火系统按其使用方式有固定式、半固定式和移动式之分。选用和应用泡沫灭火系统时，首先应根据可燃物的性质选用泡沫液，其次是泡沫罐的存储应置于通风、干燥场所，温度应在 0 ℃ ~40 ℃ 范围内。此外，还应保证泡沫灭火系统所需足够的消防水量、一定的水温（4 ℃ ~35 ℃）和必需的水质。

三、减灾控制

减灾控制是指在火灾确认以后，对一系列防止火灾蔓延和有利于人员疏散的措施进行的联动控制，包括防火门、防火卷帘、防火水幕、防排烟设施、火灾事故及疏散照明及消防电梯等的联动控制。

（一）防火门、防火卷帘的联动控制

防火门平时处于开启状态，火灾发生时可通过自动或手动将其关闭。防火门按门的固定方式一般可分为两种：一种是防火门被永久磁铁吸住处于开门状态，火灾发生时可通过自动控制或手动将其关闭；另一种是防火门被电磁锁的固定锁扣住呈开门状态，火灾发生时，由消防中央控制室发出指令后，电磁锁动作，固定门的锁被解开，防火门依靠弹簧关闭。

防火卷帘一般设置于建筑物中防火分区通道口处，可形成门帘式防火隔离。火灾发生时，一旦消防中央控制室对火灾确认之后，通过消防控制器控制卷帘的电动机转动，使卷帘下落。电动防火卷帘两侧应设专用的感烟及感温探测器，以及声、光报警信号和手动控制按钮。当火灾发生时，应采取两次下落的控制方式，第一次由感烟火灾探测器控制下落至距该层地面 1.5 m 处停止，既起到防止烟雾向另一防火分区扩散的作用，又不阻止人员的疏散；第二次由感温探测器控制下落到地面，彻底阻止烟雾及火势蔓延。

消防控制设备对防火门、防火卷帘系统应有下列控制、显示功能：
① 关闭有关部位的防火门、防火卷帘，并接收其反馈信号；
② 发出控制信号；
③ 强制电梯全部停于首层，并接收其反馈信号；
④ 接通火灾事故照明灯和疏散指示灯；
⑤ 切断有关部位的非消防电源。

（二）排烟、正压送风系统的联动控制

火灾产生的烟雾对人的危害非常严重，一方面着火时产生的一氧化碳烟雾是造成人员死亡的主要原因，另一方面火灾时产生的烟雾遮挡人的视线，使人辨不清方向，无法紧急疏散。所以火灾发生后，要迅速排出烟气，并防止烟气进入非火灾区域。

排烟、正压送风系统由排烟阀门、排烟风机、送风阀门及送风机等组成。排烟阀门一般设在排烟口处，平时处于关闭状态。当火灾报警控制器确认建筑物内某层发生火灾后，由消防控制室的联动控制柜或系统中装于现场的智能监测模块输出电信号或继电器触点信号，接通火灾层及相邻上、下两层的电磁排烟阀，并启动相关的排烟风机和正压送风机，停止相应范围内的空调风机和其他送、排风机以防止火灾的蔓延，同时将信号反馈至消防控制室。消防控制室内还应设置手动启动按钮，以便对机械防烟、排烟设施进行应急控制。

（三）火灾事故广播设备的联动控制

火灾发生后，为了便于组织人员安全疏散和通告有关的灭火事项，火灾自动报警控制系统通常设置火灾紧急广播。火灾事故广播系统通常与背景音乐系统集成在一起，组成通用性极强的公共广播系统，既可以节省投资，又可以使系统始终处于运行状态。火灾事故广播系统应具有如下功能。

1. 优先广播权功能

发生火灾时，消防广播信号具有最高级的优先广播权，即利用消防广播信号可自动中断背景音乐和寻呼找人等功能。

2. 选区广播功能

当建筑物发生火灾报警时，为防止混乱，只向火灾区域及其相邻的区域广播，指挥撤离和组织救火等事宜。选区广播功能应有自动选区和人工选区两种，以确保可靠执行指令。

3. 强制切换功能

插放背景音乐时各扬声器负载的输入状态通常各不相同，有的处于小音量状态，有的处于关断状态。但在紧急广播时，各扬声器的输入状态都将转为最大全音量状态，即通过遥控指令进行音量强制切换。

4. 消防值班室必须备有紧急广播分控台

广播分控台应能遥控公共广播系统，具有优先广播权和强制切换权及选区广播权。

(四) 火灾应急照明的联动控制

火灾应急照明包括备用照明、疏散照明和安全照明。备用照明应用于正常照明失效时，仍需继续工作或暂时继续工作的场合，一般设置在下列部位。

① 疏散楼梯（包括防烟楼梯间前室）、消防电梯及其前室。

② 消防控制室、自备电源室（包括发电机房、UPS室和蓄电池室等）、配电室、消防水泵房、防排烟机房等。

③ 观众厅、宴会厅、重要的多功能厅及每层建筑面积超过 1 500 m^2 的展览厅、营业厅等。

④ 建筑面积超过 200 m^2 的演播室，人员密集并且建筑面积超过 300 m^2 的地下室。

⑤ 通信机房、大中型计算机机房、BAS中央控制室等重要技术用房。

⑥ 每层人员密集的公共活动场所等。

⑦ 公共建筑内的疏散走道和居住建筑内长度超过 20 m 的内走道。

疏散照明是在火灾情况下，保证人员能从室内安全疏散至室外或某一安全地区而设置的照明，疏散照明一般设置在建筑物（二类建筑的住宅除外）的疏散走道和公共出口处。

安全照明应用于火灾时因正常电源突然中断将导致人员伤亡的潜在危险场所（如医院内的重要手术室、急救室等）。

(五) 消防电梯的联动控制

消防电梯管理是指消防控制室对电梯，特别是消防电梯的运行管理。对电梯的运行管理通常有两种方式：一种方式是在消防控制室内设置电梯控制显示盘，火灾发生时，消防人员可根据需要直接控制电梯；另一种方式是通过建筑物消防控制室或电梯轿厢处的专用开关来控制，火灾发生时，消防控制室向电梯控制屏发出信号，强制电梯降至首层，并切断其电源。但应急消防电梯除外，应急消防电梯只供给消防人员使用。

第四节 消防管理

保护用户的生命和财产安全是物业管理公司的基本职责。在物业的安全管理中，消防安全处在首要位置。消防管理的基本目的是预防火灾的发生，最大限度地减少火灾损失，为业主（或物业租户）的生产和生活提供安全环境，保卫其生命和财产的安全。

消防工作在指导思想上，要把预防火灾放在首位，人力、物力、技术等多方面充分做好灭火准备，以便一旦发生火灾，能迅速将火扑灭，将火灾损失降到最低。

一、消防设备的管理

(一) 消防设备管理的内容

建筑物消防设备的管理主要包括：报警控制器的检查、消防泵（消防泵、喷淋泵及稳压泵）的检查、水泵接合器的检查、消防栓的检查、火灾探测器的检查、消防卷帘的检查、联动控制设备的检查、防火门的检查、紧急广播的检查、防排烟系统的检查、气体灭火系统的检查、消防电源的检查等。

（二）消防控制系统的日常维护与保养

保证火灾自动报警系统的连续正常运行和可靠性对建筑物的消防安全是十分重要的。火灾自动报警系统必须经当地消防监督机构验收合格后方可使用，任何单位和个人不得擅自决定使用。

1. 火灾自动报警系统的维护管理

（1）应有专人负责火灾自动报警系统的管理、操作和维护，无关人员不得随意触动。系统的操作维护人员应由经过专门培训，并参加消防监督机构组织的考试合格的专门人员担任。值班人员应熟练掌握本系统的工作原理及操作规程，应清楚地了解建筑物报警区域和探测区域的划分及火灾自动报警系统的报警部位号。

（2）火灾自动报警系统应保持连续正常运行，不得随意中断运行。一旦中断，必须及时通报当地消防监督机构。

（3）为了保证火灾自动报警系统的连续正常运行和可靠性，应根据建筑物的具体情况制定出具体的定期检查试验程序，并依照程序对系统进行定期的检查试验。在任何试验中，都要做好准备，以防出现不应有的损失。

2. 火灾自动报警系统的定期检查和试验

（1）每日检查

使用单位每日应检查集中报警控制器和区域报警控制器的功能是否正常。检查方法是：有自检、巡检功能的，可通过扳动自检、巡检开关来检查其功能是否正常；没有自检、巡检功能的，可采用给一只探测器加烟（或加温）的方法使探测器报警。一方面，检查集中报警控制器或区域报警控制器的功能是否正常；另一方面，可检查复位、消音、故障报警的功能是否正常。如发现不正常，应在日登记表中记录并及时处理。

（2）季度试验和检查

使用单位每季度对火灾自动报警系统的功能应作下列试验和检查。

① 按生产厂家说明书的要求，用专用加烟（或加温）等试验器分期、分批试验探测器的动作是否正常。试验中发现有故障或失效的探测器应及时更换。

② 检验火灾警报装置的声、光显示是否正常。试验时，可一次全部进行试验，也可部分进行试验。试验前一定要做好妥善安排，以防造成不应有的恐慌或混乱。

③ 对备用电源进行1~2次充、放电试验，进行1~3次主电源和备用电源自动切换试验，检查其功能是否正常。具体试验方法是：切断主电源，看是否能自动切换到备用电源供电。4h后，再恢复主电源供电，看是否能自动由备用电源切换到主电源供电。同时检查备用电源是否能正常充电。

④ 有联动控制功能的系统，应自动或手动检查消防控制设备的控制显示功能是否正常。

⑤ 检查备品备件、专用工具及加烟、加温试验器等是否齐备,是否处于安全无损和适当保护状态。直观检查所有消防用电设备的动力线、控制线、报警信导传输线、接地线、接线盒及设备等是否处于安全无损状态。

⑥ 巡视检查探测器、手动报警按钮和指示装置的位置是否准确,有无缺漏、脱落和丢失。

(3) 年度检查试验

使用单位每年对火灾自动报警系统的功能应作全面检查试验,并填写年检登记表。

① 消火栓和消防卷盘供水闸间不应有渗漏现象。

② 消防水枪、水带、消防卷盘及全部附件应齐全良好,卷盘转动灵活。

③ 报警按钮、指示灯及控制线路功能正常,无故障。

④ 消火栓箱及箱内配装的消防部件的外观无破损,涂层无脱落,箱门玻璃完好无缺。

⑤ 消火栓、供水阀门及消防卷盘等所有转动部位应定期加注润滑油,箱门玻璃完好无缺。

3. 防烟、排烟系统的维护

对机械防烟、排烟系统的风机、送风口、排烟口等部位应经常维护,如扫除尘土、加润滑油等,并经常检查排烟阀等手动启动装置和防止误动的保护装置是否完好。

每隔 1~2 周由消防中心或风机房启动风机空载运行 5 分钟。

每年对全楼送风口、排烟阀进行一次机械动作试验。此试验可分别由现场手动开启、消防中央控制室遥控开启,或结合火灾报警系统的试验由该系统联动开启。排烟阀及送风口的试验不必每次都联动风机,联动风机几次后应将风机电源切断,只作排烟阀、送风口的开启试验。

(三) 消防设备的操作规程

消防设备操作规程通常包括消防各系统的遥控、连锁、自动装置。故在操作前必须观察各个系统是否设置在自动位置;观察各系统电源信号是否正常;操作完毕后,时刻观察各个系统运行是否正常;火灾扑灭后,要进行事后工作,即所有系统要复位,对所有系统的设备进行检修;事故后要详细整理记录资料,总结操作经验。各系统的安全操作方法如下。

1. 烟感系统

当发生火灾报警时,确认楼层后,首先通知保安人员到报警层观察,同时与该层人员及时取得联系。若为火险,立即按灭火作战方案处理;若为误报,查明误报原因后,请保安人员将区域报警进行复位,再将值班室内的集中报警器复位。

2. 防火卷帘门系统

当裙楼发生火警时,根据失火方位及火势大小,可采取隔离法,即降落相应的防火卷帘门。值班员可根据现场报告情况遥控降落,现场人员也可击碎就地报警按钮使其降落。若以上两种情况都不能使防火卷帘门降落(观察卷帘降落信号灯),可速派消防维修人员就地打开开关强迫降落。

3. 排烟系统

排烟系统发生火灾时，值班员遥控打开该层及其上下层的排烟阀。若失控，通知人员就地打开该层的排烟阀，这时排烟风机自动启动，启动信号灯亮。若风机不能自动启动，速转入手动位置启动；仍不能启动时，速派人到风机房内强行启动。

4. 加压送风系统

根据火灾的不同方位，迅速打开相应的加压风机，启动信号灯亮，若失控，可派人到风机房进行手动操作。

5. 消火栓系统

消火栓系统是救火的主要设备之一，进行该系统操作时，应时刻监视该系统的消火栓报警信号。当灭火人员击碎就地报警按钮后，消防中心得到该消火栓的报警信号，这时相应的消火栓泵自动启动，启泵信号灯亮。若不能自动启泵，应立即转入手动位置启动；仍不能启动时，速与水泵房人员联系，或派人到水泵房强行启动。

6. 自动灭火系统

当某层发生火灾时，失火部位的喷淋头爆破喷水，该层的水流指示器动作，消防中心得到该层的报警信号。值班员观察水位信号，水位降到下限，喷淋泵自动启动，相应的启泵信号灯亮。若不能自动启泵，立即转入手动位置启动；仍不能启动时，速派人到水泵房强行启动。

（四）紧急事故的处理

消防设备事故都应视为紧急事故，在处理上应本着小事故随时发生随时处理、一般事故及时排除、大事故不过夜的原则，精心组织人员抢修，查明事故原因，做好记录存档。

在未发生火灾的情况下，消防设备事故按紧急事故处理，火灾发生时的紧急抢修工作已纳入灭火作战中。紧急事故的处理程序是按事故的大小逐级上报、逐级组织。

二、消防控制中心及其职能

（一）消防控制中心的设置

消防控制中心（消防值班室及消防控制室）是火灾扑救时的指挥中心。消防控制室首先应该是防火管理中心。在现代智能建筑中，往往将防火管理中心和保安管理、设备管理、信息情报管理结合在一起，形成防灾中心或中央控制室。

消防控制室应至少设置一个集中报警控制器和必要的消防控制设备。设在消防控制设备以外的集中报警控制器，均应将火灾报警信号和消防联动控制信号送至消防控制室。

消防控制室对被保护建筑物重点部位、消防通道和消防器材放置位置要全面掌握，可以绘图列表，也可以用模拟盘显示及电视屏幕显示，采用什么方法显示上述情况，可根据消防控制设备的具体情况来确定。

消防控制室的布置应该满足对设备的运行、维修等要求。集中报警控制器需从后面检修时，其后板距墙不应小于1 m。当其一侧靠墙安装时，另一侧距墙不应小于1 m。报警器的正面操作距离，当设备单列布置时，不应小于 1.5 m；双列布置时，不应小于 2 m；在值班人员经常工作的一面，控制盘距墙不应小于 3 m。

值班室应留有一定面积供值班、维修和办公用。

为了便于消防人员扑救火灾时联系工作，消防控制室门上应设置明显标志。如果消防控制室设在建筑物的首层，消防控制室门的上方应设标志牌或标志灯。标志灯电源应从消防电源上接入，以保证标志灯电源可靠。

（二）消防控制中心的控制设备及其功能

1. 消防控制设备的组成

设在消防控制室的消防控制设备大致分成以下 4 个部分：

① 火灾报警控制器；
② 灭火系统的控制设备；
③ 联动装置的控制设备；
④ 火灾报警发布设备。

2. 消防控制设备的功能

消防控制设备必须显示或控制的功能如下。

（1）联动灭火设备

室内消火栓设备的启动表示；自动喷水灭火装置的启动表示；水喷雾灭火设备的启动表示；泡沫灭火设备的启动表示；二氧化碳灭火设备的启动表示；干粉灭火设备的启动表示；室外灭火设备的启动表示。

（2）报警设备的动作表示

火灾自动报警设备的动作表示；漏电报警设备的动作表示；向消防机关通报设备的操作及动作表示；火灾警铃、警笛等音响设备的操作；可燃气漏气报警设备的动作表示；气体灭火放气设备的操作及动作表示。

（3）消防联动设备

排烟口的开启表示及操作；排烟风机的动作表示及操作；防火卷帘的动作表示；防火门的动作表示；各种空调的停止操作及显示；消防电梯轿厢的呼回及联动操作；可燃气体紧急关断设备的动作表示。

3. 控制室的管理制度

消防控制中心是建筑物的消防系统的心脏，在建筑物的消防系统中有着极其重要的作用。消防控制室是火警预报、火警通信、火警广播和消防联动机构的高度集成。因此，要有严格的消防中央控制室管理制度，在业务上接受上级消防管理部门的管理。

思 考 题

1. 联动控制器如何实现对火灾紧急广播系统的控制？

2. 干式喷水灭火系统与湿式喷水灭火系统有什么不同？
3. 简述对防火阀、排烟阀、正压送风口等其他自动灭火系统的控制。
4. 消防联动控制设备在接收到火灾报警信号后，按有关标准所规定的逻辑关系和要求输出和显示相应的控制信号，应该完成哪些功能？
5. 火灾探测有哪几种方法？各自实现的原理是什么？
6. 试述火灾探测器的选用方法。
7. 自动喷水灭火系统由哪几部分组成？
8. 消防控制中心有何重要作用？
9. 探测器投入运行两年后，为何应每隔3年要全部清洗一遍？

第五章　智能物业的保安监控系统及其应用管理

随着经济的发展，科技的进步，人们对建筑物及居住环境的安全性要求越来越高。现在的智能物业，无论是金融大厦、高档写字楼、办公大楼、高级公寓还是住宅小区，都对其安全性提出了相应的要求。因此，保安监控系统已成为智能物业不可缺少的重要组成部分。

第一节　智能物业保安监控系统概述

一、智能物业保安监控系统的作用

智能物业的保安监控系统是一个自动化程度很高的系统，由于系统中采用了智能化技术，因此这种系统具有比较高的保障性、稳定性和安全性。保安监控系统在智能物业中是必不可少的。因为，在智能小区里，人员的层次多、成分复杂，不仅要对外部人员进行防范，而且还要对内部人员加强管理，对重要的地点、物品还要进行特殊的保护。

设置保安监控系统的目的是防止偷盗和各种暴力事件的发生，保安监控系统主要为智能物业提供3个方面的保护。

1. 外部入侵时的保护

外部入侵指的是犯罪分子从窗户、门、墙体、通风管道等侵入建筑物内。在上述部位设置磁控开关、固定声信号器、玻璃破碎传感器、红外探测器等报警装置，就可以及时发现入侵者并报警，并在第一时间采取措施进行处理。外部入侵保护是第一级保护。

2. 区域保护

区域保护是第二级保护，常用红外探测器、微波探测器等报警装置对大楼某些重要区域，如陈列展厅、多功能展厅等进行保护。

3. 目标保护

目标保护是最后一级保护，主要是对重点目标进行的保护，如展柜内的重要展品、重要文物、保险柜及重要场所等。目标保护常用的传感器包括压力开关、断线报警器、接近开关等。

二、智能物业对保安监控系统的基本要求

智能物业的保安监控系统是一个非常重要的子系统，是确保物业内人身、财产及信息资源安全的重要手段，是使建筑物有一个安全、方便、舒适、高效的工作、生活环境的重要保

障。保安监控系统的设计应根据被保护对象的风险等级,确定相应的保护级别,实现对物业内各种保安防范措施和功能的集成监控管理、报警处理和联动控制,以达到所要求的安全防范水平。

1. 防犯

不论是对财产、人身或信息资源等的安全保护,都应把防范放在首位。安全防范系统应能提供完善的、多层次的、立体化的防范设施,实施统一的管理模式,使罪犯不可能进入或在企图犯罪时就能察觉,从而采取相应的措施。

2. 报警

当发现安全受到破坏时,系统应能在第一时间发出各种特定的声光报警信号。并把报警信号通过网络送到有关安保部门。

3. 监视与记录

在发生报警的同时,系统应能迅速地把出事的现场图像和声音传送到安保中心进行监视,并实时记录下来。

此外,安全防范系统应有自检和防破坏功能。一旦线路遭到破坏,系统应发出报警信号;系统在某些情况下布防应有适当的延时功能,以免工作人员还在布防区域就发出报警信号,造成误报。

三、保安监控系统的基本组成

不同建筑物的保安监控系统的组成内容不尽相同,但其子系统一般包括如下几种。

1. 闭路电视监控系统

闭路电视监控系统是现代化管理中一种极为有效的监视工具,现已得到广泛应用,它能实时、形象、真实地反映监控对象的动态画面,特别是在人工无法或不可能直接观察的场合,能够对各种异常情况进行实时取证、备案并及时处理。

2. 防盗报警系统

防盗报警系统按照建筑物的安全技术防范管理的需要,根据被保护部位的重要程度、风险等级安装防盗探测器,对设防区域非法入侵、盗窃、抢劫等进行有效的探测,并将探测信号送至中心控制值班室,同时以声或光的形式发出报警信号。

3. 出入口控制系统

出入口控制系统也称为门禁系统。它是在建筑物内的主要管理区的出入口、电梯厅、主要设备控制中心机房、贵重物品的库房等重要部位的通道口安装门磁开关、电控锁或读卡机等控制装置,对人流的出入进行分级别、分区域、分时段的管理,以确保安全。

4. 巡更系统

巡更系统是采用设定程序路径上的巡视开关或读卡机,确保值班人员能够按设定顺序和时间在防范区域内的巡更点进行巡逻,同时确保人员的安全。

5. 停车场管理系统

根据各种建筑物的管理要求，对停车场车辆通行道口实施出入控制、监视、车位显示、计时收费、汽车防盗报警等综合管理。

第二节　闭路电视监控系统

闭路电视监控系统也称为视频安防监控系统，是一种利用视频探测技术监视设防区域，并实时显示、记录现场图像的电子系统或网络。它能使管理人员在控制室观察到监控场所的情况，为安防系统提供动态视觉信息，对意外突发事件的监视，还可作为录像取证。闭路电视监视系统通常和入侵报警系统及出入口控制系统等实现联动。

一、闭路电视监控系统的组成与分类

（一）闭路电视监控系统的组成

闭路电视监控系统通常由前端摄像部分、传输分配部分、控制部分、图像处理与显示等组成，如图 5-1 所示。

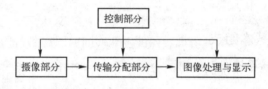

图 5-1　闭路电视监视系统的组成

1. 摄像部分

摄像部分安装在现场，它包括摄像机、镜头、支架、云台和外罩等，它的任务是获取监视区域的图像和声音信息，并将其转换为电信号。

2. 传输分配部分

传输分配部分的任务是把摄像机发出的电信号传送到控制中心，它一般包括线缆、调制解调设备和线路驱动设备等。

3. 图像处理与显示

控制中心将信号有选择地送入显示与记录部分，显示部分把从控制中心送来的电信号转换成图像在监视设备上显示，记录部分根据需要将监视区域的图像用录像机录制，所以显示记录用的主要设备是监视器和录像机。

4. 控制部分

控制部分则负责所有设备的控制，如控制摄像机的焦距、光圈与图像信号的处理等。

（二）闭路电视监控系统的分类

闭路电视监控系统按其工作方式可分成模拟式闭路电视监控系统、数字式闭路电视监控系统和网络型闭路电视监控系统3大类。

1. 模拟式闭路电视监控系统

该系统一般由前端设备、传输线路、切换控制设备及显示设备、记录设备等几个部分组成。前端设备一般为传统的CCD摄像机（包括摄像机、镜头、护罩、支架、云台等）；传输线路一般由传输视频信号的同轴电缆和传输数字信号的双绞线构成；切换控制设备主要是音视频切换矩阵控制器，其作用是在同一个监视器上对若干个摄像机的图像进行轮流显示；显示设备包括显示图像的监视器、显示传感器状态的报警指示牌及对前端设备进行反向控制的各种操作平台等；记录设备主要是长时间录像机。模拟式闭路电视监控系统的结构，如图5-2所示。

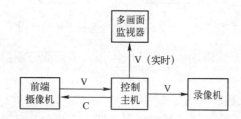

图5-2 模拟式闭路电视监控系统的结构

在图5-2中V为视频信号，C为控制信号。

由前端CCD摄像机摄取的图像信息以模拟量的形式通过同轴电缆传输，在多画面监视器中显示，并由录像机进行记录。

作为记录设备的长时间录像机采用1/2英寸VHS磁带，慢速、间歇式录像，这种记录方式存在如下缺点：

① 画面质量和记录间隔有限制；
② 录像机的磁头和转动部件需要经常清洗和维修；
③ 磁带的更换和保管麻烦；
④ 图像记录的查找极不方便。

模拟式闭路电视监控系统的主要优点如下：

① 显示和记录的图像损失较小；
② 系统价格较低。

由于宽带视频信号在远距离传输时引起失真增加、噪声增加、信噪比下降，所以较适于在一定规模的工程中应用。然而随着人们生活水平的提高，对监控的要求越来越严格，尤其是在网络化的今天，模拟监控系统暴露出来的缺点和弊病难以适应技术和需求的发展。

2. 数字式闭路电视监控系统

数字式闭路电视监控系统，将数字化视频图像记录与多画面图像显示功能和监视报警功能结合在一起，通过采用高档的工业控制微机、PC工作站或者PC服务器，增加摄像机图像输入路数,提高多画面图像的显示速率,增加对云台和镜头的控制功能,配之以良好的人机交互界面,构成了以计算机为核心的数字式监控报警系统。数字式闭路电视监控系统的结构,如图5-3所示。

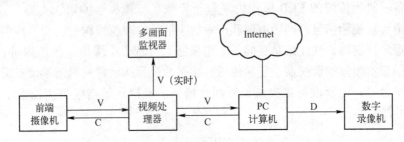

图 5-3　数字式闭路电视监控系统的结构

数字式闭路电视监控系统将逐步取代传统模拟式多画面分割器和长时间录像机,具有灵活方便等特点。

3. 网络型闭路电视监控系统

网络型闭路电视监控系统的主机是视频服务器,它接收来自摄像机的图像和音频信号进行存储,并将这些信息实时多点或单点播送到所有客户机和互联网中的浏览器;视频服务器还接收来自客户机或浏览器经网络传输的远方控制指令,发往摄像机的网络服务器,并完成图像信号、音频信号在硬盘里的存储。数字硬盘记录最大的优点是图像记录的清晰度较高,回放、查找、检索非常方便,也便于保存。网络型闭路电视监控系统的结构如图5-4所示,图中V为视频信号,C为控制信号,A为音频信号。

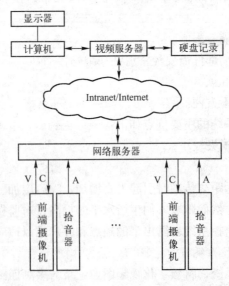

图 5-4　网络型闭路电视监控系统的结构

网络型闭路电视监控系统最大的特点是便于远端浏览图像、远端对摄像机进行监控。网络型闭路电视监控系统适于在规模较大的工程、城市等有远程使用要求的场合，如银行系统对 ATM、自助银行及金库的远端监控；城市交通管理系统的远端监控等。

二、闭路电视监控系统的主要设备

1. 摄像机

摄像机是闭路电视监控系统的主要设备，是整个系统的眼睛，它将反映画面色彩和灰度等信号通过电缆传到显示器中，显示器便可再现监视画面。摄像机的种类很多，不同的系统可以根据不同的使用目的选择不同的摄像机、镜头、滤色片等。

(1) 摄像机的分类方式

① 按色彩可分为黑白摄像机和彩色摄像机。一般黑白摄像机比彩色摄像机的分辨率高，适用于光线不足、照度较低的场合。如果使用目的只是监视被摄像物体的位置和移动，一般常采用黑白摄像机，如果要分辨被摄像物体的细节，如分辨物体的颜色，则应选用彩色摄像机。

② 按工作制式可分成模拟式摄像机和数字式摄像机。

③ 按信号的传输形式可分成有线传输摄像机和无线传输摄像机。

④ 按工作照度可分为普通摄像机、低照度摄像机和红外摄像机。红外摄像机用于黑暗环境，但需要在监视范围装设红外光源。

⑤ 按结构分为普通摄像管摄像机和 CCD 固体器件摄像管摄像机。CCD 固体器件摄像管摄像机的优点是不怕太阳光等强辐射光，不会因此而烧管；摄像管的中心和边缘清晰度相同，灵敏度较高；其缺点是清晰度比普通摄像机稍低，价格较高。

(2) 摄像机的主要性能指标

① 清晰度：清晰度是摄像机的主要性能指标，用线表示，分水平线和垂直线，线数越多，画面越清晰。一般用水平清晰度表示。闭路电视监控系统使用的摄像机，要求彩色摄像机水平清晰度在 300 线以上，黑白摄像机在 350 线以上。这样的指标可满足一般闭路电视监控系统的要求。

② 照度：单位被照面积上接受的光通量称为照度。照度是衡量摄像机在什么光照下，可以输出正常图像信号的一个指标。大多数黑白摄像机的最低照度可达 0.5 lx 左右，彩色摄像机的最低照度则在 10 lx 左右。

③ 信噪比：信噪比也是摄像机的一个重要技术指标。信噪比的定义是，摄像机的图像信号与它的噪声信号之比。闭路电视监控中使用的摄像机，一般要求其信噪比高于 46 dB。

2. 镜头

镜头是安装在摄像机前端的成像装置，其作用是将观察目标的光像聚焦于摄像管的靶面或 CCD 传感器件上。摄像机镜头按照其功能可分为常用镜头和特殊镜头两大类。常用镜头又可分为定焦镜头和变焦镜头两种,定焦镜头的焦距是固定的,手动聚焦,常用于监视固定场所;变焦镜头的焦距是可调的,以电动或手动调焦聚焦,适合远距离观察和摄取目标,常用于监视移动物体。特殊镜头是根据特殊的环境或用途专门设计的镜头。

选择镜头的依据是观察视野和亮度变化的范围,同时兼顾所选摄像机的尺寸。视野的大小决定是用定焦镜头还是变焦镜头,亮度的变化则决定是否使用自动光圈镜头。

3. 防护罩

防护罩可分为室内防护罩和室外防护罩两种。室内防护罩的主要作用是防尘;室外防护罩的功能主要有防晒、防雨、防尘、防冻和防凝露等。

4. 云台

云台用于安装和固定摄像机,主要有固定云台和电动云台两大类。

固定云台一般由螺栓固定在支撑物上,摄像机在固定云台上将水平和垂直的回转角度调整好,达到最好的工作姿态后,加以锁定即可。固定云台一般用于监视区域固定的场所。摄像机方向的调节有一定的范围,调整方向时可松开螺栓进行调节。

电动云台内装有两个电动机,一个负责水平方向的转动,另一个负责垂直方向的转动。电动云台可以调整摄像机水平回转角度为0°~350°,垂直回转角度为-45°~+45°,水平旋转速度为3°/s~12°/s,垂直旋转速度为4°/s左右。在监控中心的主机上可预置云台摄像机的监视点和巡视路径,平时按设定的路线自动扫描巡视,一旦发生报警,云台内的电动机接收来自控制器的信号精确地进行定位,从而控制云台的水平回转角度和垂直回转角度,使摄像机迅速对准报警点,进行定点监视和录像。也可在监控中心值班员的直接操纵下跟踪监视对象。

5. 图像监视器

图像监视器主要用于显示摄像机所摄的图像,在屏幕上提供高分辨率、高对比度的画面。图像监视器比普通电视机清晰度高,普通电视机的信号带宽约4 MHz,而图像监视器视频信号的带宽在7~8 MHz。另外,因为闭路电视系统的监视器往往需要很多个放在一起,为了尽量减少相互之间的电磁干扰,图像监视器都有金属外壳,这也是与普通电视机不同的地方。

6. 录像机

录像机是闭路电视监控系统中的记录和重放装置,与家用录像机的主要区别是记录时间的长短不同,它要求可以记录的时间非常长,最长可以录制长达960小时的录像。录像机内设有字符信号发生器,可在图像信号上打出月/日/年/星期/时/分/秒/录像模式,还能在图像上显示出摄像机与报警器的编号与报警方式。录像机还必须要有遥控功能,从而能够方便地对录像机进行远距离操作,或在闭路电视系统中用控制信号自动操作录像机。此外,录像机还有一个锁定保护键,使非正常指令与操作无效,防止非专业人员与破坏性操作侵犯闭路电视监控系统。

7. 视频切换器

在闭路电视监控系统中，通常摄像机数量与监视器数量的比例在2:1到5:1之间，这说明不是所有的摄像机图像都能在监视器屏幕上显示，为了用少量的监视器看到多个摄像机摄取的图像，就需要用视频切换器按一定的时序把摄像机的视频信号分配给特定的监视器。切换的方式可以按设定的时间间隔对一组摄像机信号逐个循环切换到某一台监视器的输入端上，也可以在接到某点报警信号后，长时间监视该区域的情况，即只显示一台摄像机信号。在切换视频信号的同时，为了避免图像的跳动与抖动，切换器工作一般要求和云台、镜头的控制同步，即切换到哪一路图像，就控制哪一路的设备。

8. 多画面分割器

在大型物业的闭路电视监控系统中摄像机的数量多达数百台。若以300台摄像机为例，即使摄像机数量与监视器数量配置比例为5:1，也要有60台监视器。60台监视器的体积庞大，保安中心机房面积有限，很难安置，而且监视器数量太多也不利于值班人员全面巡视。为了实现全景监视，即让所有的摄像机信号都能显示在监视器屏幕上，就需要用多画面分割器。多画面分割器是实现全景监视的一种设备，这种设备能够把多路视频信号合成为一路输出，输入一台监视器，这样就可在一个监视器屏幕上同时显示多个画面。分割方式通常有2画面、4画面及16画面。如采用一台大屏幕显示器，配以一台16画面分割器，值班人员可以轻松地同时观察16台摄像机送来的图像。通过编程，每一个画面的图像可以被定格，也可以转为全屏显示，在报警状态下，显示方式可以按设定要求变化，以提示值班人员注意。

9. 控制台

控制台是通过各种遥控电路来控制摄像机的姿态，接收摄像机的信号、报警探头的信号，并将这些信号以图像与声音的方式显示在保安中心，给值班人员参考。在大型的闭路电视监控系统中，信息量与信息处理的工作量都很大，因此控制台的操作一般都采用了计算机系统。在小型的闭路电视监控系统中，则一般采用一些视频切换器、调制/解调器、云台遥控器、监视器等，组合构成控制台。

三、闭路电视监控系统的特点

闭路电视监控系统的主要特点如下所述。

① 实时性：监控电视设备可以及时摄取现场景物的图像，并能立即传送到控制室。

② 高灵敏度：采用微光电视设备时，可在阴暗的夜间或星光条件下，拍摄到清晰的画面。

③ 将非可见光信息转为可见光图像：采用非可见光电视设备可以摄取由红外线、紫外线等非可见信息，并将其转换成可见光图像。

④ 便于隐蔽和遥控：使用小型摄像机，便于隐蔽和安装，并能远距离监视及进行录像。

⑤ 监视范围大：在监视范围内的空间安装多部摄像机，组成多层次，立体化监视，使

监视范围不出现死角。

⑥ 可实现联动报警：当发生火灾时，闭路电视监控系统将火警现场附近的监控摄像机对准火警现场，将该画面在视频监视器显示，并进行录像；有非法入侵时，将摄像机对准报警现场，并进行录像，随着入侵者的运动，可人工控制切换摄像机进行跟踪。

第三节 防盗报警系统

为了防止坏人破坏和盗窃，在智能物业的重要设施和要害部门，应装设专门的防盗报警装置，借助现代化高科技的电子、红外线、声波、微波、光电成像和精密机械等技术来辅助人们进行安全防范。

防盗报警系统中各种类型的探测器按使用目的和防范要求，根据部位的重要程度和风险等级以及现场条件，负责监视保护区域现场的非法入侵、盗窃、破坏和抢劫等，进行实时有效的探测和报警。

一、防盗报警系统的构成

防盗报警系统主要由 4 个部分组成：各种类型的探测器、信号传输通道、现场区域报警控制器、报警控制中心，其结构如图 5-5 所示。防盗报警系统分为 3 层，最底层是现场探测器和执行设备，探测器负责探测非法人员的入侵，有异常情况时向区域报警控制器发送信息。中间层是区域报警控制器，它负责向下层执行设备发送报警信号，同时向上层的计算机控制中心传送所负责区域的报警情况。最上层是报警控制中心，它是管理整个系统工作的设备，通过通信网络总线与各区域报警控制器连接。报警控制中心在接到来自区域报警控制器的报警时，可以在指定终端 CRT 上显示报警信息，如地址代码、报警性质、时间等或在 CRT 上显示报警平面位置图并指示出报警点的位置。

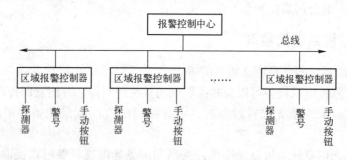

图 5-5 防盗报警系统的结构

二、探测器

随着科技的发展，防盗报警系统所用的探测器其可靠性与灵敏度在不断提高，型号样式也在不断地推陈出新，如何根据具体的环境恰当地选用探测器，以发挥各种探测器的功效，完成周密而安全的防护是建立防盗报警系统应首先考虑的问题。

（一）探测器的功能要求

探测器的种类很多，但不论何种类型的探测器都应具有以下基本功能。

1. 探测器应有防拆、防破坏等保护功能

当入侵者企图拆开外壳或信号传输线断路、短路或接其他负载时，探测器应能发出报警信号。

2. 探测器还要有较强的抗干扰能力

① 在探测范围内，任何小动物或小于 150 mm 长、直径为 30 mm 具有与小动物类似的红外辐射特性的圆筒大小物体都不应使探测器产生报警。

② 探测器对于与射束轴线成 15°或更大一点的任何外界光源的辐射干扰信号应不产生误报。

③ 探测器应能排除常温气流、电磁波及电火花等的干扰。

（二）探测器的分类

建立防盗报警系统首先要根据具体环境恰当地选择探测器，探测器的分类方式很多，按照接触与否，可分为接触式探测器和非接触式探测器；按照探测范围，可分为点控制型、线控制型、面控制型、空间控制型探测器。下面按照接触式和非接触式探测器分类，分别介绍几种探测器。

1. 接触式探测器

（1）磁控开关

磁控开关又称干簧开关，是一种结构简单，使用方便，又经济有效的探测器，常用来发送门、窗、柜、仪器外壳、抽屉等被打开的信息。

磁控开关的结构原理如图 5-6 所示。磁控开关由一个条形磁铁和一个带常开触点的干簧管继电器组成，当条形磁铁和干簧管靠近时，干簧管中带金属触点的两个簧片在磁场的作用下被磁化而吸合在一起，电路接通；当磁铁远离干簧管达到一定距离时，干簧管附近磁场消失或减弱，簧片靠自身弹性作用，自动打开恢复到原位置，电路断开，从而引起报警装置报警。

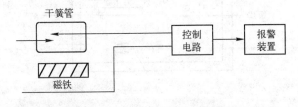

图 5-6 磁控开关的结构原理图

通常把干簧管装于被监视房门或窗门的门框边上，把永久磁铁装于门扇边上。关门或关窗后，磁铁与干簧管的距离应小于或等于 1 cm，以保证门窗关闭时，干簧管内部的触头能在磁铁的作用下闭合，电路接通，当门打开后，其触头便会立即释放，从而引发控制器产生断路报警。为了加强安全性，磁控开关也可以采用多个串联使用，将它们安装在多处门窗上，任何一处门窗被非法入侵打开时，控制电路均可发出报警信号。

（2）玻璃破裂信号器

玻璃破裂信号器又可称为玻璃破裂传感器，用来监视玻璃平面，适用于对监视质量和报警可靠性有较高要求的场合。

当玻璃板被击破时，玻璃板产生加速度，因而产生机械振荡，机械振荡以固体声的形式在玻璃内传播。信号器中的压电陶瓷传感器拾取此振荡波并使之转换成电信号，玻璃破裂的典型频率在信号器中被放大，然后利用其来启动报警装置。

（3）固体声信号器

固体声信号器安装在传声良好的固体平面上，用来反映机械作用，通常用在混凝土墙、混凝土楼板、无缝的硬砖石砌体等地方。

当固体声信号器监视的建筑构件受到强外力冲击时，构件便会产生加速运动，从而产生机械振荡，它以固体声的形式在材料中传播。固体声信号器的压电陶瓷传感器拾取此振荡，并将其转换成电信号，经过放大、分析，然后启动报警装置。

（4）微动开关

微动开关的作用原理是依靠外部机械力的推动，将内部簧片的接点接通或断开，从而实现电路的通断，其结构原理如图 5-7 所示。当外力通过传动元件（如按钮）作用于动作簧片上时，簧片末端的动触点与静触点闭合，控制电路接通；当外力移去后，动作簧片在压簧的作用下又弹回原位，触点分开，控制电路断开；引起报警装置发出声光报警。微动开头报警器可安装在展览馆的展台上，将被保护的展示物品放置在微动开关之上，展品的重力将其按钮压下，一旦展品被意外移动或抬起时，将按钮弹出，控制电路发生通断变化，引起报警装置发出声光报警。

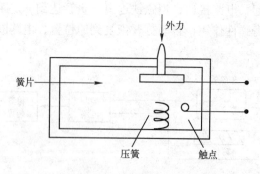

图 5-7 微动开关报警器的结构原理图

以上探测器都是用于需要保护的部位或物品，从报警时间上看，罪犯已经进入室内或犯罪活动已经发生后才开始报警，因此报警时间相对较晚，被保护物品已被盗走或报警装置已遭到破坏，因此不宜单独使用。为了阻止犯罪行为的发生而及早报警，必须同时借助于其他的防范手段，如选用非接触式的红外、微波和超声波探测器等，来提高安全性。

2. 非接触式探测器

（1）红外线探测器

红外线探测器采用集成化设计，电路简单，发射器和接收器装在一起，安装后不易被人察觉。红外线发射头向警戒区发出红外信号，无人通过监测区时，红外线信号不会被反射；当有人进入监测区时，红外线信号被人体反射回来，由接收器接收，并经译码电路，控制报警器工作，发出报警声。红外线探测器的电路功能如图5-8所示。

图5-8　红外线探测器的电路功能框图

（2）微波探测报警器

微波探测报警器是利用微波能量的辐射及探测技术构成的报警器，按其工作原理的不同，又可分为微波移动报警器和微波阻挡报警器。其中，微波移动报警器发出无线电波，同时接收反射波，当有物体在布防区移动时，反射波的频率与发射波的频率有差异，此差频信号即可作为移动报警信号。微波阻挡报警器由微波发射机、微波接收机和信号处理器组成，使用时将发射天线和接收天线相对放置在监控场地的两端，发射天线发射微波束直接送达接收天线。当没有运动遮断微波束时，微波能量被接收天线接收，发出正常工作信号，当有运动目标阻挡微波束时，接收天线接收到的微波能量减弱或消失，此时产生报警信号。

（3）超声波物体移动探测器

超声波物体移动探测器由发送器、接收器及电子分析电路等组成，从发送器发射出去的超声波被监测区内的物体反射回来，并由接收器重新接收。如果监测区域内的物体没有运动，那么反射回来的信号频率正好与发射出去的信号频率相同，但如果有物体运动，则反射回来的信号频率就会发生变化，从而引发报警。超声波物体移动探测器由于其采用频率的特点，容易受到震动和气流的影响，在使用时，不要放在松动的物体上，同时也要注意是否有其他超声波源存在，防止干扰。

（4）视频移位探测器

视频移位探测器一般采用电荷耦合器件CCD，CCD具有质量轻、寿命长、高稳定、防震、灵敏度高、不怕磁场、分辨率高、高阻抗、低耗电等优点。摄像机将入侵者图像经过类比对数位转换器数字化，然后再比较先后两幅图像的变化，若有较大差异，则说明有物体的移动。

探测器的选择是否适当、布置是否合理将直接影响保安的效果。所以在设计防盗报警系统时,要对现场进行仔细观察,整体规划。

三、报警控制器

报警控制器设置在控制中心,是防盗报警系统的主控部分,它的主要作用是向报警探测器供电,接收报警探测器送出的报警电信号,并对此电信号进行进一步的处理。报警控制器通常又可称为报警控制/通信主机。报警控制器多采用微机进行控制,用户可以在键盘上完成编程和对报警系统的各种控制操作,其功能较强,使用也非常方便。

一般的报警控制器具有以下几个功能。

① 布防与撤防。在正常工作时,工作人员频繁出入探测器所在区域,报警控制器及时接收到探测器发来的报警信号也不能发出报警,这时报警控制器需要撤防。下班后需要布防,即报警系统投入正常工作,探测器有报警信号时,控制器就要报警。

② 布防后的延时。如果布防时,操作人员正好在探测区域之内,这就需要报警控制器能延时一段时间,等操作人员离开后再生效,也就是布防后的延时功能。

③ 防破坏。如果有人对线路和设备进行破坏,报警控制器应发出报警。常见的破坏是线路短路或断路。报警控制器在连接探测器的线路上加上一定的电流,如果断路,则线路上的电流为零;如果短路则电流大大超过正常值,上述任何一种情况发生,都会引起控制器报警,从而达到防止破坏的目的。

④ 计算机联网功能。作为智能保安设备,必须具有联网通信功能,以便把本区域的报警信息送到控制中心,由控制中心完成数据分析处理,以提高系统的自动化程度。

四、报警控制中心

防盗报警系统的控制中心由微机、打印机、UPS 电源及系统软件等部分组成,控制中心的系统软件由两部分组成,一部分是网络通信部分,由主机定时产生询问信号,对总线上的每一个区域控制器的报警及输出联动情况直接进行访问;另一部分为数据库管理,其中包括注册或注销(增加或减少)控制器和探测器、定时对控制器和探测器进行自检,对探测区域进行布防和撤防,而且可以设定自动处理程序。报警发生时,系统可以按照预先设定的程序进行处理。报警的时间、地点自动存储在计算机的数据库中,并有汇总报告的功能。另外,控制中心还应具备联网通信功能,以便于与其他安全防范系统或建筑设备监控系统协调工作。

第四节 出入口控制系统

出入口控制系统又叫门禁管理系统,它采用微电子技术、测控技术、机电一体化技术及计算机网络技术和通信技术,为建筑物的出入通道提供高效的智能化管理,对建筑物、建筑物中某一区域或建筑物特定房间的进出人员进行识别和控制,为防止非法人员的入侵提供了重要保证。随着电子技术的发展,出入口控制系统采用个人识别卡的方式,为每个有权进入的人员发一张身份识别卡,系统根据该卡的卡号和当前的时间等信息,判断持卡人是否有权进出,同时系统还可兼作考勤统计,根据需要随时增加和删除某一张卡。

一、出入口控制系统的结构

出入口控制系统的控制原理是,按照人的活动范围,预先制作出各种层次的卡,或预定密码。在相关的大门出入口、金库门、档案室门、电梯门等处安装识别设备,用户持有效卡或密码方能进出。由识别设备接收人员信息,经解码后送控制器判断,如果符合,门锁被开启,否则报警。

出入口控制系统包括3个层次的设备,其基本结构如图5-9所示。最底层是直接与人员打交道的设备,包括读卡机、电子门锁、出口按钮、报警传感器、门传感器和报警喇叭等。它们用来接收人员输入的信息,并将其转换成电信号送到控制器中,同时根据来自控制器的信号,完成开锁、闭锁等工作。中间层是智能控制器,控制器接收底层设备发来的有关人员的信息,与已存储的信息相比较以作出判断,然后再发出处理的信息。单个控制器就可以组成一个简单的门禁系统,用来管理一个或几个门。多个控制器通过通信网络与计算机连接起来就组成了整个建筑的门禁系统。最上层是计算机,计算机内装有门禁系统管理软件,通过程序设定,向控制器发送控制命令,同时接收控制器发来的信息,并完成系统中所有信息的分析与处理。

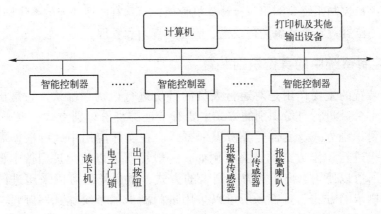

图5-9 出入口控制系统的基本结构

二、出入口控制系统的功能

出入口控制系统通常具有如下管理功能。

1. 设备注册功能

在增加控制器或卡片时，必须进行登记，使其有效；在减少控制器或卡片遗失、人员变动时，使其失效。

2. 出入记录查询功能

系统可存储所有的进出记录、状态记录，可按不同的查询条件查询，配备的相应考勤软件可实现考勤、出入口一卡通。

3. 报表生成功能

对各种出入事件、异常事件及其处理方式进行记录，保存在数据库里，能够根据要求定时或随机生成各种报表。

4. 实时监控功能

系统管理人员可以通过计算机实时查看每个门区人员的进出情况、每个门区的状态（包括门的开关，各种非正常状态报警等）；也可以在紧急状态打开或关闭所有的门区。

5. 异常报警功能

在异常情况下可以实现计算机报警或报警器报警，如非法侵入、门超时未关等。

6. 联动功能

出入口系统不是作为一个单一的系统存在的，它要向其他系统传送信息，应具有联动功能。如在有非法闯入时，要向电视监视系统发出信息，使摄像机能监视该处情况，并进行录像；在接到消防报警信号时，可启动闭路电视监控系统等。

7. 网络管理监控功能

大多数出入口控制系统只能用一台计算机管理，而具有此项功能的系统则可以在网络上任何一个授权的位置对整个系统进行设置、监控、查询和管理。

三、出入口控制系统中的身份识别装置

身份识别装置的主要作用是对通行人员的身份进行识别和确认，它是出入口控制系统的重要组成部分。进行身份识别的方式主要有卡证类身份识别方式、密码类识别方式、生物识别类身份识别方式及复合类身份识别方式。在实际应用中，可根据需要安装的出入口的安全等级进行识别方式的选择。例如，一般场所可以使用进门读卡器、出门按钮方式；特殊场所可以使用进出门均需要刷卡的方式；重要场所可以采用进门刷卡加乱序键盘、出门单刷卡的方式；要害场所可以采用进门刷卡加指纹加乱序键盘、出门单刷卡的方式。这样可以使整个出入口系统更具有合理性和规划性，同时也充分保障了较高的安全性和性价比。

（一）出入口控制的卡片识别系统

1. 非接触式 IC 卡

IC 卡是集成电路卡（Integrate Circuit Card）的英文简称，通常也被称为智能卡（Smart Card）。主要特点为可读/写，并有加密功能，多用于数据记录较多的消费系统等。根据与外

界数据传送方式的不同，IC 卡可分为接触式 IC 卡和非接触式 IC 卡。接触式 IC 卡通过读/写器的触点与卡座的触点相接触，完成信息读/写的过程。非接触式 IC 卡则是将芯片与感应天线完全密闭封装在卡片内部，通过无线电波的电磁感应方式完成与读写器之间的数据交换。非接触式 IC 卡保留了接触式 IC 卡原有的优点，并克服了接触式 IC 卡使用中的缺陷，具有一定的优势，现在已得到了非常广泛的应用。

非接触式 IC 卡的主要优点如下。

① 高效、快捷，采取无源和免接触的通信方式，因而不必进行插拔卡的操作，大大提高了每张卡的认证速度。有些系统的读卡器可以同时处理多张卡，无形中提高了系统的工作效率。

② 可靠性高，避免了因接触而造成的机械触点磨损，大大提高了应用的可靠性。

③ 性价比高，因芯片与天线完全密封在卡片内部，减少了物理损坏，延长了卡片的使用寿命。同时，表面无触点，可方便印刷，真正做到"证卡合一"，并可应用于多个系统，做到一卡多用，减少重复投资。

④ 读卡器不必留有直接对外开放的物理接口，能更好地保证读卡器的安全，并延长其使用寿命。

⑤ 可做成钮扣、钥匙等不同形状，美观、方便。

2. ID 卡

ID 卡全称为身份识别卡（Identification Card），为不可读写的感应卡，内含固定的编号。IC 卡与 ID 卡的区别如下。

① 卡号：IC 卡出厂后，可由授权用户根据系统的实际需要写入新的卡号，方便使用，但缺点为卡号易重复，应在重新写入时注意授权卡号须连贯，避免重号。ID 卡的卡号由芯片生产厂商一次写入，不可更改。有的品牌甚至可以做到全球唯一卡号，具有更高的安全性，集成商可以读出卡号，加以利用。

② 数据的存储：IC 卡大量的数据存储于卡片中，并可反复擦写，因此使用前必须通过 IC 卡与读写设备之间的双向密钥认证（即加密），并由授权用户加入自己系统的专用密钥，才可保证卡上数据的安全性。而 ID 卡的大量数据（如用户资料、用户授权等）写入后台数据库中，因而不必进行加密。

③ 存储容量：IC 卡可记录约 1 000 字符的内容；ID 卡则只记录卡号。

④ 应用环境：IC 卡由于本身存储量大，可读写，多用于与消费相关的系统；而 ID 卡多用于已在软件中确定其授权和用户资料的出入口系统。

两者的共同之处在于，IC 卡存储了较翔实的用户信息，因而可支持读卡器脱机运行或联网运行；成熟品牌的控制器由于都可以脱机存储事件信息，联网后实时上传，ID 卡同样支持以上两种方式。另外，IC、ID 复合卡（即在卡片中封装了 IC、ID 双线圈）则更好地将两种识别方式的优点加以融合。

(二) 人体生物特征识别系统

1. 人体生物识别技术原理

所谓人体生物识别技术是指通过计算机利用人体所固有的生理特征或行为特征来进行个人身份鉴定的技术。它源于生物学数据，被用于对安全性有较高要求的场所。

人体所固有的生理特征包括手形、指纹、脸形、虹膜、视网膜、脉搏、耳廓等。行为特征包括走路姿势、签字、声音、按键力度等。由于这些生理特征一般具有唯一性，不易被模仿，可以用作辨识身份。目前基于这些生理特征或行为的生物识别技术有指纹识别、掌形识别、面部识别、虹膜识别、声音识别、签字识别等。它们被发展来弥补卡、标签或者标记共有的问题，比如丢失、偷窃或者 PIN 被窥视等。

人身体或行为特征的某些方面对每个人而言是独特的，这便是该技术的基础。

优点：对于希望获得进入的许可人的真实性进行自动验证。别的系统都不能提供这种验证。除了提供独特的个人特征外，不需要额外的信息进入。

缺点：成本高。验证需要的时间多于其他大多数的系统，准确程度必须仔细校准。

生物识别技术要完成处理的各个阶段是：登记、建立模板、比对。

① 登记——个人特征的相关信息被存储。

② 建立模板——成为日后输入的个人特征信息比对的基础。

③ 比对——验证接受或验证拒绝的标准。以读取的生物特征产生一个算法来决定比较的准确性。具有级别选择器的客户可选择一种准确性级别，按此级别，验证根据下面的形式进行。

类型 1：拒真——这是表征拒绝授权允许进入通道者的程度，能设定一个低阈值，这样在 100 000 个授权者中只有一个会被拒绝进入。

类型 2：认假——这是表征非授权者允许进入通道的情况。为了获得高安全性，要选择高的阈值。它阻止了未授权者的进入，但是也意味着确实有授权者被拒绝进入，这会给授权者带来巨大影响。

2. 指纹识别

(1) 工作原理

指纹识别根据每个人指纹的唯一性，确定以指纹作为钥匙，通过在系统中预先建档，将个人的指纹通过采用光学技术或电容技术的指纹采集器存储到计算机中，当用户有访问需要时，指纹扫描器采集用户指纹的特征信息，通过光电转换后将指纹特征值交给主机进行分析比较，决定用户是否有访问的权限。如果用户拥有需要的权限，那么，在验证通过之后，出入口系统会输出高低电频信号到电源控制箱，通过继电器转换之后，输出锁控信号给门锁设备，实现对门的控制；如果用户没有相应的权限，验证后会给出验证失败的信息，在 3 次验证失败之后，出入口管理系统会输出一个验证失败的信号给电源控制箱，经过电源控制箱转换后形成报警信号，输出到报警器促使报警器发出警号。

(2) 工作流程

① 在建档时，需要给用户设置一个私人的 ID 号码（此号码可作为密码使用），或者用射频卡刷卡代替输入号码。然后，出入口管理系统再采集个人的指纹特征进行建档。在指纹检验通过之后，再进行储存。至此建档工作完成。

② 当用户有访问需要，操作者先输入个人的 ID 号码或者刷卡，然后再轻轻一压手指。出入口管理系统会采集指纹信息，通过分析指纹的脊、谷及终点、分叉点、分歧点等特征值，与储存的信息相比较，这个比较的时间小于 1 秒。处理的结果通过电源控制箱后传送给门锁或报警设备，实现开门或报警。

③ 如果出入口管理系统处于网络之中并正在将进出记录、验证失败记录或拆机报警记录记录在本地的同时，会自动将此记录汇总到计算机中，实现实时监控。

指纹识别流程如图 5-10 所示。

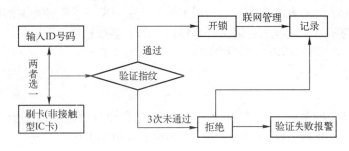

图 5-10　指纹识别流程图

指纹识别技术安全性高，但也面临被仿造的难题。因此，有些业内人士认为在普通出入口指纹识别场合下，只要能够准确识别出来访者的指纹即可，在安全系数要求高的场合，则建议使用复合系统，多种认证，以提高安全等级。

3. 面部识别

人们对面部识别的研究已有 30 多年历史，但将其商品化是近几年的事情。用来捕捉人面部图像的主要有标准视频技术和热成像技术。面部识别技术的精确度较高，但由于面部识别难度高、技术复杂、准确率低等因素，目前应用不是很广泛，其主要瓶颈是图像获取过程中的不确定性（如光照的强度、光源方向等）、人脸塑性变形（如表情等）的不确定性、人脸模式的多样性（如胡须、发形、眼镜、化妆等）。

对于环境光线影响，目前已有产品可做到照度在 0.000 1~1 000 lx 下正常工作。通过利用三维技术对人脸进行处理后对人脸进行多角度认证，及自动选择面部相似程度较高区域进行认证等方式，可有效提高面部识别的准确率，避免人脸塑性变形及模式变化引起的误认。

人体面部识别技术与其他人体生物特征识别技术相比较的优点有如下几种。

① 快速、简便、非侵扰和不需要人的被动配合。指纹和掌纹识别都需要人们将手放在玻璃表面，虹膜识别需要用激光照射人的眼睛，声音识别需要人对着麦克风讲话，字迹识别

则需要人签字等。而人体面部识别无需干扰人们的行为，只需要很快从摄像机前走过，人的面貌特征就已经被快速地采集和检验，非常简便。

② 有良好的防伪、防欺诈性，准确、直观、方便。因为同其他人体生物特征识别技术相比较，只有面部识别是最直观、最可靠、最准确的，因而防伪、防欺诈性能优良。

③ 性价比高、经济、可扩展性良好。因为人体面部识别技术只需通用的 PC 硬件及相关软件，因而经济、性价比高；由于其直观、准确，应用更为广泛，因此具有良好的可扩展性能。

由于人体面部识别技术具有以上众多优势，因此可广泛地用于出入口、安全验证、安防监控与搜寻罪犯等方面。

4. 掌形识别

近几年掌形识别发展得比较快。手掌特征包括手掌的长度、宽度、厚度及手掌和除大姆指之外的其余 4 个手指的表面特征。掌形识别系统，主要发展了 3 种类型的识别技术，第一种是扫描整个手的手形识别技术；第二种是仅扫描单个手指的技术；第三种是结合这两种技术的扫描食指和中指两个手指的指形识别技术。掌形识别多采用三维立体形状识别方式，具有较高的准确性与唯一性。

5. 虹膜识别

由于虹膜的可变项多达 260 多项，使得虹膜的结构千奇百怪，能够成为独一无二的标识。并且虹膜结构不具遗传性，即使同卵双胞胎的虹膜也各不相同，且自童年以后，若无眼部重大疾病，虹膜便基本不再发生变化，所以稳定性很高。而且虹膜不易伪造，安全性高，识别的错误率相对来说比较低。

从发展趋势上看，生物识别技术虽然比较可靠，但也有一定局限性，原因有以下几点。一是拒认：使用者需要多次尝试才能验证通过，该类型错误通常称为拒认率（False Reject Rate，FRR）；二是误认：把非正当用户误认为正当用户，导致认证完全错误，该类型错误通常称为误认率（False Accept Rate，FAR）；三是特征值不能录入：某些用户的生物特征值有可能因故不能被系统记录，导致用户不能使用系统，比如有些人由于受到化学药品影响或自身原因使其指纹较浅，就不容易取得特征值。所以，要想提高系统认证安全性，可采取两种或多种认证相结合的方法。比如，目前已有把智能卡技术与生物识别技术相结合的认证产品。

生物识别技术的应用是多方面的，金融系统、公安部门、军事单位、政府机构、电子商务认证及出入境身份认证等领域，对安全系统要求较高，所以这些应用领域一直是生物识别企业比较关注的市场。近几年来，网络的迅速发展带动了网上电子商务的发展，生物识别技术为网络安全发展提供了保障，从而提高了交易的安全性。电子商务的发展为生物识别技术的应用提供了广阔的市场，网络安全将成为生物识别技术最有发展潜力的市场。

第五节 巡更系统

有些建筑物出入口较多，进出人员比较复杂，为了保证大厦的安全，必须配专人巡逻。比较重要的场所应设巡更点，定时进行巡逻。电子巡更系统是人防与技防相结合的综合性安全防范手段。保安人员在规定的巡逻路线上，在指定的时间和地点向中央控制站发回信号以表示正常。如果在指定的时间内，信号没有发到中央控制站，或不按规定的次序出现信号，系统将认为异常。有了巡更系统后，如巡逻人员出现问题或发生危险，会很快被发现，从而增加了大楼的安全性。

一、巡更系统的功能

在巡更系统中，控制中心的计算机上安装有管理程序，可以通过该程序设定巡更路线和巡更方式，在指定的巡逻路线上，安装巡查按钮和读卡器，保安人员在巡逻时依次输入信息。其主要功能有如下几点。

1. 按巡更点编制巡更程序

按巡更点编制巡更程序，并输入计算机，可实现巡更时间、路径的设定和修改。巡更人员应按巡更程序所规定的路线和时间到达指定的巡更点，不能迟到，不能绕弯。

2. 能够充分保护巡更人员的自身安全

通常在巡更的路线上安装巡更匙控开关或巡更信号箱，巡更人员要在规定的时间内到达指定的巡更点，通过按下巡更信号箱上的按钮或将巡更IC卡插入巡更IC卡读卡机向系统监控中心发出"巡更到位"的信号，系统监控中心同时记录下巡更到位的时间、巡更点编号等信息。如果在规定的时间内，指定的巡更点未发出"到位"信号，该巡更点将发出报警信号；如果未按顺序按下巡更按钮或插入巡更IC卡，未巡视的巡更点也会发出未巡视状态信号，中断巡更程序并记录在系统监控中心，同时发出报警信号。

二、巡更系统的分类

目前巡更系统分为在线巡更和离线巡更两种。在线巡更系统由计算机、网络收发器、前端控制器、巡更点等设备组成，保安值班人员到达巡更点并触发巡更点开关，巡更点将信号通过前端控制器及网络收发器立即传输给管理计算机。离线巡更系统由计算机、传送单元、手持读取器、编码片等设备组成。编码片安装在巡更点处代替巡更点，值班人员巡更时，手持读取器读取数据。巡更结束后将手持读取器插入设在机房的传送单元，使其存储的所有信息输入到计算机，记录多种巡更信息并可打印巡更记录。离线巡更系统不能在巡更时同步显示巡查情况，但安装比较方便。在线巡更系统需管线敷设，现场没有硬件以及软件编制，但在值班人员巡更时，可迅速地将巡更点信息反映到安防控制中心，同步显示记录巡更的地址和时间，便于及时处理情况。

三、巡更系统的设置位置

① 在小区重要部位设置巡更点。
② 在周界防范、闭路电视监控系统死角设置巡更点。
③ 在重要设施、设备区域内设置巡更点。
④ 在地下车库、地下停车场设置巡更点。
⑤ 在主要通道、道路附近设置巡更点。
⑥ 在安防中心附近设置巡更点。

第六节 停车场管理系统

随着城市车辆的增多，传统的人工管理停车场已不能满足使用者和管理者对停车场效率、安全、性能以及管理上的需要，越来越不适应现代化城市对车辆的管理要求。因此，停车场管理系统应运而生，并成为使用者和管理者的理想选择。停车场管理系统是一个以非接触式 IC 卡为车辆出入停车场凭证、用计算机对车辆的收费、车位检索、安全防范等进行全方位智能管理的系统。

一、停车场管理系统的功能

1. 检测和控制车辆的进出

在停车场管理系统中，具有出入资格的车主在出入停车场时，经车辆检测器检测到车辆后，将所持有的非接触式 IC 卡在出入口控制机的读卡区掠过，读卡器读卡并判断该卡的有效性，同时将读卡信息送到管理计算机和收银计算机处，计算机自动显示持有该卡车辆的车型和车牌，且将此信息记录存档，开启道闸予以放行。

2. 对车辆进行计费、收费

临时停车的车主在进入停车场时，由车辆检测器检测到车辆后，通过按自动出卡机上的按键取出一张临时 IC 卡或 ID 卡，在完成读卡、摄像、计算机存档后放行。在离开停车场时，由出口控制机上的读卡器读卡，计算机上显示出该车的进场时间、停车费用，同时进行车辆图像的对比，在收费确认自动收卡器收卡后，道闸自动升起放行。

3. 统计进出车辆的种类和数量
4. 指引司机寻找适当的停车位置
5. 对停车位进行监视管理

停车场主要通道安装定焦彩色黑白自动转换摄像机，在白天为彩色，夜晚照度不足时自动转为黑白，以对所有停车位进行监视。

二、停车场管理系统的组成

停车场管理系统一般由 3 部分组成。

① 车辆出入的检测与控制。通常采用环形感应线圈方式和光电检测方式来进行车辆的出入检测与控制。根据不同的车辆进出口和车道，采取不同的检测手段，检测车辆的"出"或"入"。

② 车位和车满的显示与管理。停车场内每个停车位各安装一个超声波车位检测器，当有车辆驶入该车位时，检测器检测到车辆后发出一组控制信号，送往入口处安装的车位模拟显示牌，从而显示车位的有或无。

③ 计时收费管理。可根据停车场的特点设计为无人自动收费系统和有人管理系统等。

典型的停车场管理系统如图 5-11 所示。

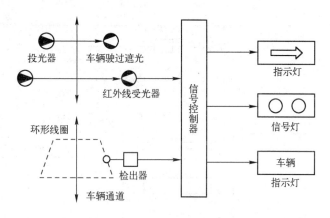

图 5-11　典型的停车场管理系统

三、车辆出入的检测方式

停车场常用的车辆出入检测方式主要有红外光检测方式和环形线圈检测方式两种。

1. 红外光检测方式

图 5-12 所示，检测器由一个投光器和一个受光器组成。投光器产生红外不可见光，经聚焦后成束型发射出去，由受光器拾取红外信号。当车辆进出时，光束被遮挡，车辆的"出"或"入"信号被送入控制器。

2. 环形线圈检测方式

图 5-13 所示，环形线圈检测方式是根据车辆经过车道中环路线圈时，由于车辆的金属导电，导致线圈短路，从而检测出车辆的"出"或"入"。

四、停车场管理系统的主要设备

停车场管理系统的主要设备包括挡车器、车辆检测器和地感线圈、读卡器、彩色摄像机、车位模拟显示牌、对讲系统、停车车辆检测器、防盗电子栓、管理计算机等。

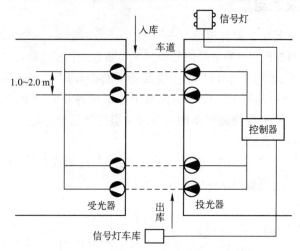

图 5-12 红外光检测方式

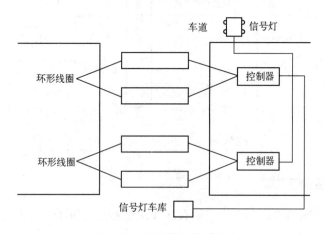

图 5-13 环形线圈检测方式

1. 挡车器

挡车器也称为道闸,是停车场的关键设备,由于要长期地频繁动作,挡车器的机械特性显得特别重要。一般挡车器采用精密的四连杆机构使闸杆作缓启、渐停、无冲击的快速平稳动作,并使闸杆只能在限定的90°范围内运行,另外采用精密的全自动跟踪平衡机构使任意位置静态力矩为零,从而最大限度地减小驱动功率和延长机体寿命,箱体采用防水结构及抗老化的室外型喷塑处理,保证坚固耐用,外壳不容易褪色。

2. 车辆检测器和地感线圈

为了能够自动探测到车辆的位置和到达情况,需要在路面下安装地感线圈感应正上方的车辆。当汽车经过地感线圈的上方时，地感线圈产生感应电流传送给车辆检测器，车辆检测器输出控制信号给挡车器或主控制器。地感线圈的施工要求比较严格。在出口处的闸杆下，设置一个防砸车的地感线圈即可。

3. 读卡器

停车场的读卡器与门禁控制系统中的感应卡读卡器相同。根据所用的卡片感应距离的不同，分为短距离、中长距离和远距离读卡器。

4. 彩色摄像机

车辆进入停车场时，自动启动彩色摄像机，记录车辆外形、色彩、车牌号等信息，存入计算机，供识别之用。同时配备相应的辅助设备，如照明灯等。

5. 车位模拟显示牌

每个停车位用双色 LED 指示，红色表示已被占用，绿色表示空位。

6. 对讲系统

每一个读卡机都装有对讲系统，工作人员可使用此装置指导用户使用停车场。

7. 泊位调度控制器

当停车场规模较大，尤其是在多层停车场的情况下，如何对泊位进行优化调度，以便使车位得到充分有效的利用，是一项很重要的工作。泊位调度控制器的主要作用是优化调度与管理，并对入库的车辆进行引导，进入指定泊位。

8. 车牌识别器

车牌识别器可以预防偷车事故的发生。当车辆驶入车库入口时，摄像机将包含车辆外形、色彩与车牌的信号送入计算机保存起来，在车辆出库前，摄像机再次将车辆的外形、色彩与车牌等信号送入计算机，与入口时的信息相比对，若两者相符即可放行。

9. 防盗电子栓

对固定车主的泊车位，加设一套高码位遥控器与检测器并行工作，使检测器同时具有守车功效，车主泊车时上码，取车解码，防盗电子栓如同一条无形的铁链将车拴住，若未解码取车，则启动报警系统，从而有效地防止了车辆被盗。

10. 管理计算机

管理计算机配备相应的停车场管理软件，实现如计时、计费管理，收费显示，车位统计，图像存储、显示、对比等日常运营管理；完成系统信息管理，如报表统计、存储、打印，财务管理，费率调整，年卡、月卡发放管理，系统操作权限管理等。系统具有通信接口，可通过网络与其他系统通信和联动。

第七节 保安监控系统的应用管理

一、保安监控系统的管理内容

对保安监控系统的管理主要是对其设备的保养和维护管理。保安监控系统的设备维护需要专门的技术人员来进行,特别是一些关键的设备,一般应请具有资格认证的专业公司。作为物业管理公司,一般应做到以下几点。

① 了解各种安防设备的使用方法,指定物业的安全防范制度。
② 禁止擅自更改安防设备。
③ 定期检查设备的完好情况,发现使用不当等现象应当及时改正。
④ 检查电器、电线、燃气管道等有无霉坏、锈坏、氧化、溶化、堵塞等情况,防止短路或爆炸引起火灾。
⑤ 提高管理人员的安全与保密意识。

智能物业保安监控系统的设备管理主要包括:防盗报警探测器的检查、摄像机摄像头的检查、门磁开关的检查、报警按钮的检查、闭路电视监视器的检查等。

二、保安监控系统的管理制度

(一)闭路电视监控系统管理制度

① 24 小时严密监视物业监视区域的各种情况,发现可疑或不安全迹象,及时通知值班保安就地处置,并及时通过对讲机向治安办公室报告,随时汇报现场情况,直到问题完全解决为止。
② 发现监视设备故障时,应立即通知值班保安人员,加强防范,并尽快设法修复。
③ 要记录当班的监视情况,严格执行交接班制度。
④ 做好交接班手续,无遗漏、无差错,监视设施无损坏、无丢失,登记内容清楚、准确、及时,如实记录和反映情况。
⑤ 保持监控室内卫生整洁,严禁无关人员进入工作室。
⑥ 值班时精神集中,不准擅自离岗。
⑦ 坚守岗位,保持高度的警惕性,发现可疑情况,严密监视,同时通知该区域保安或报告上级,密切配合,确保安全。

(二)出入口控制系统管理制度

① 要了解出入口控制系统的基本工作原理、性能和常规的维护保养工作,熟练掌握该系统操作过程。
② 要定期对服务器进行检测。监视系统有无故障发生,如果有故障发生,要及时通知厂家过来排除故障,确保系统能够正常运行。
③ 要能够清楚地知道出入口控制系统中门的位置。
④ 为新增员工做门禁卡,需在接到主管部门通知后进行。
⑤ 消防通道的门在平时从星期一到星期五的 7:30~18:30 是开着的,星期六、星期日和节假日一般都是关着的。在没有接到通知的情况下,不可以随便更改消防通道的开关时间。

⑥ 在接到上级公司人事部或人力资源部的《工作卡变动申请表》或《制作工作卡申请表》后，才可以按照表中提出的要求设置系统资料，如果没有收到申请表，则无权更改系统的任何资料。

⑦ 做好出入口控制系统的安全保密工作，不能随便泄露出入口控制系统的用户资料。

⑧ 遇到门开关不了或门卡开关不了门的情况时，要能够及时找出故障，及时通知有关部门排除故障。

（三）对讲机使用管理的制度

① 对讲机是保安人员执行任务的工具和武器，属于公司的公共财产，每个保安员都有责任、有义务将其保管好，以防遗失或损坏。

② 对讲机只供保安人员执勤时使用，严禁用作其他用途。

③ 对讲机严禁转借他人，严禁个人携带外出，如确有需要，需报主管领导批准。

④ 对讲机使用应严格按照规定频率正确操作，严禁保安员私自乱拆、乱拧、乱调其他频率，违者将按有关规定处理。

⑤ 保安员交接班时，应做好对讲机交接验收工作，以免出现问题时互相推脱责任。

⑥ 对讲机不用时，应由班长统一收回，交给治安办公室保管充电。

（四）保安监控系统设备的维护保养

① 检查调整现有设备的控制范围及设备功能。

② 清洁监视器、录像机、主机、适配器、扩展器、云台控制器等监控设备。

③ 检查云台转动、镜头伸缩是否灵活，检查所有接线是否松动。

三、保安监控系统的控制中心及其职能

保安监控系统的控制中心是辖区治安工作的指挥中心、观察中心，也是安防设备自动控制中心。在现代智能物业中，往往将安防控制中心和防火管理中心、设备管理、信息情报管理结合在一起，形成防灾中心或监控中心。

安防控制室应设置多个必要的闭路电视监控器，设置防盗报警及门禁的集中管理系统，凡是设在管辖区域内的防盗报警探测器、摄像机、报警按钮等信号均送至安防控制室。

安防控制室对被监视区域的重点部位要全面掌握，可以绘图列表，也可以用模拟盘显示及电视屏幕显示，采用什么方法显示上述情况，可以根据保安监控系统的具体情况来确定。

思 考 题

1. 智能物业对保安监控系统有什么要求？
2. 简述保安监控系统的组成。
3. 闭路电视监控系统的主要任务是什么？

4. 防盗报警系统的特点是什么？常用的探测器和报警装置有哪些类型？
5. 为防止光束遮挡型探测器，如红外探测器、激光探测器的误报，在实施时要采取何种措施？
6. 红外探测器的主要特点有哪些？
7. 如何选择正确的方法使用摄像机？
8. 闭路电视监控系统的主要任务是什么？
9. 出入口控制系统组成、系统功能是什么？
10. 如何建立一个具有防胁迫报警功能的出入口控制系统？
11. 巡更管理系统的主要组成有哪些？
12. 停车场自动管理系统主要由哪几部分组成？

第六章 智能物业的通信网络系统及其应用管理

通信是一门历史悠久而又不断发展的学科，自从有了人类社会以来就有了通信，而且它至今仍在迅速地发展着。简单地说，通信就是有需要的双方交换情报、互通消息。如今，通信在社会的各个方面都起着十分重要的作用。

在物业设备自动化系统中，通信网络系统能够保证建筑物内外语音、数据、图像的传输，为设备自动化系统提供有效的信息联络和传输服务，发挥着不可替代的重要作用。

第一节 通信基础知识

一、通信系统概述

（一）通信系统模型

通信的目的就是为了传递、交换信息，也就是把消息从一点传送到另一点。例如，从上海传送消息到北京，那么就把上海称为发信端，把北京称为接收端。再比如面对面交谈是一种最简单的通信方式，说话者是消息的来源，称为信源；话音通过空气传到对方的耳中，把空气即传递消息的媒质称为信道；听话者听到后获得消息，是消息的归宿，称为信宿。这样就完成了消息的传递，也就构成了通信系统，这个过程可以用图 6-1 表示。

图 6-1 通信系统简图

对现代的电通信而言，通信的内容为电信号，诸如语音、报文、图像等一类原始消息首先要转变成电量，因此在发信端要加入输入变换器；在发信端还必须有发送设备，使得变换器产生的电量能够适合信道传送的要求。在接收端要完成相反的过程，因此接收设备和输出变换器是必不可少的。另外，发送设备、接收设备和信道不可避免地要引入噪声。如图 6-2 所示是通信系统的基本模型。

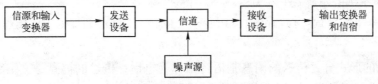

图 6-2 通信系统的基本模型

实际通信系统形式虽然很多，但一般包括这6个部分。下面对通信系统模型中的每个方框进行说明。

1. 信源和输入变换器

信源是消息的来源。如果需要传送的消息不是电信号，那么必须把来自信源的消息转变成随时间变化的电量，比如电压信号、电磁信号等，这个过程是由输入变换器完成的。常见的输入变换器有送话器、电视摄像机、光电输入机等。

2. 发送设备

发送设备的作用是把输入信号输送到信道中。发送设备通常需要加工电信号，例如，放大、滤波和调制等，使得信号满足信道传送的各项要求。在这些加工中最重要的工作是调制，通过信号调制，使得被传送信号的特性与信道的要求相匹配。

3. 信道

信道即信号的通道。信源与信宿一般是分开的，信道就提供了信源与信宿之间的联系。信道具有许多不同的形式，例如，双导线、短波无线电信道、电缆或光纤、卫星或微波接力等等，都是常见的信道。

4. 接收设备

接收设备的作用是从来自信道的包含噪声的各种输入信号中选择、提取所需要的消息。与发送设备的调制过程相反，接收设备主要是通过解调过程来完成这个功能。接收设备除了完成解调任务之外，还将对信号进行放大和滤波。

5. 输出变换器和信宿

信宿是信息的归宿，也就是消息的接收者。输出变换器是把接收设备复制的电信号变换成接收者能接受的消息。比如传送的是语音消息，接收者是用耳朵听，人耳接收的是声波的振动，因此需要把电信号变成语音振动。输出变换器有许多种，如耳机、扬声器、电视屏幕、打印机等，都是典型的输出变换器。

6. 噪声源

噪声源并不是人们加入的设备，而是通信系统中各种设备以及信道中固有的，是人们不希望出现但又避免不了的。在通信系统中，有些噪声比较微弱，与信号相比可以忽略，可以不考虑噪声的影响；但有些噪声与信号功率相当，甚至噪声超过正常的消息信号，这样噪声将严重地干扰消息传输，降低通信质量，因此是需要克服的。

（二）通信系统的分类

随着通信技术的发展，通信的内容和形式不断丰富，通信的种类十分多样化，常见的分类法如下所述。

① 按消息的形式分，传送的消息是语音则称为电话；传送的消息是文字、符号则为电报；传送的是固定图像为传真；传送的是活动图像为电视。

② 按收发两地是否有物理线路相连接来区分，通信分为有线通信和无线通信。例如，电缆、波导管和光缆等作为线路连接的均属有线通信，而中、长、短波通信、微波接力通信、卫星通信等均为无线通信。

③ 按信号性质分，传送模拟信号的通信为模拟通信，传送数字信号的通信为数字通信。

模拟信号即时间和信号值都是连续变化的信号，如电压信号、温度信号、语音信号等；数字信号则其时间离散，信号值被量化，即信号值只由0、1两个数字来表示，如图6-3所示。

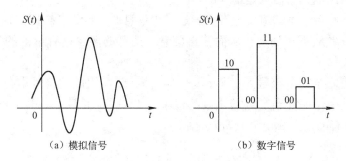

图6-3 模拟信号与数字信号

以上说明了模拟信号及数字信号，通常把模拟信号作为载体传送消息的通信系统称为模拟通信系统，把数字信号作为载体传送消息的通信系统称为数字通信系统。与模拟通信系统相比，数字通信系统有如下优点。

① 传输质量好：数字传输的抗噪声（或抗干扰）的能力强，尤其在中继时，数字信号还可以再生而消除噪声的积累。

② 可靠性高：数字信息易于加密，保密性强。

③ 灵活性强：便于同计算机连接，采用现代计算机技术对数字信息进行处理，以便实现通信现代化、自动化。

④ 容易大规模集成：由于数字集成电路，特别是大、中规模集成电路技术日益成熟，数字通信设备越来越易于制造，成本低、体积小、可靠性高。

由于数字通信具有诸多的优点，因此目前物业设备自动化系统中使用的通信网络系统主要是数字通信系统。

（三）对通信系统的要求

通信的基本目的就是传输信息。因此，人们对通信提出两个基本要求，即通信的有效性和通信的可靠性。通信的有效性即要求通信系统传输信息的速率愈大愈好，也就是要求单位时间内传输的信息量愈多愈好，即提高通信的效率。通信的可靠性即要求在传输过程中受到干扰和噪声的影响使信号产生的畸变和错误愈少愈好，也就是要求通信系统有抗干扰的能力，以保证正确无误地传输信息。

二、信息量、带宽和数据传输速率

（一）信息量

本课程的学习中经常会遇到消息、信号、信息等概念，从字面解释，消息是指反映人或事物情况的内容；信号则是消息的载体，也就是消息的携带者。通信就是利用电流、电压、无线电波、光波等信号作为载体携带消息，实现消息的传递；信息是指对于接收者来说事先不知道的消息。因此消息与信息是不同的。

在通信中，接收者是不知道发送者要发送多少信息的，接收者获得信息之后才知道信息的多少，那么接收者从不知到知，从而获得信息，信息的多少是有量值的，用信息量来衡量。信息量的定义如下：

假设信源是由 q 个离散符号 S_1，S_2，…，S_i，…，S_q 所组成的符号集合，集合中的每个符号是独立的，其中任一符号 S_i 对应出现的概率为 $P(S_i)$，并且 $0 \leqslant P(S_i) \leqslant 1$，$\sum P(S_i) = 1$。那么符号 S_i 含有的信息量记为 $I(S_i)$，则

$$I(S_i) = \mathrm{lb}\frac{1}{P(S_i)} = -\mathrm{lb}P(S_i) \tag{6-1}$$

上述的对数底为 2，则信息量 $I(S_i)$ 的单位为比特（bit）。

一般来说，信源里各符号出现的概率并不相等，根据式（6-1）定义的各符号所含信息量各不相同。假设先后相继发出的符号互不相关，即统计独立，其信源符号平均信息量记为

$$H(S) = \sum_{i=1}^{q} P(S_i) I(S_i) = -\sum_{i=1}^{q} P(S_i) \mathrm{lb} P(S_i) \tag{6-2}$$

$H(S)$ 称为该信源的熵，根据式（6-2），熵有如下性质。

① 熵的物理概念是信源每个符号的平均信息量，单位是比特/符号。
② 熵是非负的，最小为零。
③ 当信源符号等概时，熵有最大值，记为 $H_{\max}(S) = \mathrm{lb}q$，其中 q 为信源符号个数。
④ 只要信源各符号不等概，则 $H(S) < H_{\max}(S)$。

信源发出的信息是以信号的形式通过信道进行传送的，单位时间通过信道的平均信息量称为信息速率，记为

$$R_\mathrm{b} = \frac{H(S)}{T_\mathrm{B}}$$

其中，T_B 是每个符号持续的时间。

当信源的熵取最大值时，信息速率也达到最大，即

$$R_\mathrm{b,max} = \frac{H_{\max}(S)}{T_\mathrm{B}}$$

其中，$R_\mathrm{b,max}$ 也称为信道容量，它是信道最大无误信息速率。

(二) 带宽

带宽（Band Width）又叫频宽，是指通信系统的频带宽度，即在固定的时间可传输的信息数量，亦即在传输管道中可以传递数据的能力。

在模拟通信系统中，带宽通常以所能通过信号的最高频率与最低频率之差表示，即一个频率范围，用 Hz 来表示。例如，一个模拟通信系统能通过信号的最高频率为 6 500 Hz，信号的最低频率为 500 Hz，则该系统的带宽为 6 000 Hz。在数字通信系统中，带宽通常以每秒可传输的信息量的位数表示，单位是 bps。例如，一个数字通信系统每秒可以传送信息为 1 024 位，则该系统的带宽为 1 024 bps。

通信系统的带宽越宽，传送数据的速度就越快，也就是说在更短的时间内可以传送更多的数据，所以带宽是衡量通信系统传输质量的一个重要因素。

(三) 数据传输速率

数据传输速率是描述数据传输系统的重要技术指标之一。数据传输速率有两种度量单位：比特率和波特率。

1. 比特率

比特率在数值上等于每秒钟传输构成数据代码的二进制比特数，单位为比特/秒（bit/s），记作 bps。在现代网络技术中，人们总是以"带宽"来表示信道的数据传输速率，"带宽"与"比特率"几乎成了同义词。对于二进制数据，数据传输速率为

$$S = (1/T) \text{lb} n \tag{6-3}$$

其中，T 为一个脉冲波形的周期，n 为一个脉冲表示的有效状态（为 2 的整数倍）。

2. 波特率

波特率即调制速率，指的是信号被调制以后在单位时间内传送的波特数，即单位时间内载波参数变化的次数。它是对信号传输速率的一种度量，通常以"波特每秒"（Baud/s），记作 Bps 为单位。

$$B = 1/T \text{（Bps）} \tag{6-4}$$

其中，T 为一个脉冲波形的周期。

波特率有时候会同比特率混淆，实际上后者是对信息传输速率（传信率）的度量。波特率可以被理解为单位时间内传输码元符号的个数（传符号率），通过不同的调制方法可以在一个码元上负载多个比特信息。

通过以上两个式子，可得比特率和波特率的关系为

$$S = B \text{lb} n$$

三、信道及其容量

(一) 信道的分类

按传输媒体信道可分为有线信道和无线信道，有线信道包括明线、电缆、光缆等；无线

信道主要包括地面微波、卫星等。

信道从概念上可分为广义信道和狭义信道。狭义信道是指传输信号的具体的传输物理媒介，如光缆、电缆、微波、短波等传输线路；广义信道是指相对某类传输信号的广义上的信号传输通路，通常将狭义的信道与相应的信号输入、输出转换设备一起看作是信道，如调制信道、编码信道等。

按信息复用形式信道可分为时分制信道和频分制信道，前者主要包括时分基带信道、时分短波信道、时分微波信道、时分卫星信道等，后者主要有载波信道频分短波信道、频分微波信道、频分卫星信道等。

（二）信道的参量

1. 模拟信道的基本参量

模拟信道就是指传输模拟信号的信道。它主要有如下 3 个基本参量。

（1）带宽（F）

在无线电通信中，其带宽主要由收、发信机的带宽和收发天线的带宽决定。在有线信道中，主要由导体的结构和线路放大器及其他传输网络的带宽决定。

（2）可用时间（T）

信道的可用时间指设备可用时间的长短，一般与通信设备的故障率有关。在短波通信中，还与电离层的状态密切相关。

（3）最大允许功率范围（H）

从实际出发，信道的最大允许功率范围可分为平均功率和峰值功率两种。峰值功率超过容限会导致电信设备的电击穿，平均功率超过容限会导致电信设备过热而烧毁。

2. 数字信道的基本参量

数字信道，就是指传输数字信号的信道。它主要有如下 3 个基本参量。

（1）符号率

符号率是指该信道内每秒内能够传送最大符号数目，单位是波特（Baud）。它相当于模拟信道的带宽。由于数字信道与模拟信道不同，所以参量的名称也不相同。

（2）差错率

信道的差错率表示由于干扰的作用符号被传错的程度，是衡量传输质量的重要指标之一。

（3）可靠性

信道的可靠性是衡量传输系统质量的一个重要指标。传输系统的可靠性常用可靠度与中断率来衡量。

3. 信道容量

信源输出的信息总是要通过信道传送给接收端的收信者，因此，需要评价信道传输信息的能力，一般用信道容量来衡量。信道容量就是单位时间内该信道所能传输的最大信息量

(比特数)。如果实际传输的信息量小于信道容量,就会使信道出现空闲,造成浪费,使信道的有效性变差;反之,如果实际传输的信息量大于信道容量,就会使信道溢出,造成信息失真或丢失,使通信的可靠性变坏。可见,信道容量是信道的一个重要指标。

美国科学家克劳德·香农(Claude Elwood Shannon)经过长期研究,在高斯噪声条件下,提出著名的香农公式为

$$C = B\mathrm{lb}\left(1 + \frac{S}{N}\right) \tag{6-5}$$

式中,B 是信道带宽,S 是信号功率,N 是噪声功率。对高斯白噪声,$N = n_0 B$,n_0 为单边功率谱密度。香农公式说明了以下两点。

① 当信号功率和噪声功率给定,在一定带宽的信道上,理论上在 1 s 内无差错传递的最大信息量为 $C = B\mathrm{lb}\left(1 + \frac{S}{N}\right)$,如果要以比 C 更快的速率无误地传递消息是不可能的。目前在任一信道上传递信息,实际速率都远低于 C。

② 从香农公式看出,若要保持 C 不变,当 S/N 减小时,则需增加 B;或 B 减小时,则需提高 S/N。这就是说给定的信道容量,可以用减小信噪比和增大信道带宽来达到,也可以用增加信噪比和减小信号带宽来实现。因此在维持信道容量不变时,带宽和信噪比可以互换。

四、信道的复用

信道复用,就是一条信道同时传送多路信号,复用就是多用的意思。信道复用的一般模型如图 6-4 所示,其中信号的复合与分离是信道复用的核心问题。一般来说,复合的基础是基于各个信号之间的共性,而分离的基础则是基于各个信号之间的个性。这就意味着信号必须满足一定的条件,才能实现它们的复合与分离,在理想情况下,达到 $S_i(t) = S_i'(t)$。

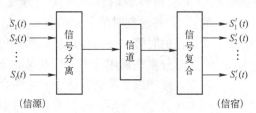

图 6-4 信道复用的一般模型

信道复用技术主要有两种:频分多路复用(Frequency Division Multiplexing,FDM)和时分多路复用(Time Division Multiplexing,TDM)。

(一)频分多路复用

频分多路复用就是将用于传输信道的总带宽划分成若干个子频带(或称子信道),每一个子信道传输 1 路信号,如图 6-5 所示。

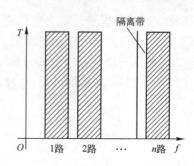

图6-5 频分多路复用示意图

频分多路复用要求总频率宽度大于各个子信道频率之和，同时为了保证各子信道中所传输的信号互不干扰，应在各子信道之间设立隔离带，这样就保证了各路信号互不干扰（条件之一）。频分多路复用技术的特点是所有子信道传输的信号以并行的方式工作，每一路信号传输时可不考虑传输时延，因而频分复用技术取得了非常广泛的应用。

频分多路技术应用得最早，技术上也最成熟，应用得也最多。其主要优缺点如下所述。

频分多路复用的优点如下。

① 信道的带宽可以得到充分利用。

② 构成的原理简单，技术成熟。

频分多路复用的缺点如下。

① 使用大量滤波器，使设备庞大、笨重、费用高。

② 需要大量频率稳定、数值不同的载波供给变频滤波系统。

③ 通信距离加长时，增音站个数增多，噪声干扰沿信道累积，使长途通话的质量下降。

（二）时分多路复用

时分多路复用就是将提供给整个信道传输信息的时间划分成若干个时间片（简称时隙），并将这些时隙分配给每一个信号源使用，每一路信号在自己的时隙内独占信道进行数据传输，如图6-6所示。

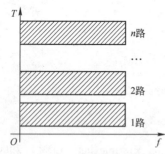

图6-6 时分多路复用示意图

时分多路复用技术的特点是时隙事先规划分配好且固定不变，便于调节控制，适于数字信息的传输，所以有时也叫同步时分多路复用。但是当某信号源没有数据传输时，它所对应的信道会出现空闲，而其他繁忙的信道无法占用这个空闲的信道，因此会降低线路的利用率。时分多路复用技术与频分多路复用技术一样，有着非常广泛的应用，电话就是其中最经典的例子。

时分多路复用的优点如下。

① 省去大量滤波器，有利于设备的小型化、集成化、节省资金。

② 可采用数字通信方式，大大改善了抗干扰能力，这是由于数字信号可以整形，克服

了长途通话噪声累积问题。

③ TDM 信号对信道的非线性失真要求不严格。

时分多路复用的缺点如下。

① 同步困难，不易满足要求。

② 与 FDM 方式比较占用频带较宽。

③ 对信道的频率失真非常敏感。

五、通信方式

通信方式即信息在信道上的传送所采取的形式。按照信息代码传输的顺序可分为串行通信和并行通信；按照信息传输是否同步可分为同步传输和异步传输；按照信息传输的流向和时间关系可分为单工、双工和半双工通信方式。

（一）串行通信和并行通信

串行通信只使用一条信道，将数据一位一位地依次传输，每一位数据占据一个固定的时间长度，如图 6-7（a）所示。特别适用于计算机与计算机、计算机与外部设备之间的远距离通信。串行通信的特点，一是节省传输线，尤其是在远程通信时，此特点尤为重要，这也是串行通信的主要优点。但是串行通信的主要缺点就是数据传送效率低。

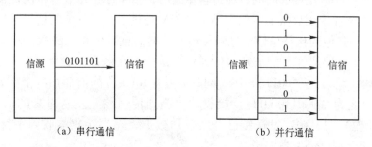

图 6-7　串行通信和并行通信示意图

并行同信使用几条信道，将数据分段同时进行传输，传输速度快，信息率高，如图 6-7（b）所示。并行通信具有较高的传输速度，但由于在长线上驱动和接收信号较困难，驱动和接收电路较复杂，因而并行通信的传输距离受到限制。这种通信方式多用于计算机内部，或者作为计算机与近距离外部设备传输信息之用。

（二）同步传输和异步传输

同步传输方式中发送方和接收方的时钟是统一的、字符与字符间的传输是同步无间隔的。异步传输方式并不要求发送方和接收方的时钟完全一样，字符与字符间的传输是异步的。

1. 同步传输

同步传输不是独立地发送每个字符，每个字符都有自己的开始位和停止位，而是把它们组合起来一起发送,将这些组合称为数据帧,或简称为帧,如图6-8所示。

图6-8 同步传输帧示意图

每个帧都由同步字符(SYN)、数据字符和校验字符(CRC)组成。其中同步字符位于帧开头,用于确认数据字符的开始;数据字符在同步字符之后,个数没有限制,由所需传输的数据块长度来决定;校验字符有1~2个,用于接收端对接收到的字符序列进行正确性的校验。同步通信的缺点是要求发送时钟和接收时钟保持严格的同步。

2. 异步传输

异步传输将比特分成小组进行传送,小组可以是8位的1个字符或更长。发送方可以在任何时刻发送这些比特组,但是接收方从不知道它们会在什么时候到达,这就可能产生问题,即在接收方检测到数据并作出响应之前,第一个比特已经过去了。就像还没拿起电话机听筒对方就已经开始说话,由于还没有来得及反应过来,就漏掉了最前面的几个词。因此,每次异步传输的信息都以一个起始位开头,它通知接收方数据已经到达了,这就给了接收方响应、接收和缓存数据比特的时间;在传输结束时,一个停止位表示该次传输信息的终止。

一般规定,没有传送数据的线路实际携带着一个代表二进制1的信号,异步传输的起始位使信号变成0,其他的比特位使信号随传输的数据信息而变化。最后,停止位使信号重新变回1,该信号一直保持到下一个开始位到达。例如,在键盘上数字"1",按照8 bit位的扩展ASCII编码,将发送"00110001",同时需要在8 bit位的前面加一个起始位0,后面一个停止位1,即变为"0001100011"。接收端检测到传输线上发送过来的低电平逻辑"0"(即字符帧起始位)时,确定发送端已开始发送数据,每当接收端收到字符帧中的停止位时,就知道一帧字符已经发送完毕。

(三) 单工、双工和半双工通信方式

按消息传送的方向与时间的区别,通信方式有单向通信和双向通信两种。

一方发送,另一方只能接收信息的通信方式称为单向通信。例如,广播、无线电寻呼就属于这一类通信。若双方能进行发信和收信,就称为双向通信,例如,电话通信。双向通信系统中又有单工、双工和半双工3种通信方式。

1. 单工方式

单工方式是指通信单方向地进行,即信息传输只能以单一方向,如图6-9所示。例如,广播、收音机就是单工传输。

图6-9 单工通信示意图

2. 双工方式

双方可以同时进行发信和收信的通信方式称为双工方式，如图 6-10 所示。按这种工作方式的通信双方可以像普通电话那样进行通信。在双工方式中，收发双方分别使用不同的频率，这两个频率称作一对信道（或频道）。双工电台操作方便，但占用信道多，由于发射机长期处于工作状态，所以电源消耗大。

图 6-10　双工通信示意图

3. 半双工方式

通信双方都能进行发信和收信，但不能同时进行，必须交替进行，即某一时间只能允许向一个方向传输，如图 6-11 所示。例如，对讲机就是半双工传输。

图 6-11　半双工通信示意图

第二节　通信网络概述

在通信过程中，发送方将声音、图像、数据等信息从终端经过网络传送到接收的终端，便构成了通信系统。这种通信系统是一对一的通信系统，如图 6-1 所示，它完成的是由点到点的传输即与两个通信设备直接相连的链路间的通信，是一种最简单的通信结构。实际应用过程中，由于通信设备间的距离很远，不可能敷设专用的线路，另外，在许多场合下常常有若干设备需要相互间进行通信，所以，直接的点到点式的通信系统连接既不经济也不现实。那么，如果要实现大范围的通信，则必须设立交换设备，将交换设备用线路相连以形成通信网络。

一、通信网的构成

将终端设备、传输设备、交换设备等连接起来的通信整体就是通信网。一个完整的通信网包括硬件和软件两部分。

通信网的硬件一般由用户终端、交换中心、传输系统 3 部分组成，是构成通信网的物理实体。通信网的软件是指通信网为能很好地完成信息的传递和转接交换所必需的一整套协议、标准，包括通信网的网络结构、网内信令、协议和接口，以及技术体制、技术标准等，是通信网实现通信服务和运行支撑的重要组成部分。在现代通信网中，协议已成为必不可少的支撑条件，它直接决定了网络的功能。

1. 终端设备

终端设备是通信网最外围的设备。它将用户要发送的各种形式的信息转变为适合于相关的电信业务网传送的电磁信号、数据包等；或反之，将从电信网络中收到的电磁信号、符号、数据包等转变为用户可识别的信息。

2. 传输系统

传输系统是信息传递的通道。它将用户终端设备与转接交换系统及转接交换系统之间相互连接起来形成网络。传输系统按传输媒质的不同，可分为有线传输系统和无线传输系统。

3. 交换机

转接交换系统实质就是交换机，它是通信网的核心，其基本功能是完成接入交换结点链路的汇集、转接接续和分配等。根据通信目的的不同，结点交换机的实现方法与功能的侧重点是不一样的。

二、路由的概念

进行通话的两个用户经常不属于同一交换局。当用户有呼叫请求时，在交换局之间要为其建立起一条传送信息的通道，这就是路由。换句话说，路由是指网路中任意两个交换中心之间建立一个呼叫连接或传递信息的途径，它可以由一个电路群组成，也可以由多个电路群经交换局串接而成，如图 6-12 所示。例如，交换局 A 与 B、B 与 C 之间的路由分别是 A—B、B—C，它们各由一个电路群组成。交换局 A 与 C 之间的路由是 A—B—C，它由两个电路群经交换局 B 串接而成。

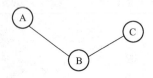

图 6-12 路由示意图

三、通信网的功能

通信网要完成的一个基本功能就是为网内通信双方提供接续的通信途径，使处于不同地理位置的终端用户可以相互通信。为此，网络必须具备以下几个具体功能。

① 物理传输媒介。发送结点与目的结点之间确实存在物理传输媒介，为通信双方提供信息交换通路。

② 路由选择。在始结点和目的结点间选择一条最佳通道。特别是当通信线路上的结点或链路出现故障或发生拥塞时能提供迂回路由。

③ 寻址。被传输的信息应标明地址，使之具备寻址能力，能够正确到达目的地。

④ 协议变换。具有不同字符、码型、格式、信令、协议、控制方法的终端用户能互相"听懂"对方。

⑤ 差错控制。由数据链路控制单元提供误码检测或纠错，乃至要求发端重发。

四、通信网的分类

根据不同的划分标准，通信网有不同的分类方法，最常见的有以下几种。

① 按照运营方式划分，有公用网和专用网。所谓公用网是国家电信网的主体，是由国家通信主管部门经营的，向全社会开放的通信网。专用网是由其他部门兴建，并由各专业部门根据通信的需要组成的内部通信网，有行业的特点。例如，铁路网、公安网、民航网和银行网等。

② 按业务范围的不同划分，有电话网、电报网、传真网、有线电视网、综合业务数字网等。

③ 按服务和使用范围划分，有本地网、市内网、长途网、国际网等。

④ 按不同性质的传输媒介划分，有有线网和无线网。有线网的传输媒介主要有电缆、明线和光缆等。无线网包括移动通信、无线寻呼、卫星通信等。

五、现代通信网的特点

现代通信网主要建立以城市为中心移动通信网络，为用户提供快捷方便的信息服务。科技的不断发展，也为通信网的快速发展提供了强大的技术支持。现代通信网的快速发展，为更多的用户提供了方便、快捷、安全可靠和灵活多样的通信服务功能，其主要特点如下所述。

1. 使用方便

功能强大的通信终端可方便用户使用。电话机、传真机、计算机等通信终端的使用非常便利，操作者通过简单的几个按键或单击鼠标，即可向远在万里的人们传递信息，达到信息交流的目的。

2. 安全可靠

在当今迅速发展的社会中，人们希望现代通信网传递的信息是安全、可靠的。现代通信网的服务功能充分考虑了用户传递信息的安全和可靠因素，采用了大量的有效措施。例如，对传输信息的传输链路加密、网络进入的认证等方式，有效地防止了信息的误传，提高通信网络的安全性。

3. 灵活多样

在现代通信网络中，双方的交流既可以是传统的文字、语音信息，也可以是富有感情色彩的多媒体信息。总之，现代通信网提供了丰富多彩、灵活多样的信息服务。

4. 覆盖范围广

无论是在国内，还是在国外，无论是探亲访友、还是商务活动，现代通信网都能提供广泛的信息交流服务。

六、通信网的发展

1. 网络业务数据化

多年来，通信网的主要业务一直是电话业务，因此通信网一般称为电话通信网。近年来，由于计算机的广泛应用和普及，通信数据业务正在呈现指数式增长态势，平均年增长率达25%~40%，远高于电话业务的增长。随着通信数据处理量日益增加，特别是信息涉及范围的进一步拓宽，通信网业务数据化已成为不可阻挡的潮流。

2. 网络容量宽带化

随着通信数据业务量的飞速增长，及网络容量需求的巨大压力，使核心网和接入网的宽带化成为日益紧迫的任务。从现代通信网处理的具体业务上来看，随着信息技术的发展，用户对宽带新业务的需求开始迅速增加。光纤传输、计算机和高速数字信号处理器件等关键技术的进展，使宽带综合业务数字网的实现成为可能。

3. 网络接入无线化

多年来，通信网基本上是有线通信业务一统天下。然而，随着光纤的出现和飞速发展，无线的地位再次衰退下去。近几年来，随着蜂窝移动通信系统和固定无线接入系统的出现和飞速发展，无线在通信网中的地位正在发生根本性的变化。蜂窝移动接入的方便、个人化特性使其成为信息时代的宠儿。

第三节　通信网技术基础

一、通信网的拓扑结构

通信网络不论要实现何种业务，服务于哪个范围，基本的网络拓扑结构是一致的，包括以下6种。

（一）星状网

星状网的结构如图6-13（a）所示。从图中可以看出，星状网拓扑结构是一种以中央结点为中心，把若干外围结点连接起来的辐射式互连结构。中央结点作为控制全网工作的中心，通过单独线路分别与各个外围结点相连接，各用户之间需要通信时，都必须通过中央结点转接才能达到每一个终端均通过单一的传输链路与中心交换结点相连。星形网具有结构简单、建网容易且易于管理的特点。缺点是中心处理机负载过重，当其发生故障时会导致全网瘫痪。另外，每一结点均有专线与中心结点相连，使得线路利用率不高，信道容量浪费较大。

（二）树状网

树状网结构如图6-13（b）所示。它是一种分层网络，适用于分级控制系统。树状网的同一线路可以连接多个终端，与星状网相比，具有节省线路，成本较低和易于扩展的特点，缺点是对高层结点和链路的要求较高。

（三）分布式网络

分布式网络如图6-13（c）所示。该网络结构是由分布在不同地点且具有多个终端的结点机互联而成的。由图6-13（c）可看出，网中任一结点至少与两条线路相连，当任意一条

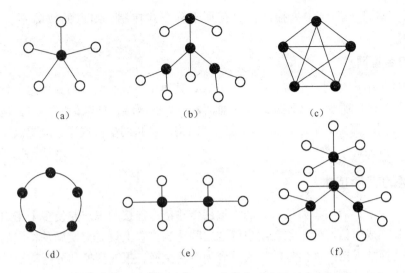

图 6-13 通信网拓扑结构示意图

线路发生故障时,通信可转经其他链路完成,具有较高的可靠性。同时,网络易于扩充。缺点是网络控制机构复杂,线路增多使成本增加。分布式网络又称网型网,较有代表性的网型网的例子就是全连通网络。可以计算一个具有 N 个结点的全连通网需要有 $N(N-1)/2$ 条传输链路,这样,当 N 值较大时,传输链路数将很大,而传输链路的利用率却很低,因此实际应用中不选择全连通网络,而是在保证可靠性的前提下,尽量减少链路的冗余,降低造价。

(四)环状网

环状网结构如图 6-13(d)所示。各设备经环路结点连成环形。信息流一般为单向的,线路是共用的,采用分布控制方式。这种网络结构是在环路中,每个结点的地位和作用是相同的,每个结点都可以获得并行使用控制权,很容易实现分布式控制。另外,因为在环状网中,路径只有一条,不存在信息规定路径的问题,所以这种网络结构不需要进行路径选择,控制比较简单。此外,网中传送信息的延迟时间固定,有利于实时控制。

(五)总线型网

总线型网络结构如图 6-13(e)所示。它是通过总线把所有结点连接起来,从而形成一条共享信道。从物理结构看,好像一棵"无根树",故又得名"无根树"结构。在总线型网中,互相通信的总线必须能够实现双向传输。如果一条总线太长,或者结点太多,可以将一条总线分成几段,段间再通过中继器互连起来。总线型结构网在计算机局域网中获得了广泛的应用。总线型结构的优点有很多,比如它具有良好的扩充性能,因为网中结点的增删和位置变动比较容易,变动时不必停止整个网的正常工作,不会影响另外网上用户的正常使用,而且总线本身也可以通过连接部件使网络不断延伸和扩展。另外,这种结构可以使用多种存取控制方式，并且不需要中央控制器，有利于分布式控制，结点的故障不会引起系统的崩溃。

（六）复合型网

复合型网络结构是现实中常见的组网方式，其典型特点是将分布式网络与树形网结合起来，如图 6-13（f）所示。这种方式可在通信量较大的区域，如电话网中的长途网络、计算机网中的主干网络部分等采用，而在局域区域内构成星状网络。这样，既提高了网络的可靠性，又节省了链路。

二、通信网的交换技术

为了进行通信，需要将通信双方的终端用传输信道连接起来。要使多个用户所使用的点对点通信系统构成通信网，必须在用户终端之间适当位置上设立交换局及相应的交换设备。

常用的交换技术按处理信号的方式可分为电路交换、报文交换和分组交换 3 种方式；新的交换方式有异步转换模式交换（Asynchronous Transfer Mode，ATM）和光交换。

（一）电路交换

电路交换技术在电话通信网中广泛使用，同时它也适用于数据通信。电路交换为每次通信都建立一条临时的但确定的通信电路。电路交换方式目前主要用于电话通信网。

1. 电路交换的工作原理

电路交换是在通信网中任意两个或多个用户终端之间建立电路暂时连接的交换方式，暂时连接独占一条电路并保持到连接释放为止。

利用电路交换进行数据通信或电话通信必经历 3 个阶段：建立电路阶段、传送数据或语音阶段和拆除电路阶段。在一次连接中，电路资源预分配给一对用户使用，不管电路上是否有信息在传输，电路一直被占用着，直到通信双方有一方要求拆除电路连接为止。

2. 电路交换的特点

电路交换的特点是可提供一次性无间断信道。当电路接通以后，用户终端面对的类似于专线电路。可以看出，在利用电路交换进行通信时，存在着两个限制条件：首先，在进行信息传送时，通信双方必须处于同时激活的可用状态；其次，两个站之间的通信资源必须可用，而且必须专用。为此，对传输信息量比较大、通信对象比较确定的场合，这种交换方式比较合适。

3. 电路交换的主要优点

① 信息传输时延小。对于一次接续而言，只有通过电路的传播时延。以固定速率传输信息其时延是固定的。

② 交换机的处理开销少，传输用户信息时，不必附加用于控制的专门信息，传输效率较高。

③ 对数据信息的格式和编码类型没有限制。

4. 电路交换的主要缺点
① 电路的接续时间较长。
② 电路利用率低。特别是在信息业务量小的情况下，电路资源浪费严重。
③ 在传输速率、信息格式、编码类型、同步方式及通信规程等方面，通信双方必须完全兼容，这不利于不同类型的用户终端之间实现互通。

（二）报文交换

报文交换是为了解决电报、资料、文献检索等数据信息的传输。报文就是用户拟发送的完整数据，报文交换也称电文交换或文电交换。

1. 报文交换的工作原理

在报文交换中，报文始终是以一个整体的结构形式在交换结点存储，然后根据目的地址转发。报文交换工作原理基于"存储—转发"。在存储—转发的方式中，报文传到一结点先将信息存储，该交换机根据报文提供的目的地址，在交换网内确定信息通路，并将要发送的报文送到输出电路队列中去排队等候，依次进行信息发送。一旦该输出线路空闲，就立即将报文传送给下一个结点交换机，依次完成从源结点向目的结点的传送。

2. 报文交换的特点

报文交换的特点是，交换机对报文进行存储—转发，它适合于电报和电子函件业务。

3. 报文交换的主要优点

① 链路利用率高。在报文交换过程中，没有电路的接续过程，也不存在把一条电路固定分配给一对用户使用，而一条短路可进行多路复用，从而大大提高了链路的利用率。

② 交换机以"存储—转发"方式传输数据信息，可以起到匹配输入/输出传输速率的作用，易于实现各种不同类型终端之间的互通。

③ 不需要收、发两端同时处于激活状态，也便于对报文实现多种功能服务。

4. 报文交换的主要缺点

① 传送信息通过交换网时延较长，而且时延变化较大，这不利于交互型实时业务。

② 设备要求较高。交换机必须具有大容量存储、高速处理和分析报文的能力。

（三）分组交换

为了能保持较高的信道利用率又能快速响应通信需求，分组交换应运而生，分组交换综合了电路交换和报文交换优点。

1. 分组交换的工作原理

分组交换在形式上仍采用报文交换的"存储—转发"技术。但它不像报文交换那样，以整个报文为交换单位，而是设法将一份较长的报文分解成若干固定长度的"段"，每一段报文应加上交换时所需要的呼叫控制信息及差错控制信息，形成一个规定格式的交换单位，这个规定格式的交换单位通常称之为分组或数据包。在现代通信网传输中，分组作为一个独立的实体，既可断续地传送，也可经不同的传输路径来传送。由于分组长度固定且较短，又具有统一格式，这样，就便于交换机存储、分析和快速转发。分组进入交换机进行排队和处理只需停留很短的时间，一旦确定了新的路径，就立即被转发到下一个交换机或用户终端。

2. 分组交换的特点

分组交换的特点与报文交换相同，但是，分组交换能满足大多数用户快速交互的数据传输要求。

3. 分组交换的主要优点

① 信息的传输时延较小，而且变化不大，能较好地满足交互型通信的实时性要求。

② 易于实现链路的统计时分多路复用，提高了链路的利用率。

③ 容易建立灵活的通信环境，便于在传输速率、信息格式、编码类型、同步方式及通信规程等方面都不相同的数据终端之间实现互连。

④ 可靠性高。分组作为独立的传输实体，便于实现差错控制，从而大大地降低了数据信息在分组交换网中的传输误码率，一般可达 10^{-10} 以下。

⑤ 经济性好。信息以"分组"为单位在交换机中进行存储和处理，节省了交换机的存储容量，提高了利用率，降低了通信的费用。

4. 分组交换的主要缺点

① 由于网络附加的信息较多，影响了分组交换的传输效率。

② 实现技术复杂。交换机要对各种类型的分组进行分析处理，这就要求交换机具有较强的处理功能。

（四）ATM 交换方式

ATM 交换方式也称为异步时分（ATD）交换方式或快速分组（FPS）交换方式，是电路交换与分组交换之间的一种新的交换技术。它采用统计复用和简化的分组交换，实现了通信网与业务的性质无关。

ATM 交换方式的特点如下所述。

① 灵活性高，适应性强。

② 各种语音和非语音业务采用统一的交换技术。

③ 简化的分组交换。分组长度趋向于固定，采用虚电路技术和自选路由的交换网络。取消了链路级上的流量控制和差错控制。

（五）光交换技术

光交换技术是在 20 世纪 80 年代迅速发展起来的高科技应用研究课题，是为宽带服务的新一代交换系统，目前还处于试验阶段。

光交换是以光的形式直接实现各用户之间的信息交换，这对于提高通信质量和可靠性、减少设备和降低网络成本是十分有益的。另外，由于被交换信息载体的根本改变，使光交换具有宽带特性，不受电磁干扰，而且光在与其传播方向垂直的横向扩散极小，即使并行传输也不会产生严重的相互干扰。所以，光交换技术被认为是可以适应高速宽带通信业务的新一代交换技术。

三、通信协议

通信协议是网络间进行互通的约定和语言，不同的设备（速率、信息格式等）通过通信协议，可以进行有效的互连互通。

（一）通信协议的概念

在现代通信网中，双方进行通信时，都必须认同一套用于信息交换的约定规则。协议是约定规则使用的语言及所表达的语义。协议要规定信息格式及每条信息所需控制信息的一套规则，实现这些规则的软件称为协议软件。单个网络协议可以是简单的，也可以是复杂的。

概括起来，在现代通信网中，要做到有条不紊地交换信息，每个结点就必须遵守一些事先确定的规则。这些规则明确规定了通信中同步、时序、错误检测和纠正等所有有关的细节。这些为网络信息交换而建立的规则、标准或约定就称为通信协议。

进一步说，一个通信网络协议主要由3个要素组成。

① 语法：信息与控制信息的结构或格式。

② 语义；需要发出何种控制信息、完成何种动作及作出何种应答。

③ 同步：事件实现的详细说明及严格的同一时刻通信问题。

现代通信网正在由传统的信息传输网，向信息服务网转化，一般用户通过应用软件使用信息。应用软件使用网络进行通信时，并不直接同网络硬件打交道，而是按给定的同一协议规则打交道。由此可见，通信网络协议是通信网的不可缺少的重要组成部分。

（二）通信协议的内容

在现代通信网的实际通信过程中，要涉及数据信号传输、帧传输、传输中误码检测和纠错、局域网通信协议、路由选择、拥塞和流量控制、通信保密及传输控制等许多问题。为了解决所有这些问题，需要设计各种各样的协议。

（三）通信协议的分层

经验表明，对于非常复杂的通信网协议，其结构最好是层次式的。下面通过一个例子来说明。设甲、乙两人相隔甚远，他们打算通过电话来讨论有关网络的问题。通过网络完成这样一个信息交流的过程至少可以分为3个层次。

1. 认识层

双方讨论的最高一层可称为认识层，就是说通信的双方必须具备起码的网络方面的知识，或者说通信双方必须懂得所谈的内容是什么意思。

2. 语言层

认识层的下一层是语言层。通信双方必须具有共同的语言，要能互相听懂对方所说的话。说的内容是什么意思可由认识层来处理。但如果甲是中国人，乙是法国人，并且彼此不懂得对方的语言，这就需要进行翻译。在这种情况下，语言层就非常复杂。

3. 传输层

语言层的下一层可以叫做传输层，它负责把每一方所讲的话变为电信号，传输到对方，再还原为可懂的语言。这一层完全不管所传的语言是哪一国的语言，也不考虑其内容是什么。

由此可见，每一个层实现一种相对独立的功能，就可以把一个难以处理的复杂问题分解为若干容易处理的子问题，这也就是复杂问题的分层处理思想。

第四节 通信网络控制

在通信网络中，信息过载会引起网络拥塞，或者使网络链路遭到局部破坏，为确保通信的顺畅，必须对通信网络加以控制。对通信网络的控制工作包括含处理网中通信信息的流动方向和信息量的大小两方面的工作。

一、通信网路由选择

（一）路由选择的概念

在通信网络中，通信信息是从源结点沿着网络路由传输到目的结点的。通信信息穿过网络的有向路径称为通信网络的路由。路由选择就是在网络中选择一条最佳的通信路由。路由选择不仅影响信息的平均传输时间，也能改变网络信息流量，因此，希望通过合适的路由选择算法来提高通信网的效率和传输可靠性。

（二）路由选择的原则

1. 正确性

正确性是指路由选择算法不仅本身是正确的，还要达到数据通信所要求的目的用户的服务要求，能正确迅速地将分组信息从源结点传送到目的结点。

2. 稳定性

稳定性是指路由选择算法是可靠的，即不管运行多久，都能保持稳定性而不发生振荡。稳定性是个重要但易被忽略的原则。

3. 健壮性

由于网络运行是连续和长时间的，其间难免要出现各种硬件和软件故障。健壮性是指路由选择算法能根据网络状态的变化而变化，尽可能使网络正常运行，把被中断的数据传输继续下去。

4. 简便性

简便性要求路由选择算法不能太复杂，不能给各个结点的负担太重，处理和传输上的开销会影响网络的通信效率。

5. 利用率

要使链路、交换机等设备达到高效率，以提高整个网络资源的利用率。

6. 公平性和最优化

公平性和最优化要从两个方面来考虑，既要保证每个结点都有机会传送信息，以达到公平性，同时又要保证路由选择最佳，这两者是相互矛盾的，要对它们进行权衡。最优化考虑的因素一般是降低时延，增大吞吐量和提高链路容量的利用率等。

二、拥塞和流量控制

（一）流量和流量控制

流量在通信网中是指通信量，即在数据通信网中通信数据流的大小。流量控制实际上是通过控制网中的通信量，使通信网工作在吞吐量允许的范围内。流量控制通常是通过限制发送的数据量，使发送速率不要超过接收方所能处理的程度，使网络不致过载。流量控制的总目标是为了在交换网络中有效地、动态地分配网络资源。这些资源包括信道、结点中的缓冲区及交换处理机等。具体说，流量控制的主要功能如下。

① 防止网络因过载而引起通信信息吞吐量下降和延迟增加。
② 避免死锁。
③ 在相互竞争的各用户之间公平地分配资源。

（二）拥塞与拥塞控制

在通信网络中，由于信息量太大，导致网络性能下降的现象称为拥塞。当源结点注入通信网的分组信息总量未超过网络正常运行允许的容量时，所有信息都能传送，而且通信网传送的分组数据与源结点注入通信网的分组数据成正比。但当源结点注入通信网的分组数据继续增大到某一限定位时，由于通信网吞吐量的限制，到达目标结点的分组就会丢掉一些。如果通信传输的信息量再继续增大，性能变得更差，造成传送给目标结点的信息量反而大大减少，响应时间急剧增加，网络反应迟钝，严重时还会导致死锁。显然，拥塞现象的发生和通信网内传送信息的总量有关，控制通信网中信息总量是防止拥塞的基础。拥塞控制是通过限制全网的总信息量均衡的传送，使信息的流通不超过网络所能处理的程度，网络不致过载而采用的控制方法。

（三）流量控制与拥塞控制的区别

流量控制是对一条通信路由上的通信量进行控制，解决"线"或"局部"问题；而拥塞控制则是解决通信网的"面"或"全局"的问题。但是，即使每条路由的流量控制有效，也并不能完全避免拥塞现象的发生，如当通信网由于信息量在各个路由上分布不均匀或由于某些故障而使通信网出现瓶颈时，仍会引起拥塞。流量控制是基于总流量的控制，而拥塞是由于某处瞬时流量过高而发生。当然各条路由上的信息总流量越小，则发生拥塞的概率就越低。反之，信息的总流量越大，发生拥塞的概率就越高。因此，为了保证网络高效运行，除进行流量控制外，还要有防止拥塞的有效措施。

三、信令及接口

信令是公共电话交换网中的一个重要组成部分,它起着控制电话通信网的作用;接口是通信网互连的基础,二者性能的优劣,直接影响着通信网性能的优劣。

(一)信令

1. 信令的定义

信令一般是指电话通信网中所传递的非语音电信息,依靠它来实现电话通信网中通信电路的建立、释放和控制。

信令有3个基本功能:一是监视功能,用来反映或改变用户线和中继线的状态。二是选择功能,指要从众多的电话机中选出主叫所指定的被叫话机,显然这是根据被叫号码完成的。电话号码就是选择信令,也称地址信令。三是管理功能,这是指电话网的管理。例如,提供呼叫计费信息、提供交换机维护方面的遥控信息等。

2. 信令方式

信令的传递要遵守一定的规约和规定,这就是信令方式。它包括信令的结构形式、信令在多段路由上的传送方式及控制方式。选择合适的信令方式,关系到整个通信网通信质量的好坏及投资成本的高低。

通信网中采用何种信令方式,与交换局采用的控制技术密切相关。随着交换技术由步进制、纵横制向程控发展,信令系统也从随路信令向公共信道信令发展。

3. 信令的种类

信令如果按工作区域可分为用户线信令和局间信令;按信令信道可分为随路信令和公共信道信令。随路信令是指信令与语音在同一条通路上传送,信令设备与每条中继电路相连接;公共信道信令是指信令与语音的通路分开,而将若干条中继电路的信令共享一条专门传送信令的通道。此时,信令设备也相对集中,不必与每条中继线有接口。

4. 信令系统

信令系统是指为了完成特定的信令方式,所使用的通信设备全体的集合。任何通信网都离不开信令系统,它可以指导终端、交换系统及传输系统协同运行,在指定终端之间建立临时的通信信道,并维护网络本身正常运行。所以,信令系统是通信网的重要组成部分。

(二)接口及其配置

通信网中的接口是指通信网中两个系统或设备之间的共同边界或连接电路,也可以说是信息从一个系统到另一个系统的桥梁。为了保证两个系统能够很好地配合,必须严格规定接口电性能,如电平、阻抗、频率、速率及码型等,如果接口两侧系统使用的信令不同,还必须考虑信令的转换。此外,还应当规定接口的物理特性,如插头类型、尺寸以及连接线编号等。接口电路的形式主要取决于交换机的类型、传输设备的类型和信令的类型。

四、现代通信网

(一) 电话通信网

众所周知,电话通信是人们日常生活、学习和工作过程中进行信息交流最常用的工具。电话的广泛应用使得电话通信网成为世界上形成最早,规模最大的通信网之一。在当今社会,随着电话业务不断扩展,功能不断增强,设备不断更新,电话通信网发展速度也不断加快。电话通信网通过合理的资源配置,扩充电话通信的数量和覆盖区域,使得电话通信网成为目前现代通信网的主要业务网络。

1. 电话通信的概念

电话的含义是指利用电的方法传送人的语言的一门通信技术科学的总和。利用电的方法传送人的语言并完成远距离语音通信过程,其中包括声、电转换等在内的电路和设备。常用的双向电话电路框图见图6-14。

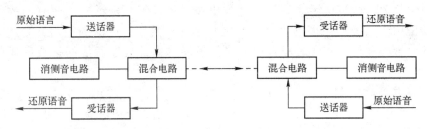

图6-14 双向电话电路框图

在图6-14中的送话器、受话器、消侧音电路和混合电路等构成了电话机,完成声、电转换和电、声转换的任务。原始语言通过送话器将代表语言信息的机械声波变换成电信号,经混合电路分配送往通信信道进行传输。信号到达对方后,经混合电路的选择与分配,送往受话器,把电信号转换成代表声音的机械声波,发出人们所需的语言信息,从而完成通信的任务。

2. 电话通信网的构成

依据电话通信的需要,电话通信网通常由电话机、通信信道、交换机、路由器及附属设备等构成。

电话机是电话通信网构成的基本要素,主要完成通信过程中电、声和声、电转换任务,为通信用户所拥有。交换机是电话通信网构成的核心部件,完成语音信息的交换功能,给用户提供自由选取通信对象的便利,交换机为通信服务部门所拥有。通信信道是电话通信网构成的主要部分,在电话通信网中为信息的流通提供合适的通路,同样为通信服务部门所拥有。路由器及附属设备是为了扩充电话通信网功能或提高电话通信网性能而配置的。

根据通信的具体需求,交换机、路由器、通信信道及附属设备连接可以有多种多样的形式,因而形成了不同的电话通信网形式和等级。常见的网络拓扑结构有星形、环形、总线型、网状形和复合型。我国使用的电话通信网络等级通常为4级结构。

3. 电话通信网的分类

电话通信网从不同的角度出发，有各种不同的分类。

① 按通信传输手段划分：可分为有线电话通信网、无线电话通信网和卫星电话通信网等。

② 按通信活动方式划分：可分为固定电话通信网和移动电话通信网等。

③ 按通信服务区域划分：可分为农话网、市话网、长话网和国际网或局域网、城域网和广域网等。

④ 按通信服务对象划分：可分为公用电话通信网、保密电话通信网和军用电话通信网等。

⑤ 按通信传输处理信号形式划分：可分为模拟电话通信网和数字电话通信网等。

（二）数据通信网

数据通信是20世纪60年代后随着计算机技术的发展和广泛应用而崛起的一门新技术。数据通信由于其拥有诸多的优点，加之其迅猛的发展，广泛的应用，受到通信业界的广泛关注。数据通信模式代表着通信模式的发展方向，数据通信网是数据通信发展的必然结果。

1. 数据通信网的概念

凡是在终端以编码方式表示信息，并用脉冲形式在信道上传送信息的通信都叫作数据通信。现代数据通信就是为计算机之间及各计算机和各种终端之间提供传输、交换信息的手段。从广义而言，数据通信即是计算机通信，从而形成的数据通信网也就是计算机通信网。

数据通信网是数据通信系统的扩充，或者说是若干个数据通信系统的归并和互连。任何一个数据通信系统都是由终端、数据电路和计算机系统3种类型的设备所组成的。远端的数据终端设备通过由数据电路连接设备和传输信道组成的数据电路与计算机系统实现连接。因此，组成数据通信网的基本部件和数据通信系统是相同的，所增加的主要设备就是数据交换机。

一般地，数据通信网被划分为两个部分：通信子网和本地网。

通信子网具备传输和交换功能，它是在原有通信网传输链路上加装了专用于数据交换或连接的结点交换机，从而构成了专门处理数据信息的数据通信网，并随着通信业务变化及网络的不断进化和变更，进一步发展成为能够处理各种通信业务的综合通信网。

本地网是由一些数据通信专用设备，例如，集线器、复用器、通信控制器、前置处理机等，及这些专用设备与各类通信网的专用接口等部分所组成。一般本地网的数据通信业务经由主机送往各结点交换机。

与电话通信相比，数据通信有如下特点。

① 数据通信是人—机或机—机通信，计算机直接参与通信，这是数据通信的重要特征。

② 数据传输的准确性和可靠性要求高。

③ 传输速率高，要求接续和传输响应时间快。

2. 数据通信网的分类

数据通信网大致分为以下几个业务网：数字数据网（Digital Data Network，DDN）、分组交换网（x.25 网）、帧中继网、ATM 网等。

数字数据网（DDN）是利用数字传送提供半永久性连接电路传输数据信号的数字传输网。它向用户提供专用的数字数据传输通道，为用户建立专用数据网提供了条件。DDN 网具有传输质量高、误码率低、传输时延小、支持多种业务、提供高速数据专线等优点。DDN 网不仅能够提供高质量数字专线，而且具有数据信道带宽管理功能。

分组交换网（x.25 网）吸收了电路交换低时延及电报交换的路由选择自由的优点，是一种数据传输可靠性较高的数据通信方式。分组交换网能够向用户提供不同速率、代码及通信规程的接入。

帧中继网采用的是快速分组交换技术，它是在数字光纤线路代替模拟线路、用户终端日益智能化的基础上发展起来的，具有网络吞吐量高、传送时延低、经济、可靠、灵活的特点，是非常经济的用户宽带业务接入网。帧中继网作为 x.25 网的中继网（骨干网），大大提高了 x.25 网的网络吞吐能力，降低网络时延。

ATM 是一种用于宽带网内传输、复用、交换信元的技术，可以支持高质量的语音、图像和高速数据业务。它是一种简化的面向连接的高速分组交换，是未来宽带综合业务数字网的基础和核心。

（三）综合业务数字网

传统的通信网都是针对单一通信业务而设计的，例如，前边所介绍的电话通信网、数据通信网等，各种通信业务在不同的网中加工和处理。随着数字化软、硬件技术的发展和广泛应用，为了克服单网处理信息的局限性，人们从 20 世纪 80 年代中期开始研究新的传输与交换网络体制，使新的通信网能够提供 PCM 一次群的速率（2 Mbps）。在适应已有通信网业务的基础上，考虑未来可能出现的新业务，从低速的遥控、遥测到高清晰度的电视业务都采用统一的方式在网络中传输与交换。1990 年将这样的一元化网定义为宽带综合业务数字网。

综合业务数字网是以电话网为基础发展而成的网，它提供用户端对端的数字连接，用来提供包括语音和非语音业务在内的多种业务。用户能够通过一组标准多用途用户——网络接口，接到这个网中，在该网上实现各种通信业务的综合传输与交换。

1. 综合业务数字网的基本结构

综合业务数字网的结构如图 6-15 所示。如果用户使用的是非数据终端设备，要通过共用物理接口与数字电路设备相连接。共用物理接口可用于连接任意用户设备，如电话、电传机、文字处理机及计算机终端等。由于用户各种设备与网间的信息交换所使用的协议不尽相同，因此需要为数字与专用交换机或局域网提供高速接口。

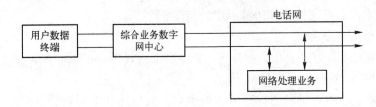

图 6-15　综合业务数字网的结构框图

2. 综合业务数字网的功能

综合业务数字网可以实现很多的传输功能,主要有中高速专用线功能,中、高速电路交换功能,分组交换功能,实现传送用户到用户的公共信道信令功能等。

3. 综合业务数字网的特点

① 通信业务的综合化:通过一条用户线就可以提供电话、传真、可视图文及数据通信等多种业务。

② 通信质量和可靠性高:信道容量大,误码率极低,使通信质量大为提高。而且数字信号的处理易于集成化,便于故障检测,可靠性高。

③ 用户使用方便:信息信道和控制信道分离,信号能在终端与网或终端与终端间自由传输,为提供各种新的业务创造了条件。

④ 通信网中的功能分散:为了确保网的运行可靠及未来扩充方便,将整个通信网划分为数字信息传输网、通信处理中心和信息处理中心几个部分,使网络功能分散。每一部分只完成相应的功能,便于网络的维护管理和对各种业务的适应。

⑤ 费用低廉:随着微电子技术的发展,交换机及终端设备、传输设备可以采用价格低廉、性能优异的器件来构成,使设备费用、信息传输费用大为降低。

第五节　通信网络系统的管理

为了使管理更加专业化、标准化,智能物业通信网络系统的管理一般集中在网络中心。网络管理的目的是提供对计算机网络进行规划、设计、操作运行、管理、监视、分析、控制、评估和扩展等手段,充分利用系统资源,提供正常、可靠、安全、有效的服务。

一、通信网络系统管理的内容

通信网络系统的管理主要是对通信设备及其软硬件进行保养和维护。相关设备的维修需要专门的技术,特别是一些关键设备,一般应请有资质的专业公司承担。作为物业管理公司一般应做到以下几点。

① 熟悉通信法规,了解各种通信网络设备的使用方法,制定大厦的通信网络管理制度。

② 禁止擅自更改通信设备。

③ 定期检查通信设备的完好情况，对使用不当等情况应及时改正。
④ 严格执行网络管理的保密制度。

二、通信网络系统的安全管理

随着用户对网络安全要求的提高，通信网络系统的安全管理越来越重要。网络安全管理的任务主要是保护网上处理的信息不被泄漏和修改；限制没有授权的用户或者具有破坏作用的用户对网络的访问；控制网上的合法用户只能访问自己访问权限内的资源，以保护网上信息不会在传输时被泄漏和修改。

通信网络系统的安全管理主要包括对授权机制、访问控制、加密与解密关键字的管理等，应从如下几个方面入手。

1. 关键设备的监控

网络上的关键设备是文件服务器、数据库服务器、打印服务器和交换机等设备。

2. 网络操作系统的控制

网络操作系统对逻辑访问的管理包括两个部分：一是控制用户对网络的访问；二是保护文件不被非法用户访问，不被随意修改和删除。

3. 访问的控制

访问控制的目的是控制用户对网上文件的访问。访问控制涉及用户访问资源权限的维护管理及公有、私有资源的协调和使用。

（1）网络用户注册

网络用户注册可以认为是网络安全系统的最外层防线，只有具有网络注册权的用户才可以通过这一层安全性检查，注册过程的内部依据是一个用户账号，它是用户安全性的主记录，记录了用户绝大部分的安全性信息，在注册过程中，系统会检查用户名及口令的合法性，不合法的用户将被拒绝。

只有通过网络访问检查才能进入网络操作方式，访问网络共享资源。值得注意的一点是，若系统是进行分布式的处理，则对网络的访问将采用程序方式，而不是命令对话方式，以便在程序设计中设计有关的安全性处理。

（2）网络用户访问资源的权限

网络管理系统可以显示用户的应用类型及所需的网络资源，为用户制定网络资源访问权限。一般来说，网络资源包括网络服务器的文件系统、网络服务器及外部通信设备，用户权限主要体现在用户对所有系统资源的可用程度。

（3）文件属性

对于文件属性的设置可以作为安全措施。文件属性只有"读写/只读"，这种安全措施对保护有很多用户读的共享文件特别有用。如果文件属性是"只读"，不论用户的访问资源的权限如何，用户对该文件只能读，不能写、换名或删除。因此，文件属性的安全性优于用户权限。

（4）传输安全

传输安全涉及防止网上信息的走漏和被破坏。信息的走漏是指非法地从网上获取信息，破坏是指向网络加入假信息。防止信息走漏或被破坏的途径是采用密码技术，在发送站先进行信号加密，由接收站解密，如果采用密码加密，必须对密码进行很好的管理。

4. 病毒的预防

病毒是威胁信息安全的大敌，应受到高度重视。市场上虽然有种类繁多的防杀病毒工具，但很难抵挡不断涌现的新病毒的进攻。防病毒应该从管理、技术和法律等多方面进行。

思 考 题

1. 简述通信系统的类别。
2. 数字通信有何优点？
3. 智能物业对通信系统有何要求？
4. 信道的参量主要有哪些？
5. 什么是通信方式？
6. 通信网络由哪几部分构成？
7. 通信网的拓扑结构主要有哪 6 种？

第七章 智能物业综合布线系统的应用管理

第一节 智能物业综合布线系统概述

综合布线系统是智能物业的重要组成部分，犹如智能物业内的一条信息高速公路。它是建筑物或建筑群内部之间的信息传输网络，可以保证建筑智能化的实现。

一、综合布线系统的概念

综合布线系统能使建筑物或建筑群内部的语音、数据通信设备，信息交换设备，建筑物物业管理及建筑物自动化管理设备等系统之间彼此相连，也能使建筑物内通信网络设备与外部通信网络相连。综合布线系统是由电缆、光缆及相关连接件组成的信息传输通道，包括建筑物到外部网络或电话局线路上的连接点与工作区的语音或数据终端之间的所有电缆及相关联的布线部件。综合布线系统由不同系列的部件组成，其中包括：传输介质、线路管理硬件、连接器、插座、插头、适配器、传输电子线路、电气保护设备和支持硬件。这些部件被用来构建各种子系统，它们都有各自的具体功能与作用，不仅易于实施，而且能随需求的改变而平稳过渡到增强型分布技术。

一个良好的综合布线系统对其服务的设备应具有一定的独立性，并能互连许多不同的通信设备，如数据终端、模拟式或数字式电话、计算机及公共系统设备、传真机、图形终端、绘图仪等，也应能支持图像等技术。综合布线系统一般采用灵活的模块化设计和星形拓扑结构，该结构下的每个子系统都是相对独立的单元，对每个子系统的改变都不会影响其他子系统，只要改变结点连接方式就可使综合布线系统在星状、总线型、环状、树状等结构之间进行转换。

二、综合布线系统的作用

综合布线系统对智能物业来说，就如同体内的神经系统，其特点是将所有语音、数据、视频、弱电监控信号等信息传输所需的布线，经过统一的规划、设计，综合在一套标准的布线系统中，将智能物业的各项智能化系统有机地互相连接起来，为智能物业提供统一的物质传输介质。可以有效解决目前建筑物中所面临的有关语音、数据、视频、监控等设备的布线不兼容的问题，并能满足用户的需求，支持计算机、通信、建筑自控等设备的多种应用。

现代化物业的管理运行费用主要来自通信系统和进行智能调控的弱电设备的使用上，如通信网络中心、数据处理中心、呼叫中心、中央空调、电梯、照明、给排水系统的控制和计费等。而一切计算机系统及外部设备的互相通信都是以综合布线系统为基础的。如何能使大厦在使用前就能有效降低施工费用及日后维护费用便是结构化综合布线系统要解决的问题。目前兴建的高大楼群，如何与时代同步，如何适应科技发展的需要，又不增加过多的投资，综合布线系统是最佳的布线选择。

三、综合布线系统的结构

综合布线系统的结构如图7-1所示，它由6个独立的功能模块组成，这6个功能模块分别为工作区子系统、水平子系统（配线子系统）、垂直子系统（干线子系统）、管理子系统、设备间子系统和建筑群子系统。

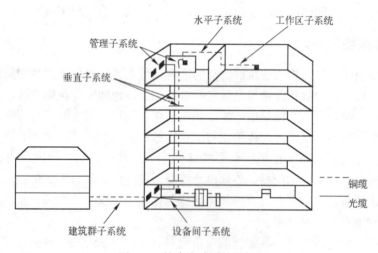

图7-1 综合布线系统结构图

1. 工作区子系统

工作区是指需要设置终端设备的独立区域。每个工作区设置1～2个信息插座，可支持电话机、数据终端及监视器等终端设备，如图7-2所示。工作区子系统由配线（水平）系统的信息插座延伸到终端设备处的连接电缆及适配器组成。其中带有多芯插头的连接电缆实现终端设备和信息插座之间的连接，适配器的作用是使工作区终端设备与信息插座的连接匹配。一个工作区的服务面积可按5～10 m^2估算，或按不同的应用场合调整面积的大小。

2. 水平子系统

水平子系统由工作区的信息插座、信息插座至楼层配线设备的配线电缆或光缆、楼层配线设备和跳线等组成。其作用是将干线子系统线路延伸到用户工作区，并端接在信息插座上，如图7-3所示。所以水平子系统是由每个工作区的信息插座开始，经水平路由到交接间或设备间的配线设备上进行连接。水平子系统一般采用4对双绞线，可以支持大多数现代通信设备。在需要宽带及高速应用时，也可以采用光缆。

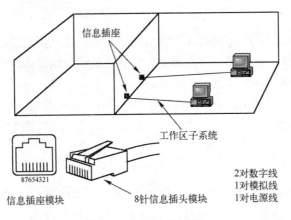

图 7-2 工作区子系统

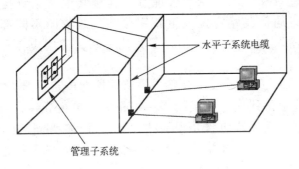

图 7-3 水平子系统、管理子系统

3. 垂直子系统

垂直子系统由设备间的建筑物配线设备和跳线及设备间至各楼层交接间的干线电缆组成。提供设备间至各楼层交接间的干线电缆的路由，如图 7-4 所示。

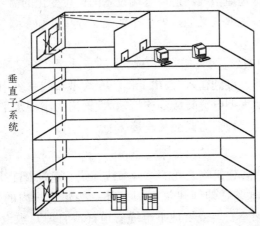

图 7-4 垂直子系统

4. 设备间子系统

设备间是建筑物内设置电信设备、计算机网络设备及建筑物配线设备,并进行网络管理的场所。对于综合布线系统来说,设备间主要安装建筑物配线设备。设备间子系统包括设备间跨接线架及相关支撑硬件、防雷保护装置,以及各设备、器件使用的线缆等;在一般设计中,计算机机房和程控交换机最好安排在同一楼层中,这样既可节省设备投资,又便于管理;在需要多个设备间时,要统一安排,因地制宜。电话、计算机等各种主机设备及引入设备也可与建筑物配线设备合装在一起。

5. 管理子系统

管理子系统设置在楼层配线间内。它由交连、互连以及输入/输出组成,如图7-3所示。管理子系统应对设备间、交接间和工作区的配线设备、缆线、信息插座等设施,按一定的模式进行标识和记录。管理点为连接其他子系统提供连接的手段。交连和互连允许用户将通信线路定位或重新定位在建筑物的不同部分,以便能更容易地管理通信线路。输入/输出用于工作区和其他房间,使用户在移动终端时能方便地进行插拔。

在使用跨接线或插入线时,交叉连接允许将连接在单元一端的电缆上的主线路连接到单元另一端的电缆上的线路。跨接线是一根很短的单根导线,可将交叉连接处的两条导线端点连接起来。插入线包含几根导线,而且每根导线末端均有一个连接器。插入线为重新安排线路提供了一种简易的方法,而且不需要像安排跨接线时使用的专用工具。

互连完成交叉连接的相同目的,但不使用跨接线或接插线,只使用带插头的导线、插座和适配器。互连和交叉连接均适用于光纤。光纤交叉连接要求使用光纤的接插线(在两端都有光纤连接器的短光缆)。

为了使布线安排和管理通信线路适应终端设备的位置变化的需要,在各种不同的交叉连接处可选用接插线。但在中继交叉连接处、布线交叉连接处和干线接线间,通常用接插线的交叉连接硬件。

在远程通信(卫星)接线区,如安装在墙上的布线区,交叉连接可以不要接插线,因为线路经常是通过跨接线连接到输入/输出上的。在大型布线系统中的上述位置,交叉连接处经常是将干线子系统的大型电缆转接到连接输入/输出的小型水平电缆的过渡点。在线路重新布局时,一般不使用这种馈通式交叉连接。

6. 建筑群子系统

建筑群子系统由连接各建筑物之间的综合布线缆线、建筑群配线设备和跳线等组成。它将一个建筑物中的通信电缆延伸到建筑群中另外一些建筑物内的通信设备和装置上,如图7-5所示。它包括可架空安装或沿地下电缆管道(或直埋)敷设的电缆和光缆,及防止线缆的过流、过压进入建筑的电气保护装置。

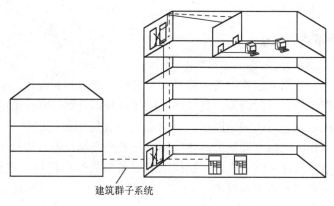

图 7-5　建筑群子系统

四、综合布线系统的特点

（一）传统布线的缺陷

以往在一个建筑物或建筑群内的语音、数据和电视等系统的传输线路的设计时，布线系统是按各个系统分别进行设计的。这种传统布线系统是各个系统根据各自系统设备的传输要求选用各自所需的缆线及配线设备，各个系统的线路敷设也是各自独立的。随着现代建筑业的发展，特别是智能建筑的出现，传统布线的缺陷越来越明显，主要表现在以下几方面。

1. 系统各自独立互不兼容

系统各自独立互不兼容主要表现在各系统的传输介质不同。例如，电话通信系统、共用天线电视系统、计算机系统等采用不同的传输电缆和插座等，不可互换。即使同一系统，由于产品的生产厂家不同，传输介质也不同，例如，不同的计算机及计算机网络所要求的传输介质可能不同。

2. 灵活性较差，不适应今后扩展

传统布线是每一个系统按各自系统设备为标准的"封闭式的布线"，其体系结构是固定的，用户若想增加或更改设备是相当困难的，甚至是不可能的。

3. 传统布线不适合大容量、高速度、高效益的信息传输

由于在传统布线中，语音、数据、电视设备的布线系统相互独立，不能满足综合业务数字网络的要求，即以一套单一的布线系统支持有关语音、数字、电视设备。

4. 对设计、施工及物业管理的影响较大

主要影响表现在：在设计方面，由于各个系统是分别独立地进行设计，使用的缆线、配线设备和终端插座种类繁多，故给设计工作带来了一定难度。另外由于配线设备型号不统一，相应各系统的交接间（系统管井）面积要求也较大。在施工方面，由于各系统是分别进行施工安装，所以施工安装的协调难度很大，施工安装的费用较高。在物业管理方面，由于各系统所采用的缆线、配线设备和终端插座互不兼容，品种繁多，故给物业管理、系统维

护带来很多困难。

(二) 综合布线系统的特点

1. 兼容性

综合布线将语音、数据与监控设备的信号线经过统一的规划和设计，采用相同的传输介质、信息插座、交连设备、适配器等，把这些不同的信号综合到一套标准的布线中，构成一个完全独立的与应用系统相对无关的网络，可以满足多种应用系统的性能要求。在使用时，用户不用确定某个工作区的信息插座的具体应用，只要把终端设备，如计算机、电话机、视频设备等插入这个信息插座，然后在楼层配线间和设备间的交连设备上做相应的接线操作，这个终端设备就被接入到各自的系统中了。

2. 开放性

综合布线采用开放式体系结构，符合多种国际上现行的标准。它能支持多家厂商的不同产品，能提供面向用户的不同设计方式，几乎对所有著名厂商的数字化产品都是开放的，例如，计算机、交换机等，同时支持所有通信协议。

3. 灵活性

综合布线采用标准的传输线缆和相关连接件，进行模块化设计，所有通道都是通用的。每条信息通道均可支持终端、以太网工作站及令牌网工作站。所有设备的开通及更改均不需要改变布线，只需增减相应的应用设备及在配线架上进行必要的跳线管理即可。另外，系统组网也可灵活多样，在同一房间对不同的用户终端可根据需要组成不同的拓扑网络。

4. 可靠性

综合布线采用高品质的材料和组合压接的方式构成一套高标准信息传输通道。所有线缆和相关连接件均通过 ISO 认证，每条通道都要采用专用仪器测试链路阻抗及衰减，以保证其电气性能。应用系统布线全部采用点到点端接，任何一条链路故障均不影响其他链路的运行，为链路的运行维护及故障检修提供了方便，从而保障了应用系统的可靠运行。另外，由于各应用系统采用相同传输介质，因而可互为备用，提高了备用冗余。

5. 先进性

综合布线一般采用超 5 类或 6 类双绞电缆，传输通道最大带宽 250 MHz，采用光缆传输通道最大带宽可达到 10 GHz，完全能够适合语音、数据和视频等信息的传输。通常，干线子系统的语音部分采用电缆，数据部分、视频部分采用光缆。

6. 经济性

综合布线采用光纤与双绞电缆混合的布线方式，较为合理地构成一套完整的信息通道。从初投资与性能价格比来说，综合布线系统同传统的布线方式相比，是一种既具有较低的初投资特性，又具有极高的性能价格比的高科技产品。综合布线系统在建筑物内预留管线和路由，将来可避免在建筑物内穿墙打洞，减少将来的运行费用和变更费用。

综合布线有极其广阔的发展远景。由于企业对于计算机、通信业务及图像、管理、消防系统、空调系统、采暖调节系统、照明系统等各种不同需求的急剧增加，办公大楼必须配备可靠、经济，而又能适应未来发展的真正的智能综合布线系统。

(三) 综合布线与传统布线的比较

综合布线系统是一项一次性投入资金较大的工程，一般占大楼总投资的 3%～5%。与传统布线相比，综合布线系统有着明显的优越性。表7-1给出了综合布线系统与传统布线系统方案的比较。

表7-1 综合布线系统与传统布线系统方案的比较

项目	传统布线系统	综合布线系统
标准化	无标准可言	基于公用标准
结构设计	非模块化设计	模块化设计
传输媒体	各种系统采用不同的传输媒体	统一传输媒体
设备相关性	与实际设备密切相关	与具体设备无关
适应性	难以适应任何位置的改变	能适应终端位置的改变
容错性	无障碍隔离能力	能方便地隔离故障点
可维护性	需具有一定的管理经验	易于管理和维护
可扩充性	无法满足发展和扩充的需要	系统发展和扩充方便
适用范围	只适用于制定的应用范围	可适用于多种应用领域
限制条件	自由设计	有一定的拓扑和距离限制
投资	一次性投资相对较小	一次性投资较大
维护成本	维护成本很大	基本上无维护成本

第二节 综合布线系统设计概要

一、综合布线系统设计的等级

建筑物综合布线系统的设计等级完全取决于客户的需求，不同的要求可给出不同的设计等级。通常，综合布线设计等级可以分为3大类：基本型设计等级、增强型设计等级和综合型设计等级。

1. 基本型

基本型适用于综合布线系统中标准较低的场合，用铜芯电缆组网。基本型综合布线系统配置如下。

① 每个工作区有一个信息插座。

② 每个信息插座的配线电缆为一条4对双绞线。

③ 干线电缆的配置，对计算机网络24个信息插座配置2对双绞线；或每一个集线器或集线器群配置4对双绞线；对电话至少每个信息插座配置1对双绞线。

大多数基本型综合布线系统能支持语音/数据，其特点如下。

① 是一种富有价格竞争力的综合布线方案，能支持所有语音和数据的应用。

② 应用于语音、语音/数据或高速数据。

③ 便于技术人员管理。

④ 采用气体放电管式过电压保护和能够自复的过电流保护。
⑤ 能支持多种计算机系统数据的传输。

2. 增强型

增强型适用于综合布线系统中中等配置标准的场合，用铜芯电缆组网。增强型综合布线系统配置如下。

① 每个工作区有 2 个或 2 个以上信息插座。
② 每个信息插座的配线电缆为一条 4 对双绞线。
③ 干线电缆的配置，对计算机网络 24 个信息插座配置两对双绞线；或每个集线器或集线器群配置 4 对双绞线；对电话至少每个信息插座配置 1 对双绞线。

增强型综合布线系统不仅具有增强功能，而且还可提供发展余地。它支持语音和数据应用，并可按需要利用端子板进行管理。

增强型综合布线系统特点如下。

① 每个工作区有两个信息插座，不仅机动灵活，而且功能齐全。
② 任何一个信息插座都可提供语音和高速数据应用。
③ 可统一色标，按需要可利用端子板进行管理。
④ 是一个能为多个数据制造部门服务的经济有效的综合布线方案。
⑤ 采用气体放电管式过电压保护和能够自复的过电流保护。

3. 综合型

综合型适用于综合布线系统中配置标准较高的场合，用光缆和铜芯电缆混合组网。
综合型综合布线系统配置如下。

① 以增强型配置信息插座作为基础配置。
② 在每个基础型工作区的干线电缆中至少配有 2 对双绞线。
③ 在每个增强型工作区的干线电缆中至少有 3 对双绞线。

综合型综合布线系统的主要特点是引入光缆，可适用于规模较大的智能大楼，其余特点与基本型或增强型相同。

二、综合布线系统设计的依据

综合布线系统，目前国际上已有不少相关的标准，主要的有如下几种。

① EIA/TIA 568 商用建筑物电信布线标准。
② EIA/TIA 569 管道和场地标准。
③ EIA/TIA 606 管道敷设标准。
④ EIA/TIA TSB-67 非屏蔽双绞线传输性能验收规范。
⑤ 欧洲标准：EN5016、50168、50169 分别为水平配线缆、跳线和终端连接电缆及垂直配线电缆。
⑥ ISO/IEC11801 国际标准。

我国于1997年颁布了《建筑与建筑群综合布线系统工程设计规范》（CECS 72—1997）行业规范和《建筑与建筑群综合布线系统施工与验收规范》（CECS 89—1997）行业规范。2000年又颁布了《建筑与建筑群综合布线系统工程设计规范》（GB/T 50311—2000）和《建筑与建筑群综合布线系统工程验收规范》（GB/T 50312—2000）。

三、综合布线系统设计要领

信息通信标准一般是随着科学技术的发展，逐步修订、完善的。综合布线系统也是随着新技术的发展和新产品的问世，逐步完善而趋向成熟。设计综合布线系统时，要提出并研究近期和长远的需求是非常必要的。国际上各综合布线产品的质保期一般都是15年，但并没有提出多少年投资保证。为了保护建筑物投资的利益，设计时可采取"总体规划、分布实施，水平布线尽量一步到位"的原则。在图7-1中，主干线大都设置在建筑物弱电竖井中，更换或扩充较省事；水平布线是在建筑物的天花板内或管道里，施工费比初始投资的材料费高。如果更换水平布线，要损坏建筑结构，影响整体美观。因此，设计水平布线，应尽量选用档次较高的线缆及连接件，缩短布线周期。

综合布线总体设计是一项颇为复杂的工作，其设计要点主要包括：用户需求分析、系统规划和系统总体设计。

（一）用户需求分析

现代建筑内各部门、各单位由于业务不同、工作性质不同，对于布线系统的要求也各不相同，有的对数据处理点的数量要求多一点，有的却对通信系统有特殊要求。凡此种种，在进行综合布线系统总体设计时，首先必须对用户的需求，包括若干年后的发展要求都要作深入的了解，依此进行用户需求分析。一般用户要求及要实现的功能有如下几个方面：

① 实现建筑物电话通信系统；
② 实现建筑物内计算机局域网系统；
③ 实现建筑物计算机局域网系统与电信等公共交换网的连接，与外界建立计算机广域网络系统；
④ 具有与信息高速公路相连接的接口；
⑤ 实现与楼宇自动化系统的DDC与中央工作站之间的联网。

（二）系统规划

系统规划包括系统布局和系统信息点的规划两方面。

1. 系统布局

系统布局是根据建筑物结构、布线环境，在现场勘察等工作基础上做出的，主要包括如下几方面内容：

① 规划办公区信息点分布、电缆竖井位置；
② 规划数据配线柜（接线间）的位置；

③ 程控交换机的位置;
④ 信息口的类型(屏蔽、非屏蔽、单口、双口插座);
⑤ 线缆的类型(3类、5类、超5类、6类、屏蔽线、非屏蔽线、光缆等);
⑥ 与楼宇自动化系统的连接。

2. 信息点规划

(1) 电话信息点

包括直拨电话与内部电话信息点。通常每间写字楼的办公室至少分配一条 IDD 直拨电话线,并可根据用户的需求向电信局申请综合业务数字网络线路,它支持标准综合业务数字网络终端和非标准综合业务数字网络终端的接入,并提供电话、高速传真、可视图文、可视电话、快速数据通信等多种综合服务数字网的业务。

内部电话信息点的布线密度要比直拨电话信息点密一些,这是因为内部电话信息点的用途不只局限于传统电话的语音通信,而是利用电话总机所提供的综合服务数字网进行计算机组网、高速图文传真、可视图文、可视电话、传输数据及电视电话会议服务。内部电话信息点要有一定的冗余。

(2) 计算机信息点

在规划计算机信息点时,必须根据各种不同情况分别予以处理。对于写字楼办公室,一般估算每个工作站占地为 $8\sim10\,\text{m}^2$,由此,计算出每间办公室的计算机信息点;普通办公室拥有一个计算机信息点;银行的计算机信息点密度要大一些;商场要根据收款点布局决定计算机信息点。

(3) 与楼宇自动化系统的接口

包括每层楼的楼宇设备监视系统、保安系统、消防报警系统、闭路电视系统的接口。

(三) 系统总体设计

不管采用哪家公司的综合布线产品,总体设计大体是一样的,都是对以下 6 个子系统进行设计。

① 工作区子系统设计。根据信息点的性质、数量来确定信息插座的数量和类型。
② 水平子系统的设计。主要是确定线缆的类型和长度。
③ 垂直干线子系统设计。主要是确定光缆及大多数非屏蔽双绞线或屏蔽双绞线的类型和长度。
④ 管理子系统设计。主要确定交接间的配线设备(双绞线跳线架、光纤跳线架)以及输入/输出设备及其连接、跳线方式。
⑤ 设备间子系统设计。主要考虑设备间内网络设备、主机系统、数字交换机等如何直接接到主配线架上与分布在各楼层的工作站终端、电话等设备的应用系统。
⑥ 建筑群子系统设计。这部分主要是确定建筑物之间电缆的类型及长度敷设方式等。

综合布线系统应是开放式星形拓扑结构,它具有多元化的功能,可以使任一子系统单独地布线,每一子系统均为一独立的单元组,更改任一子系统时,均不会影响其他子系统。

（四）设计综合管理

综合布线系统能把智能化建筑物内、外的所有设备互连起来。为了充分合理地利用这些线缆及连接件，可以将综合布线系统设计资料采用数据库技术管理起来。设计之初就应利用计算机辅助建筑设计技术，对建筑物的需求分析、系统结构设计、布线路由设计及线缆参数、位置编码等一系列的数据登录入库，使配线管理成为智能建筑管理数据库系统的一个子系统。本单位的技术人员应参与综合布线系统规划、设计及验收过程，这对后期管理维护布线系统大有益处。

第三节 综合布线系统的传输介质

综合布线的目的是传递信息，这一目的的实现是通过传输介质来完成的，因此传输介质是综合布线系统中的重要组成部分。传输介质中的信号可以是模拟信号或数字信号，传输介质的形式可以是有线的或者是无线的。综合布线系统中使用的传输介质有两类：光缆和铜缆。铜缆主要采用 100 Ω 同轴电缆和双绞线电缆；光缆主要采用 62.5/125 μm 多模光纤和 8.3/125 μm 单模光纤。

铜缆按用途可以分为室外电缆和室内电缆两个基本部分。这些电缆在功能上和结构上是不一样的。为室内使用设计的电缆，主要是阻燃型的。阻燃型电缆内部有一个空气芯，外面有一层阻燃套。这种电缆也可以在有害气体的环境中使用。

室外电缆主要是非阻燃型的，常用于建筑群之间，可满足所安装场地的特殊环境要求。室外电缆的安装方式主要有 3 种：地下电缆（装在管道内），安装在地下系统的管道和孔中，它含有空心或实心电缆，有保护层作外套；直接埋设电缆，被置于地沟内，不用管道保护，装填复合物并有附加的保护层；架空电缆，架在建筑群之间的电杆上。

按照最新标准，综合布线系统的电缆外套，必须采用 LSOH 低烟无卤型材料。也就是说电缆在燃烧过程中，释放的烟雾低，并且毒卤素的含量为零。因此，在设计综合布线系统时，应尽量采用低烟、无毒、阻燃的线缆。

一、同轴电缆

典型同轴电缆的结构是中心有根单芯铜导线，导线外面是绝缘层，绝缘层的外面是一层屏蔽金属，其结构图如图 7-6 所示。屏蔽金属层可以是密集型的，也可以是网状的，主要作用是屏蔽电磁干扰和防止辐射。同轴电缆因其两根导线共享同一中心轴而得名。同轴电缆按直径大小分为粗同轴电缆和细同轴电缆。

与其他传输介质相比，同轴电缆的传输速度快，每个结点的平均费用低，其外形尺寸和接插件尺寸介于屏蔽双绞线与非屏蔽双绞线之间，最大电缆长

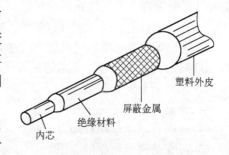

图 7-6 同轴电缆的结构

度介于光缆和双绞线之间。因为同轴电缆采用总线拓扑结构，即一根缆上接多个机器，当一个触点发生故障时，故障会串联影响到整个电缆上所有的机器，故障的诊断和修复困难，所以现在已逐步被非屏蔽的双绞线或光缆所替代。

二、双绞线电缆

一对双绞线是由两根具有绝缘保护层的铜导线按一定密度相互绞缠在一起形成的线对组成的，可以达到相互抵消各自产生的电磁辐射和干扰目的。电缆外部包裹屏蔽层或塑料外皮。

双绞线具有如下特点。
① 连接方式简单、灵活。
② 制造和使用的成本都较低。
③ 传输距离短，一般在 100 m 左右。
④ 抗干扰能力差。

双绞线按其是否包缠金属层，分为屏蔽双绞线和非屏蔽双绞线，它们既可传输模拟信号，又可传输数字信号。由于屏蔽双绞线价格比非屏蔽双绞线高、安装难度大及屏蔽双绞线系统内所有接插件必须全屏蔽等原因，目前在综合布线系统中较少使用。

（一）非屏蔽双绞线电缆

非屏蔽双绞线电缆是由多对双绞线外包缠一层塑橡护套构成的，4 对非屏蔽双绞线电缆如图 7-7 所示。

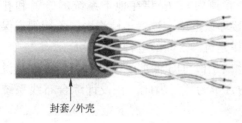

图 7-7　非屏蔽双绞线电缆

综合布线系统使用的非屏蔽双绞线电缆，采用了每对线的绞距与所能抵抗的电磁辐射及干扰成正比，并结合滤波与对称性等技术，由精确的生产工艺制成的。采用这些技术措施可以有效减少非屏蔽双绞电缆线对之间的电磁干扰。非屏蔽双绞线电缆最大的优点在于使布线系统与通信系统所使用的布线系统相统一。这对于大楼的维护人员来说是非常重要的，因为它意味着在整个大楼内只需要管理一个布线系统，可以有效提高工作效率。在主干子系统一般使用几十对甚至上百对一根的电缆，称为大对数电缆，如 25 对、50 对、100 对等。

非屏蔽双绞线电缆的优点如下所述。
① 轻、薄，易弯曲，非常容易安装。
② 无屏蔽外套，较细小，节省空间。
③ 平衡传输，避免了外界干扰。
④ 将串扰减至最小或加以消除。
⑤ 可支持高速数据的应用。
⑥ 通过 EMC 测试。

⑦ 使用保持独立，具有开放性，非常适用于结构化综合布线系统。

（二）屏蔽双绞线电缆

屏蔽双绞线电缆的内部与非屏蔽双绞线电缆一样，电缆芯是铜双绞线，护套层是塑橡皮，只不过在护套层内增加了金属层，其结构如图 7-8 所示。

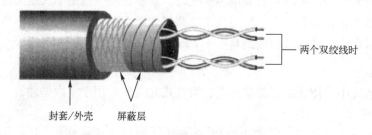

图 7-8　屏蔽双绞线电缆

采用屏蔽双绞线相对来讲要贵一些，但仍然比同轴电缆和光缆要便宜。它的安装要比非屏蔽双绞线电缆难一些，类似同轴电缆。它必须配支持屏蔽功能的特殊连接器和相应的安装技术。它具有较高的传输速率，100 m 内可达 5 Mbps。屏蔽双绞线电缆的传输信号的距离比非屏蔽双绞线电缆远，最大距离一般限制在几百米之内。

在综合布线系统中，北美基本推行使用非屏蔽双绞线与光缆构成系统，而欧洲则主要使用屏蔽双绞线与光缆构成系统。在中国，按照工程建设标准化协会的标准《建筑与建筑群综合布线系统工程设计规范》（CECS 72—1997）确定以非屏蔽双绞线作为综合布线的双绞线。但是，在 2000 年颁布的《建筑与建筑群综合布线系统工程设计规范》（GB/T 50311—2000），确定用铜芯双绞线与光缆组网，没有明确规定对电缆线屏蔽性的要求，因此，设计时应根据实际情况来确定。

三、光缆

光缆传输是利用光来传输信息的一种通信方式，具有传输率高、衰减低、频带宽、抗电磁干扰能力强的特性，其传输能力比普通铜缆高 1 000 倍。光缆和双绞线电缆一样，既可用来传输模拟信号，也可用来传输数字信号，是大规模综合布线系统不可缺少的通信介质。综合布线系统，综合语音、数据、图像、监控等多种信息系统，使用光缆可延长传输距离，提高传输速率，增强抗电磁干扰和抗泄漏的能力。

（一）光纤

光导纤维简称光纤，是用石英玻璃或特制塑料拉成的柔软细丝，直径在几 μm 到 120 μm，像水流过管子一样，光能沿着这种细丝在内部传输。光纤分为单模光纤和多模光纤，单模光纤在光纤中只能传输一个模式（同一时刻仅仅允许一束光进入光纤介质），多模光纤在光纤中可传输多个模式（同一时刻允许多束光进入光纤介质）。多模光纤中的光散射为多种光波，不同的光波以不同的速度传播，因而这种散射会造成光的损失，限制了远距离传输。为了避免光的损失，保证传输距离，综合布线系统中采用缓变型（或称渐变型）多模光纤，缓变型多模光纤截面的折射率分布是连续变化的，离光纤芯中心较远的光折射率较小，而离光纤芯较近的光折射率较大，采用这种分级折射的方式可扩展频带。

综合布线的光纤传输系统一般采用多模光纤，单模光纤一般用于长距离传输。由于单模光纤的纤芯直径小，在建筑物中，采用数据链路器件耦合时，会发生物理不兼容问题，而且价格较贵，所以在建筑物内或传输距离小于 2 km 时很少使用。

（二）光缆

综合布线系统中常用光缆有带状光缆、束管式光缆和多用于室内的建筑物光缆。

1. 带状光缆

带状光缆的每个带芯有一字排开的 12 根光纤（称为平面陈列），上、下两面分别压上一层压敏黏结带。一根带状光缆最多可包括 12 条带。每根带状光缆可以在出厂前预先在两头端接好连接器，也可以在现场安装阵列型连接器。

当带状光缆与带状光缆互连时，必须使用阵列接合连接器。如果一根带状光缆中的光纤要与一根室内非带状光缆中的光纤互连，可用增强型旋转接合连接器把带状光缆中的每根光纤分别连接到其他的光纤上。

在静态负载条件下，带状光缆的最小弯曲半径是光缆直径的 10 倍。在布线操作期间的负荷条件下，例如，把光缆从管道中拉出来，带状光缆的最小弯曲半径限制在光缆直径的 20 倍以内。

2. 束管式光缆

束管式光缆由多组光纤束组成，每组用相应的色线绳捆绑，容量为 4～96 根，每 12 根光纤为一束，可以是单模光纤也可以是多模光纤。所有光纤都装在一个塑料套管里，周围是复合材料层。光纤束这种结构使得缆芯中有较大的间隙。在间隙处填入防水复合物，可大大减小微弯曲损耗。

束管式光缆主要用于建筑群子系统。为适应地下管道、直埋或架空等布线要求，其标准交织铠皮有金属铠皮和非金属铠皮之分。

3. 建筑物光缆

建筑物光缆含有 1 芯，2 芯，4 芯，6 芯，8 芯和 12 芯 62.5/125 μm 光纤，每一芯都有 PVC 缓冲层，为了获得高强度，多芯光纤用纱线加固。

（三）敷设光缆的注意事项

光缆与铜缆的敷设在许多方面是相似的，但也有区别。

1. 基本区别是光缆是通过玻璃而不是通过铜来传播信号的

由于光缆是玻璃管制成的，与铜缆相比较脆，因此在敷设光缆时应特别注意以下两点。

① 保证光缆弯曲时其弯曲半径不能小于规定值。在敷设光缆时的理想做法是，从光源到

目的地按直线方式敷设光缆，但实际环境很复杂，在许多地方要求光缆弯曲，例如，管道中有拐弯或光缆路径的改变，或是需将光缆盘成圆圈存放等。在这些场合，弯曲半径是最重要的。

② 敷设光缆的牵引力不要超过最大的敷设张力。涂有塑料涂覆层的光纤细如毛发，如果光纤表面有微小伤痕，将使耐张力显著地减弱。另外，当光纤受到不均匀的侧面压力时，光纤损耗将明显增大。因此，敷设时应控制光缆的敷设张力，避免使光纤受到过度的外力（弯曲、侧压、牵拉、冲击等）。

2. 光缆与铜缆之间的另一个区别是两种线缆的连接方式不同

铜缆连接比较容易，这种连接是电接触式的；光缆连接就比较困难，它不仅要求接触，而且还必须使两个接触端面完全地对准，否则将会产生较大的光损耗。因此，必须学会光缆接续的技巧，以使光损耗为最小。

（四）光缆的安全保护

通常光缆系统的操作方式是全封闭的，因而免除了人眼受伤害的危险。光缆系统使用光缆连接各种设备，如果连接不好或光缆断裂，会使人受到光波辐射。进行测量和维护工作的技术人员，在安装和运行半导体激光器时也可能受到光波辐射。固态激光器、气态激光器、半导体激光器，虽是不同的激光器，但其发射的光波都是一束发散的波束，其辐射通量密度随距离增加很快发散，距离越近，对眼睛伤害的可能性就越大。从断裂光纤端口辐射出的光能量比从磨光端的端口要大，如果偶然地用肉眼去观察无端接光纤头，或损坏的工作中的光缆，极易损伤眼睛。无论如何，绝不能用光学仪器，如显微镜、放大镜或小型放大镜去观察已供电的光纤终端，这容易造成对眼睛的伤害。如果间接地通过光电变换器，如探测射线显示器或红外显示器去观察光波系统，则安全多了。

四、连接部件

综合布线系统中连接部件的主要功能是用来端接和连接线缆。通过连接部件可以安排或重新安排布线系统中的路由，使通信线路能够延续到建筑物内部的各个地点，从而实现通信线路的管理。连接部件可分为电缆连接部件和光缆连接部件。

（一）电缆连接部件

电缆连接件主要有配线架、信息插座和接插软线等。

1. 配线架

配线架的类型主要是110系列连接部件，110型配线架是由高分子合成阻燃材料压模而成的塑料件，其上装有若干齿形条，每行最多可端接25对线。沿配线架正面从左到右均有色标，以区别各条输入线。这些线放入齿形条的槽缝里，再与连接块结合。110型配线架按端接的类型可以分为110A型和110P型两种，这两种类型配线架的电气性能完全相同，但其规模及所占用的墙空间或面积大小有所不同。

110A型配线架配有若干引脚，采用跨接式管理，通常直接安装在两级交接间、配线间或设备间墙壁的胶木板上。用于线路较稳定，很少有修改、移动和重组的、可能的线路中。110A 型配线架有 100 对线和 300 对线的接线块。

110P 型配线架没有引脚，采用接插式管理，只用于某些空间有限的特殊环境。对需要经常重新组线路的场合，宜采用该配线架。110P 型配线架有 300 对线和 900 对线的接线块。

2. 信息插座模块

信息插座模块起着内外连接的作用。通常采用 RJ-45 模块，分 PCB 和 DCM 两种。PCB 模块采用连线焊接在电路板上；DCM 模块采用金属针压制而成。模块既可安装在面板上，也可安装在配线架上，还可将面板或配线架连成一体。

信息插座 RJ-45 是为所有综合布线推荐的标准信息插座，它的 8 针结构为单一信息插座支持语音、数据、视频信号或三者的组合。信息插座模块类型有多种，可根据用户的需求选择。

① 3 类信息模块。支持 16 Mbps 信息传输，适合语音应用。
② 超 5 类、6 类信息模块。支持 1000 Mbps 信息传输，适合语音、数据和视频应用。
③ 光纤插座模块。支持 1000 Mbps 以上信息传输，适合语音、数据和视频应用。

（二）光缆连接部件

光缆连接部件包括绞接件和管理件。

光缆绞接件是通过光纤盒来连接组合光缆、带状光缆和跨接光缆的。采用光缆护套后，一个光纤盒可提供 4 根带状光缆、8 根组合光缆、8 根束状建筑物光缆入口。

线路管理件有光缆互连装置和光纤交连框架。光缆互连装置是综合布线系统中常用的标准光缆交连硬件，它用来实现交叉连接和互连的管理功能，还直接支持带状光缆和束管式光缆的跨接线。光缆互连装置通常被设计成模块化的封闭盒，由工业聚酯材料制成。

光纤交连框架是光纤的端接和交连点，由几组排列行板组成，其中每一个接线板可端接和交叉连接 576 个端点，属模块化组合。它可以将网络线路直接连至一个设备线路或利用短的互连光缆把两个网络线路交连起来，还可用于光缆端接和接地，带状光缆或单根光纤的结合及光纤和跨接线的存放。

第四节 综合布线系统的管理

一、铜缆布线的使用管理

（一）缆线端接的一般要求和方法

1. 端接要求

① 缆线在端接前必须检查标签颜色和数字含义，并按顺序端接。
② 线缆端接处必须卡接牢固，接触良好。

③ 线缆中间不得有断线接头。
④ 线缆端接要符合原设计和厂家安装手册的要求。
⑤ 双绞线电缆与连接硬件连接时，应认准线号，线位色标不得颠倒和错接。

2. 接线方法

接线时要正确使用接线工具，利用接线卡可将双绞线接到配线架的高频模块上，或把双绞线接到 RJ-45 信息模块上。

① 将导线按规定的顺序和方法放入模块卡口内。
② 将卡接工具垂直对准卡槽插入。
③ 向垂直于表面的方向用力推进，倾斜角不得大于 5°。
④ 接线时，应保持工具垂直模块加力，不得上下左右倾斜强行将导线卡入，否则会损伤模块。
⑤ 导线接线完毕后，为保证导线和簧片接触的可靠性和气密性，应目测导线是否卡接好。
⑥ 拆线方法是要拔出工具尾部的钩子，沿固定轴旋转 180°，从模块卡线槽口外钩住所要拆的导线，向外将导线拉出。

（二）信息插头、插座的端接

① 信息插头、插座的端接要符合相关的规范要求。
② 信息插座、模块化连接器的端接要将导线压入塑料槽孔中并确保正确的压接位置。
③ 继续压入其余线对。
④ 用压接工具压接并整理导线，保持线对紧密铰接。
⑤ 确认压接良好后，盖上帽盖。

（三）配线架的端接

以 4 对和 25 对的端接为例，作简单介绍。

1. 4 对端接

① 固定好线缆，弯曲度要符合相关技术规范要求。
② 将线对压下紧贴布线块，但不要贴紧标签。
③ 把线对安放在标签上。
④ 沿着拐弯处把线拉紧。
⑤ 用工具把线加以终接。

2. 25 对端接

① 从左往右打线的线缆从白/蓝线对开始。
② 从右往左打线的线缆从紫/灰线对开始。
③ 与 4 对线的终接相似进行操作。
④ 最后几对线的终接应不影响另一条线缆的终接。

二、光缆布线的使用管理

由于光纤是通过石英玻璃而不是通过铜导线来传输信号的，因此比较脆，极度弯曲或张力过大，会使传输性能下降，缺乏一定的应变性；另外，在通电时，由于芯线中有光信号传输，所以在断裂的情况下会伤害人的眼睛，具有一定的危险性。因此，在使用管理中一定要注意光缆系统的这些特点。

① 注意保持光缆器件的洁净度。

② 维修人员在进行光纤接线或进行光纤连接器操作时，必须佩戴眼镜、手套，穿上工作服，环境要保持清净。

③ 绝不允许观看已经通电的光缆布线系统的光纤及连接器件，以免眼睛受到伤害。

④ 维护光纤布线系统时，只有在断开所有光源的情况下，才能进行拆卸操作。

⑤ 拔插连接器必须手握连接器体，不得用手拉拔光纤的保护层外皮。

⑥ 安放光纤线缆不允许超过最小的弯曲半径。

⑦ 更换光纤线缆要有富余，更换连接器要按规定操作，操作完成后，要用仪器测试合格才能使用。

⑧ 光纤熔接要由持上岗证的专业人员操作，要使用专门的仪器和操作工具。

⑨ 光纤端接故障在光纤布线系统故障中所占的比率较大，要加强光纤连接器的维修和保养。

⑩ 布线系统与设备的链接必须要求芯径相同。因为芯径不同将会产生较大的衰减，甚至影响设备和系统的正常工作。

思 考 题

1. 什么是综合布线系统？
2. 综合布线系统分哪几个子系统？
3. 简述综合布线系统的特点。
4. 综合布线与传统布线相比有何优势？
5. 综合布线系统常采用哪几种传输介质？
6. 综合布线系统有哪几种设计等级？
7. 综合布线系统在智能物业中主要起什么作用？

第八章 智能物业的设备管理

对于智能物业，无论是住宅、商业楼宇，还是写字楼，物业设备是其不可缺少的重要组成部分，与之相对应的智能物业设备设施管理，也成为现代化城市管理和房地产经营管理的重要组成部分。它以保持业务空间高品质生活和提高投资效益为目的，以最新的技术对人类有效的生活环境进行规划、准备和维护管理。

第一节 智能建筑设备管理的基本理论及基础管理

一、设备寿命周期的概念

建筑物本体及其中的设备设施都是有寿命的，通常，建筑物本体的寿命在 60~70 年，而设施设备的寿命在 6~25 年。那么，如何延长设备的安全使用寿命、降低设备的运行费用和维护更新费用、提高设备的利用率是设备管理中最主要的解决问题。

设备寿命周期是指设备从开始投入使用时起，一直到因设备功能完全丧失而最终退出使用的总的时间长度。

衡量设备最终退出使用的一个重要指标是可靠性。可靠性是指设备在规定条件下和规定时间内，完成规定功能的能力。规定条件是指使用条件与环境条件，具体条件如负荷、温度、湿度、压力、振动、冲击、噪声、电磁场等，此外还包括使用、操作、维修方式及维修水平等有关方面。规定时间是指系统失效的经济寿命期，即在考虑到陈旧老化期和经济磨损期的条件下，能正常发挥功能的总时间。在实际中，规定的时间可指某一时间段或使用的次数等。规定功能是指设备系统的预期功能，即设备所应实现的使用目的。对不同类型的设备要有相应的具体规定，对于失效设备也应确切给定。

导致设备最终退出使用的原因很多，如磨损、功能落后、经济性差等，因此，从不同角度可以将设备寿命划分为物资寿命、经济寿命、技术寿命和折旧寿命。

1. 物资寿命

物资寿命是根据设备的物资磨损而确定的使用寿命，即从设备投入使用到因物资磨损使设备老化损坏，直到报废拆除为止的年限。

2. 经济寿命

经济寿命是指设备的使用费处于合理界限之内的设备寿命。在设备物资寿命的后期，因设备故障频繁而引起的损失急剧增加。购置设备后，使用的年数越多，每年分摊的投资越少，设备的保养和操作费用则越多。在使用期最适宜的年份内设备总成本最低，即是经济寿命的含义。

3. 技术寿命

技术寿命是指由于科学技术的发展，不断出现技术上更先进、经济上更合理的替代设备，使现有设备在物资寿命或经济寿命尚未结束之前就提前报废。这种从设备投入使用到因技术进步而使其丧失使用价值所经历的时间称为设备的技术寿命。

4. 折旧寿命

折旧寿命是指按国家有关部门规定或企业自行规定的折旧率，把设备总值扣除残值后的余额，折旧到接近于零时所经历的时间。折旧寿命的长短取决于国家或企业所采取的政策和方针。

设备的寿命通常是设备进行更新和改造的重要决策依据。设备更新改造通常是为提高产品质量，促进产品升级换代，节约能源而进行的。其中，设备更新也可以是从设备经济寿命来考虑的，设备改造有时也是从延长设备的技术寿命、经济寿命的目的出发的。

二、设备故障理论

（一）设备故障分类

设备故障是指设备（系统）或零部件丧失其规定的功能。维持设备的功能、确保设备的高效率、尽量减少设备的故障，是发挥设备投资效益的重要环节。

设备故障的分类方法较多，这里主要介绍以下几种。

1. 按故障发生的速度分类

按故障发生的速度可分为突发性故障和渐发性故障。

突发性故障是由于各种不利因素和偶然的外界影响的共同作用超出了设备所能承受的限度而突然发生的故障。这类故障一般无明显征兆，是突然发生的，依靠事前检查或监视不能预知的故障。如因使用设备不当或超负荷使用而引起零部件损坏；因润滑油中断而使零件产生热变形裂纹；因电压过高、电流过大而引起元器件损坏而造成的故障。

渐发性故障是由于各种影响因素的作用使设备的初始参数逐渐劣化、衰减过程逐渐发展而引起的故障。一般与设备零部件的磨损、腐蚀、疲劳及老化有关，是在工作过程中逐渐形成的。这类故障的发生一般有明显的预兆，能通过预先检查或监视早期发现，如能采取一定的预防措施，可以控制或延缓故障的发生。

2. 按故障发生的后果分类

按故障发生的后果可分为功能性故障与参数型故障。

功能故障是指设备不能继续完成自己规定功能的故障。这类故障往往是由于个别零件损坏造成的。

参数故障是指设备的工作参数不能保持在允许范围内的故障。这类故障属渐发性的，一般不妨碍设备的运转，但影响产品的加工质量，如动力设备出力达不到规定值的故障。

3. 按故障的损伤程度分类

按故障的损伤是否可以容忍分为允许故障和不允许故障。

允许故障是指考虑到设备在正常使用条件下，随着使用时间的增长，设备参数的逐渐劣化是不可避免的，因而允许发生某些损伤但不引起严重后果的故障，如零件的某些正常磨损、腐蚀和老化等。

不允许故障是由于设计时考虑不周，制造装配质量不合格，违反操作规程所造成的故障，如设计强度不够造成的零件的断裂，超负荷使用设备造成的设备损坏等。

4. 按故障的危险性分类

按故障的危险性的高低可分为危险性故障和安全性故障。

危险性故障，例如，保护系统在需要动作时发生故障，丧失保护作用，造成人身及设备损伤的故障。

安全性故障，例如，牵引系统不需要发生制动而发生制动时造成的故障。

（二）故障的发生规律

设备故障的发生、发展过程都有其客观规律，研究故障规律对制定维修对策，以至建立更加科学的维修体制都是十分有利的。设备在使用过程中，其性能或状态随着使用时间的推移而逐步下降，设备故障率随时间推移的变化规律称为设备的典型故障率曲线，其形状像一个浴缸，因此称之为"浴槽曲线"，如图 8-1 所示。

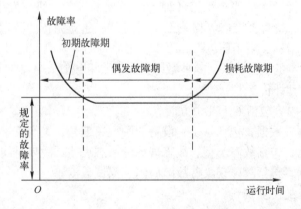

图 8-1 设备寿命的故障曲线

在图 8-1 中坐标纵轴表示故障率，横轴表示经历的时间，从时间变化看，曲线明显呈现 3 个不同的区段，即初期故障期、偶发故障期和损耗故障期。

1. 初期故障期

初期故障期又称磨合期，是指设备安装调试过程至移交试用阶段，这一阶段一般故障率较高。造成初期故障的原因主要是由设计、制造上的缺陷，包装、运输中的损伤，安装不到位，工人操作不习惯或尚未全部熟练掌握其性能等原因所造成的。随着设备使用时间的延续,故障率将明显降低。初期故障期时间的长短随设备系统的设计与制造质量而异。

2. 偶发故障期

经过第一阶段的调试、试用后,设备的各部分机件进入正常磨损阶段,操作人员逐步掌握了设备的性能、原理和机构调整的特点,设备进入偶发故障期。在此期间,故障率大致处于稳定状态,趋于一个较低的定值,故障的发生是随机突发的,并无一定规律。这段时间产生的故障一般是由于设备使用不当与维修不力,工作条件(负荷、环境等)变化,或者由于材料缺陷、控制失灵、结构不合理等设计、制造上存在的问题所致。

3. 损耗故障期

由于设备随着使用时间的延长,各零部件因磨损、疲劳、老化、腐蚀逐步加剧而丧失机能,使设备故障率逐渐上升,且故障带有普遍性和规模性,设备的使用寿命接近终了,此阶段称为损耗故障期。在此期间,设备零部件经长时间的频繁使用,逐渐出现老化、磨损及疲劳现象,设备寿命逐渐衰竭,因而处于故障频发状态。

(三)故障的分析与管理

了解了故障发生的规律,就可以根据故障率的变化曲线在故障发生的不同时期,制订和实施相应的故障分析与管理的计划、办法,减少设备故障的发生。

在初期故障期发生的故障,主要是由设计、制造上的缺陷,安装、调整或使用环境的不当所造成的。此期间出现的故障,一般都是不可预见的,但它对日后设备的维护、维修等工作起着重要的作用。管理人员要在维修各种不同类型的设备,研究发生故障的机理和原因时,根据设备的使用、管理及维修等相关工作的信息,建立完备的数据库系统,详细记录,以便了解设备的性能指标、使用环境、故障率、维修费用等。只有通过长期的使用和经验积累,总结出这些最基本的数据,并对这些数据进行分类和统计,才能对设备的系统综合性和整体性有全面的了解和评价。

故障信息的主要内容包括如下几个方面。

① 故障对象的有关数据,包括系统、设备的种类、编号、生产厂家、使用经历等。
② 故障识别数据,包括故障类型、故障现场的形态表述、故障时间等。
③ 故障鉴定数据,包括故障现象、故障原因、测试数据等。
④ 有关故障设备的历史资料。

故障信息的来源包括以下内容。

① 故障现场调查资料。
② 故障专题分析报告。
③ 故障修理单。
④ 设备使用情况报告(运行日志)。
⑤ 定期检查记录。
⑥ 状态监测和故障诊断记录。
⑦ 产品说明书,包括出厂检验、试验数据等。

⑧ 设备安装、调试记录。
⑨ 修理检验记录。

收集故障数据资料时，需注意以下几个方面的问题。
① 按规定的程序和方法收集数据。
② 对故障要有具体的判断标准。
③ 各种时间要素的定义要准确，计算相关费用的方法和标准要统一。
④ 数据必须准确、真实、可靠、完整，要对记录人员进行教育、培训，健全责任制。
⑤ 收集信息要及时。

做好设备故障的原始记录包括以下内容。
① 跟班维修人员做好检修记录，要详细记录设备故障的全过程，如故障部位、停机时间、处理情况、产生的原因等，对一些不能立即处理的设备故障也要详细记录。
② 操作工人要做好设备点检（日常的定期预防性检查）记录，每班点检要求对设备作逐点检查、逐项记录。对点检时发现的设备隐患，除了按规定要求进行处理外，对隐患处情况也要按要求认真填写。以上检修记录和点检记录定期汇集整理后，上交企业设备管理部门。
③ 填好设备故障修理单，当有关技术人员会同维修人员对设备故障进行分析处理后，要把详细情况填入故障修理单，故障修理单是故障管理中的主要信息源。

三、智能物业设备的技术状态检查、监测与诊断

（一）智能物业设备技术状态检查

1. 智能物业设备技术状态检查的含义

智能物业设备技术状态检查是根据设备的规定性能和有关标准，对它的性能、精度、润滑情况、运行情况及安全情况进行检查。设备技术状态检查的目的是判断智能物业设备是否正常，发现设备故障，以便采取措施及时排除，保证设备正常运行。因此，设备检查是设备状态管理中一项基础性的工作。

设备的损坏和劣化，多数是逐渐发生的。如果能够跟踪设备的磨损或劣化情况，在它们发展到出现事故之前采取措施就可以避免重大事故的发生。

2. 智能物业设备技术状态检查的类别

设备的检查按间隔时间长短可分为日常检查和定期检查。

（1）日常检查

日常检查又称日常点检或巡检，由设备的操作人员施行，是日常维护保养的一个重要内容。日常检查是检查人员根据事先编制好的检查标准项目，依靠其五官感觉，利用其技术知识和经验来检查设备有无异常现象，能否正常运转。通过日常检查发现的问题，如果是经过简单调整或修理即可解决的，可直接由操作人员解决；如果发现必须立即处理的问题，而检查人员无法自己处理时，应向设备管理部门报告，及时处理，防止突发故障；如果维修工作量较大，则由设备部门安排计划维修。

(2) 定期检查

定期检查是专业维修人员在操作人员的参与下，对日常检查无效果（或效果不明显）或无法进行日常检查的设备或设备的某些部位，按照一定的时间间隔所进行的检查。定期检查的周期应根据下列情况来确定。

① 根据设备制造厂家的设计书和使用说明书，听取有关人员意见，结合个人经验，初步拟定检查周期，边试行边连续填写维修记录。

② 对维修记录、运行情况、故障的部位和故障原因等进行全面分析，并结合其他楼宇同类设备的使用情况，对初步拟定的检查周期进行调整。最佳的检查周期应定在临近下一次故障发生前。

③ 按照维修记录所反映的设备劣化倾向、劣化损失、检查和修理费用等，加以全面综合考虑后决定检查周期。检查周期一旦确定之后，就应该按照设备的定期检查计划施行。

由于定期检查的深度与广度同日常检查不一样，所以除了依靠检查人员的五官感觉外，还要借助一些仪器进行监测，以期取得正确的测定结果。

3. 智能物业设备检查的实施

实施设备检查并要取得实际效果，有两个问题是很关键的，即制订切实可行的检查大纲和实施计划。

(1) 设备检查大纲

设备检查大纲是指导检查工作的技术文件，内容包括检查部位、检查重点、检查内容、检查方法和判定标准。为了使检查大纲切实可行，制订时必须遵循一定的程序，充分吸取各方面人员的经验。首先由设备管理部门提出一个初稿，经维修人员、质检人员及操作人员共同研究，广泛征求意见。与此同时，还必须拟定各种必需的表格，培训检查人员，然后在实际运行中使用。根据使用情况，检查原来制订的大纲是否合理，作出必要的修改和补充，最后定案。

(2) 实施计划

实施计划是实施设备检查的保证。计划中应包括下面内容。

① 职责分工。明确每一项任务的执行人员。

② 检查对象。一般来说，实行定期检查的只限于精密、大型、稀有和关键设备，对一般设备只实行日常检查。

③ 检查间隔期。间隔时间太短，导致停机过多，增加维修费用；间隔期过长，又会错过及时发现问题的机会。因此，要根据实际情况，针对不同的设备制定不同的间隔时间。

(二) 智能物业设备状态监测

智能物业设备状态监测是对运转中的设备或其部件的技术状态进行检查测定。其内容包括以下两方面。

① 判断运转是否正常，有无异常或劣化迹象。

② 对异常情况进行跟踪，确定其劣化程度及磨损程度，并预测其劣化趋势。

实施智能物业设备状态监测能够随时掌握设备的技术状态，在设备发生事故之前，能够采取针对性措施，控制和防止事故的发生。它是实行预知维修的基础，对提高维修技术和经济效益有着重要的意义。

1. 智能建筑设备状态监测标准

判定设备的技术状态是否正常，应该有一个标准或准则。这些标准对不同类型的设备和不同的测量参数应有所不同。

这些标准大致可以分为两种。一种是绝对标准，即给定一个警戒值，超过这个值就认为有问题。目前，对不同的测量参数、不同类型的设备，已经有许多实用的标准。另一种是相对标准，即以本设备的良好状态为基础，偏离这种状态一定范围就是不合格。现在两种标准都在使用。

2. 监测方法

目前，进行设备状态监测有以下两种方法。

（1）主观监测法

主观监测法是由检测人员凭五官感觉和技术经验，辅以普通测量仪进行监测，这种方法也称为简易监测。要有效地实施主观监测，必须由有经验的检测维修人员执行。

（2）客观监测法

客观监测法是在设备不停机的情况下，利用各种检测手段，如振动噪声检测技术、应力测量技术、温度检测技术、润滑油分析技术、超声技术等，对设备或其主要部件定期进行非破坏性的检查，取得各种反映设备技术状态的参数，并连续跟踪这些参数的变化趋势，从而掌握和了解设备的技术状态。

主观监测法比较容易实行，因为不需要很多仪器设备。但是，有时候单靠主观监测不能获得设备技术状态的真正信息，特别是许多设备是不能停机检查，或者不允许随便拆卸。在这种情况下，就要依靠客观监测。

3. 智能物业设备自动监测系统

自动监测系统是采用微计算机组成的模拟数据探测分析与控制系统，具有对温度、湿度、压力、流量等模拟量进行探测、数据处理、给出必要的输出（打印或显示）及控制等功能，并具有速度快、效率高、精度高等优点，其工作原理如图8-2所示。

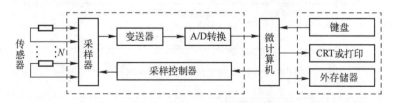

图8-2 智能建筑设备自动监测系统的工作原理

从图8-2中可知，一个简单的自动监测系统由传感器、输入通道、微型计算机和外部设备等部分组成。其中传感器的作用是检测物理量，并把物理量转换成电信号输出，输入通道一般由采样器、采样控制器、变送器与模/数（A/D）转换等部分组成，它的作用是将监测系统的 N 个传感器的监测信号依次通过输入通道转换成符合计算机数据处理需要的数字代码送入计算机。键盘的作用是实现人－机之间的联系，主要是把事先编好的程序和所需要的数据输入到计算机的内存储器中存放起来，以对系统进行操作。输出设备为显示器和打印机等，它们的作用是把经过计算机处理后的结果予以显示或打印输出。

（三）智能物业设备故障诊断技术

由于现代的设备、装置和机械日益向大型化、高速化、连续化、复杂化的方向发展，所以，设备发生故障后给生产和质量造成的影响往往大得难以计算，维持设备正常运行所花的维修费用，在企业经营费中也占据很大的比例。因此，如何使占有重要地位的设备维修真正达到高效，是一项非常重要的工作。

为了正确而有效地进行设备维修的全部活动，能够定量监测设备的劣化和故障、性能和强度等并预测其未来的设备诊断技术，是非常必要的。

1. 智能物业设备诊断技术的概念

所谓智能物业设备诊断技术，就是掌握设备现在的技术状态，预知预测设备的故障及其有关原因，以及对未来影响的技术。设备的技术状态是指：①设备所受的应力；②故障和劣化；③强度和性能等。通过对以上各项技术状态的定量掌握，进行诊断，预测设备的可靠性和性能。如果存在异常，则对其原因、部位、危险程度等进行识别和评价，以决定其修复办法。因此，智能物业设备诊断技术不能简单地说成是点检的仪表化加上故障检测技术，它的概念如图 8-3 所示。

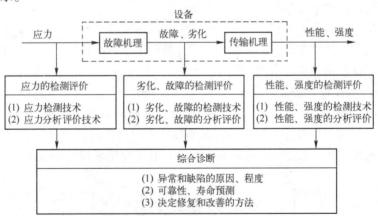

图 8-3　智能物业设备诊断技术的概念

2. 智能物业设备诊断技术的基本组成

智能物业设备诊断技术包括两个部分：一是诊断设备技术状态的初级技术，主要是由现场作业人员实施的简易诊断技术；二是当简易诊断难以作出正确判断时，由专门人员实施的精密诊断技术。

为了能对智能物业设备的状态迅速而有效地作出概括的评价，简易诊断技术应具备以下功能。

① 设备所受应力趋向控制和异常应力的检测。
② 设备的劣化、故障的趋向控制和早期发现。
③ 设备的性能、效率的趋向控制和异常检测。
④ 设备的监测与保护。
⑤ 指出存在问题的设备。

精密诊断技术的目标，是对经简易诊断判定为"大概有点异常"的设备进行专门的精密诊断，以便确定采取哪些必要的措施。所以，它应具备以下功能。

① 确定异常的模式和种类。
② 了解异常的原因。
③ 了解危险程度，预测其发展。
④ 了解改善设备状态的方法。

为此，不仅需要简单地测定和分析，还需运用应力定量技术，故障检测及分析技术和强度、性能定量技术等。

3. 智能物业设备故障诊断技术的基本方法

智能物业设备故障诊断可以从人工参与、计算机辅助诊断系统和专家系统这3个不同的层次进行。

(1) 人工参与诊断

在设备诊断中人工的介入和经验的参与是十分重要的，往往可以收到事半功倍的效果。在有经验的工程技术人员参与下，使用较复杂的诊断设备及分析仪器，除能对设备有无故障和故障的严重程度作出判断外，还能对某些特殊类型的典型故障的性质、类别、部位、原因及发展趋势作出判断和预报。

(2) 计算机辅助诊断系统

在智能物业设备状态监测与诊断工作中，建立一种以计算机辅助诊断为基础的多功能自动化诊断系统是十分重要的。在该系统中，不仅配有自动诊断软件，实现状态信号采集、特征提取、状态识别的自动化，还能以显示、打印、绘图等多种方式输出分析结果。当设备发生故障超过门限值后，系统能用声光方式发出报警指令，并自动进行故障性质、程度、类别、部位、原因及趋势的诊断及预报，能将大量设备（机组等）的运行资料储存起来，建立设备状态数据库，让工作人员随时通过人机对话调出并查阅历史运行资料，帮助工程技术人员作出设备管理和诊断的相关决策。

(3) 智能建筑设备诊断的专家系统

这是设备诊断技术的最高级形式，又称知识库咨询系统，实质上是一种具有人工智能的计算机软件系统，是设备诊断技术的发展方向之一。专家系统用于设备诊断时，不仅包括信号检测和状态识别，而且还包括了从决策形成到干预的全过程。它不但具有计算机辅助诊系统的全部功能，还将设备管理专家的宝贵经验和思想方法通计算机巨大的存储、运算与分析能力相结合，形成人工智能的系统。它事先将有关专家的知识和经验加以总结分类，形成规则存入计算机构成的知识库，根据数据库中自动采集或人工输入的原始数据，通过专家系统的推理机，模拟专家的推理和判断思维过程来建立故障档案，解决状态识别和诊断决策中的各种复杂的问题，最后对用户给出正确的咨询答案、处理对策和操作指导等。

这种诊断专家系统可以很方便地修改、增加和删除知识库里的内容，还能高度模仿各个专家辩证解决问题的思维方法，使知识库的内容不断充实完善，诊断水平和准确度不断提高。专家系统具有十分有效的诊断与干预能力，但目前这种智能诊断系统知识的获取还存在瓶颈，实用进展缓慢。近几年，开发了神经网络的智能诊断系统，备受人们的关注。

4. 智能物业设备故障诊断技术的目的

智能物业设备故障诊断的主要目的是了解设备的下述情况。

① 设备的劣化情况。对部件主要是掌握其磨损度、腐蚀度和绝缘性；对设备主要是掌握其效率、噪声和振动；对系统则主要掌握其热平衡、风量平衡、水量平衡。设备的劣化会影响其功能，因此，比较容易找准诊断的对象。但不能只调查现象，必须找到原因。

② 节能情况。调查分析能耗量的构成，判断是否能引入智能物业设备运行管理和室内环境方面的节能技术措施。

③ 省力化。在运行管理中积累起来的大量数据很少有人去认真地分析整理。按照现代物业管理的要求，应该把以人的经验和能力为中心的维护管理业务计算机化。因此，作为一个高素质的智能物业设备管理人员，应当调查分析维护管理和运行管理业务的形态和工作量，实现省力化的维护管理，以提高服务质量。

④ 提高功能，适应信息化。对于智能物业设备系统的功能变更和提高的要求，应对现存系统的功能程度进行调查诊断，以设备、系统的能力测定为中心，掌握附加新的功能的可能性和制约因素。

⑤ 环境。测定温度、湿度、二氧化碳浓度、噪声和照度，对舒适性和节能性进行诊断。这些因素都可以进行定量诊断，调查方法也比较容易。一般对用户不满较多的部位进行重点调查。

⑥ 安全性。对智能物业的防灾机能，要根据现行法规调查其设置状况和动作情况。

5. 智能物业设备诊断工作的开展程序

智能物业设备诊断工作的开展程序可根据具体情况而定，下面介绍一种比较典型的程序，可供参考。

① 确定重要设备清单，如智能物业中的重点设备，发生故障后损失大的设备等。先对其中的几台设备进行监测，取得诊断经验并建立信心后，再进一步扩大诊断对象的范围。

② 摸清每台设备的状况，包括设备的结构、性能、工作能力、工作条件、工作状态（过去的和现在的）等。

③ 选择诊断对象的监测点。要确定监测点上的测定参数，建立基准值。

④ 确定检测周期。
⑤ 确定所需的仪器。
⑥ 建立记录、报告系统，包括人工的和计算机化的。大规模的系统可每天报告一次，紧急情况口头报告。
⑦ 人员培训。培训内容包括监测手段的使用、设备结构、故障分析、信号处理技术等。

四、智能物业设备管理的基本制度

智能物业集中了现代科学技术的最新设备和产品，要管理好这些现代化设备，除了要配备具有较高的专门技术、技能的技术人员外，还必须建立一套严格的管理方法和完善的管理制度。

国家机械工业委员会发布的《机械工业企业设备管理规定》中对设备使用有明确规定。
① 工人在独立使用设备前，须对其进行设备的结构、性能、技术规范、维护知识和安全操作规程等技术理论教育及实际操作技能培训。经过考试合格发给设备操作证后，方可凭证独立操作。
② 操作工人应掌握"三好"、"四会"，严格执行使用设备的"四项要求"、"五项纪律"。
③ 设备的使用要实行定人定机，凭证操作，严格实行岗位责任制。对于多人操作的设备、生产线，必须实行机长制，由机长负责。对多班制生产的设备，操作工人必须执行设备交接班制度。单班制设备应有运行记录。
④ 操作工人要严格遵守设备操作规程，合理使用设备。严禁超负荷、超规范、拼设备。如遇现场生产管理人员或上级强令操作工人超负荷、超规范使用设备时，设备管理部门有权制止，操作工人有权拒绝，并可越级上告。对违章指挥者应追究责任。
⑤ 生产设备要严格执行日常维护（日常保养）和定期维护（定期保养）制度。

（一）建立完善规章制度的必要性

设备是智能物业系统运作的物质和技术基础。科学、合理地对设备进行管理，使设备始终可靠、安全、经济地运行，为人们的生活和工作创造舒适、方便、安全、快捷的环境，可以体现整个智能物业的使用价值和经济效益。

在设备运行管理环节中更要强调规范的重要性。操作人员行为规范化是现代设备技术经济特点提出的要求。只有各种使用维护规程与人员的岗位责任制相结合，并要求人员严格遵守设备的运行维护制度，才能保证设备系统正常地运行，维持企业各项活动的协调性。

智能物业设备的管理目标包含以下几个方面。

1. 创造安全、舒适、和谐的人居环境

对智能设备进行专业化管理，是为了克服传统的非专业化房屋管理的弊端，为物业智能化的使用者创造良好的工作、生活环境，促进精神文明建设和社会的全面进步。

2. 发挥设备的最大使用价值

通过设备的管理,使智能物业的使用者可以综合利用物业智能化提供的各项服务设施和服务内容,并采用最有效的时间和空间合理安排、及时调整,使智能物业的各项设施、设备得到最大的利用和功能的充分发挥。

3. 使物业尽可能保值、增值

通过对设备的维护、保养及对设备功能的不断扩充和提升,降低设备的运行成本,延长设备的使用年限,提升和增加服务功能及服务方式使得物业保值、增值。

为了达到以上的设备管理目标,必须制定和建立完善的设备管理规章制度,保证设备功能最大化地执行,为使用者服务。

(二) 智能物业设备管理制度介绍

现代物业管理都是专业化管理,其中最主要的就是建立一套完整的管理制度。

1. 物业设备接管验收制度

设备验收工作是设备安装或检修完成后转入使用的重要过程,因此,在设备的运行管理和维修管理之前,首先要做好设备的接管验收工作。接管验收不仅包括对新建房屋附属设备的验收,而且包括对维修后设备的验收及委托加工或购置的更新设备的开箱验收。验收后的设备基础资料要保管好。

2. 物业设备预防性计划维修保养制度

预防性计划维修保养是为了延长设备的使用寿命、防止意外损坏而按照预定计划进行的一系列预防性设备维修、维护和管理的组织和技术措施。实施预防性设备维修保养制度,可以保证物业设备经常保持正常的工作能力,防止设备在使用过程中发生不应有的磨损、老化、腐蚀等情况,充分发挥设备的潜力和使用效益,掌握设备状况,提高设备运行效率。实施预防性计划维修保养制度既可以延长设备的修理间隔期,降低维修成本,提高维修质量,又可以保证物业设备的安全运行,延长设备使用寿命,树立物业管理企业的良好形象。

预防性计划维修保养制度主要包括制订设备的维修保养计划,确定设备的维修保养类别、等级、周期、内容,实施预防性计划维修保养制度,并进行监督检查等。

3. 运行管理制度

运行管理制度包括巡视抄表制度、安全运行制度、经济运行制度、文明运行制度等。此外,特殊设备还需另行制定一些制度,如电梯安全运行制度等。

4. 值班制度

建立值班制度并严格执行,可以及时发现事故隐患并排除故障,从而保证设备安全、正常地运行。它主要包括不得擅自离岗;按时巡查,及时发现事故隐患;接到故障维修通知及时安排人员维修、抢修等。

5. 交接班制度

交接班制度主要包括做好交接班工作;提前办好交接班手续;除值班人员外,其他人员一律不准进入值班室。

6. 报告记录制度

整个管理过程中，任何报告均有记录，建立完善的报告记录制度。

五、智能物业设备的基础管理

智能物业设备的正确使用和维护是智能化系统管理的重要环节。设备使用期限的长短、工作效率和工作精度的高低，既取决于设备本身的结构和精度性能，也在很大程度上取决于对它的使用和维护情况。根据智能设备管理制度的要求，做好设备的基础管理，可以防止发生非正常损失和避免突发性故障，能使设备保持良好的工作性能和应有的精度。而精心维护设备则可以改善设备技术状态，延缓劣化进程，消灭隐患于萌芽状态，保证设备的安全运行，延长使用寿命，提高使用效率。

智能设备的基础管理和维护工作包括：制定设备技术状态的完好标准、提出设备使用的基本要求、制定设备操作维护规程，进行设备的日常维护和定期维护、设备的状态监测和故障诊断，对设备故障和事故进行处理等。

（一）智能化系统设备的巡回检查

一个智能大楼涉及的智能化系统及设备较多，安装地点也比较分散，不仅是不同的系统设置有不同的机房，而且同一种系统常设置多个机房。在管理人员的配置上，不需要每个机房都有值班人员。因此，就需要运行维护人员和检修人员定时或定期地进行巡回检查，以预防为主，发现情况及时处理，保证系统安全、正常运行。

巡回检查应包括巡回检查的时间、巡回检查的路线和必须记录的内容。巡回检查的具体内容有以下几个方面。

① 需要做运行记录的设备，由运行值班人员在抄表时进行巡回检查，其他设备一个班次巡回检查一次，对连续运行的设备，在运行中检查不了的内容则要定期停机检查。对新设备和修理过的设备要酌情增加检查次数。

② 作为经常性的检查内容主要是检查设备是否有不正常振动、噪声、过热、泄漏等，各种阀门的位置是否正确，动作是否灵活；各种仪表、控制器连接线有无断线，操作台、仪器、仪表等指示灯有无显示等。

③ 运行值班人员的检查主要通过看、听、控、嗅的形式来进行，一般不作拆卸检查；检修人员主要借助仪器、仪表或进行必要的拆卸来作定期检查。

④ 巡回检查中发现的问题要立即处理，处理不了的要及时向班（组）长或弱电工程师（主管）汇报，并做好有关记录。

（二）智能化系统设备的操作管理

操作规程是使系统或设备从静止状态进入运行状态，或从运行状态回复到静止状态的过程中应遵守的规定和操作顺序。这种规定和操作顺序对于由众多设备组成的智能化系统和某些大型设备（如中央制冷机组、供配电设备）来说尤其重要，稍有不慎就会对设备造成损害,甚至造成灾难性事故。例如,中央空调水冷冷水机组的启动过程,就不是一个孤立的冷水机组启动问题,而必须在冷冻水系统和冷却水系统先后运行起来后才能进行其启动操作;而冷冻水系统和冷却水系统的正常运行又分别建立在空气处理装置和冷却塔启动并工作的基础上,如果不是这样,冷水机组启动后就有可能受到损伤,甚至损毁。

有些控制系统的设计或配置比较好,具有单向操作保护功能,不按规定顺序操作就进行不下去,系统或设备就启动不了,如果不了解情况,还以为设备坏了。因此,操作规程要根据系统和设备的类型、功能、使用条件及结合设备制造厂家提供的技术资料来制定,不能生搬硬套,也不能过于简单,以保证系统和设备的安全使用,达到或超过使用寿命。

为了使系统或设备的开机和停机过程都能安全、正常地进行,应该把相应的、规范的操作规程简单扼要地书写清楚,并醒目地张贴在控制或操作地点,以减少人为误操作所造成的损失和危害。

设备使用规程是根据设备的特性和结构特点,对有关设备使用作出的规定。一般包括:在设备投产前编制审定设备操作、维护的文件、资料,如操作规程、维护规程、润滑卡片、设备点检和定检卡片等。

新员工在独立操作前,必须经过对系统的结构性能、安全操作、规范流程、维护要求等方面的技术知识教育和实际操作培训。经过技术训练的员工,要进行技术知识和使用维护知识的考试,合格者获操作证,方可上岗。建立必要的业务规定、规则,如对多人操作设备的机台长的选定、对关键设备专人维修的规定、设备事故报告制度、交接班制度的建立等。

操作者在使用设备过程中要掌握"三好"、"四会",并严格执行"五项纪律"。

使用设备"三好"的内容如下。

① 管好设备。自觉遵守定人、定机制度和凭证使用设备,管好工具、附件,不损坏、不丢失、放置整齐。

② 用好设备。设备不带病运转,不超负荷使用,不大机小用,精机粗用。遵守操作规程和维护保养规程,细心爱护设备,防止事故发生。

③ 修好设备。按计划检修时间停机修理,参加设备的二级保养和大修完工后的验收试车工作。

使用设备"四会"的内容如下。

① 会使用。熟悉设备结构、技术性能和操作方法,懂得加工工艺,会正确地使用设备。

② 会保养。会按润滑图表的规定加油、换油,保持油路畅通无阻。会按规定进行一级保养,保持设备内外清洁,做到无油垢、无脏物,做到"漆见本色铁见光"。

③ 会检查。会检查与加工工艺有关的精度检验项目,并能进行适当调整。会检查安全防护和保险装置。

④ 会排除故障。能通过不正常的声音、温度和运转情况,发现设备的异常状态,并能判定异常状态的部位和原因,及时采取措施排除故障。

使用设备"五项纪律"的内容如下。

① 实行定人定机，凭操作证操作设备。
② 经常保持设备整洁，按规定加（换）油，保证合理润滑。
③ 遵守安全操作规程和交接班制度。
④ 管好设备附件和工具，不损坏，不丢失。
⑤ 发现异常立即停车检查，自己不能处理的应及时通知相关人员检查处理。

严格岗位责任，实行定人定机制，以确保正确使用设备和落实日常维护工作。

（三）智能化系统设备的维护管理

设备的维护保养是管、用、养、修等各项工作的基础，也是操作工人的主要责任之一，是保持设备经常处于完好状态的重要手段，是一项积极的预防工作。设备的保养也是设备运行的客观要求，设备在长时间的运行过程中，不可避免地要发生耗损。例如，松动、干摩擦、腐蚀等设备隐患，如果不及时处理，会造成设备的过早磨损，甚至形成严重事故。做好设备的维护保养工作，及时处理随时发生的各种问题，改善设备的运行条件，就能防患于未然，避免不应有的损失。实践证明，设备的寿命在很大程度上取决于维护保养的程度。因此，对设备的维护保养工作必须强制进行，强调"预防为主、养为基础"并严格督促检查。

通过擦拭、清扫、润滑、调整等一般方法对设备进行维护，以维持和保护设备的性能和技术状况，称为设备维护保养。设备维护保养的要求主要有4项。

① 清洁。设备内外整洁，各零件处无油污，各部位不漏油、不漏气，设备周围的切屑、杂物、脏物要清扫干净。
② 整齐。工具、附件、工件要放置整齐，管道、线路要有条理。
③ 润滑良好。按时加油或换油，不断油，无干摩擦现象，油压正常，油标明亮畅通，油质符合要求，油枪、油杯、油毡清洁。
④ 安全。遵守安全操作规程，不超负荷使用设备，设备的安全防护装置齐全可靠，及时消除不安全因素。

为提高设备维护水平应使维护工作基本做到"三化"，即规范化、工艺化、制度化。

① 规范化就是使维护内容统一，哪些部位该清洗、哪些零件该调整、哪些装置该检查要根据各企业情况按客观规律加以统一考虑和规定。
② 工艺化就是根据不同设备制定各项维护工艺规程，按规程进行维护。
③ 制度化就是根据不同设备的不同工作条件，规定不同维护周期和维护时间，并严格执行。

设备维护应按维护规程进行。设备维护规程是对设备日常维护方面的要求和规定，坚持执行设备维护规程，可以延长设备使用寿命，保证安全、舒适的工作环境。其主要内容应包括以下几方面。

① 设备要达到整齐、清洁、坚固、润滑、防腐、安全等的作业内容，工具及材料达到标准或注意事项要求。
② 日常检查维护及定期检查的部位、方法和标准。

③ 检查和评定操作工人维护设备程度的内容和方法等。

（四）智能化系统设备的维修管理

不管如何加强维护保养，都只能降低设备的损坏速度。要想使设备完全不出现故障或发生部件损坏问题是不可能的。因此，必须定期对系统和设备进行检验和测量，以便根据检测情况及时采取相应的预防性或恢复性的修理措施。通过及时发现、消除系统和设备存在的问题和潜在的事故隐患，来提高各个设备自动化系统的"健康水平"，保证系统安全、经济地运行，防止意外事故的发生，延长其使用寿命，更好地为用户服务。

设备完好是指系统设备处于完好的技术状态。设备完好标准基本上有3条要求。

① 系统设备性能良好：控制系统能稳定地满足要求；动力设备的功能达到原设备规定标准，运转时无超温、超压等现象。

② 系统设备运转正常：系统各部件齐全，安全防护装置良好，磨损及腐蚀程度不超过规定的技术标准，控制系统、计量仪器、仪表等工作正常，安全可靠。

③ 原材料、燃料、电能、润滑油料等消耗正常，无漏油、漏水、漏气（汽）、漏电等现象，外表清洁整齐。

1. 维修承担者类型

目前设备检修的承担者有以下3种类型。

（1）内部专职检修部门

多数大企业，由于技术力量较强、分工较细，设有专门的检修部门。

（2）多技能操作者

一些中小企业为了减少人员配备，充分利用人力资源，通常将操作与检修结合起来，运行工也是修理工，不另设专门的检修部门。

（3）外部专业检修公司

目前，绝大部分物业管理公司都采取了将建筑自动化系统的主要设备承包给专业检修公司检修的方式，扬长避短，集中主要精力抓好其他方面的管理工作。

2. 维修方式与制度

企业选择的设备检修承担者不同，其检测与维修制度内容也不同。此外，检修方式不同，对检测与修理制度的内容制定也有很大影响。当前常用的检修方式有以下两种。

（1）定期维修

定期检修通常也称为计划检修，是按照一定周期进行检修的传统方式。这种检修方式的优点是可以有计划地利用设备中长期停机时进行检修，人力、备件均可以有充分的准备。

（2）委托维修

设备的委托维修是指本企业在维修技术或能力不具备自己修理需维修设备的条件，必须委托外企业承修。一般由企业的设备管理部门负责委托专业维修商、制造商承修，并签订设备修理经济合同。目前，绝大部分物业管理公司实行设备委托修理，以便促进设备维修和管理水平的提高。

六、智能物业设备资料的管理

智能物业设备的资料是指物业管理公司在设备管理的全部活动中形成的作为原始记录保存起来以备查考的文字、图像及其他各种方式和载体的文件材料的总称。在智能建筑设备的管理中，资料的管理是不可或缺的一个重要环节，只有设备资料齐全，才能够据此对设备进行维护、维修，保持设备的良好运转。

（一）智能物业设备基础资料的内容

设备资料是设备管理在整个运作过程中的真迹，它不仅记录了设备管理在整个过程中的状况，而且记录了设备管理活动的发展，及探索设备管理发展的成果。基础资料管理是智能物业设备管理工作的根本依据，基础资料必须正确齐全，便于查阅。智能物业设备的基础资料包括以下几个方面。

1. 设备的原始档案

设备的原始档案包括：基本技术参数和设备价格；质量合格证明；使用安全说明书；出厂、安装、使用的日期等。

2. 设备卡片及设备台账

设备卡片将所有设备按系统或部门、场所编号。一台设备有一张设备卡片，设备卡片上登记设备的编号、名称、规格型号、基本技术参数、设备价格、制造厂商、使用部门、安装场所、使用日期等。

按编号将设备卡片汇集进行统一登记，形成一本企业的设备台账，从而反映全部设备的基本情况，给设备管理工作提供方便。

3. 设备技术登记簿

每台设备应建立一本设备技术登记簿，它是设备的档案资料。设备技术登记簿中有：设备概况、技术参数和条件、技术标准及图纸、设备运行状况、设备维护保养和检修情况、设备大修记录、设备事故记录、设备更新改造记录、设备报废记录等。

（二）设备资料管理的特点

1. 动态性

由于设备资料管理具有动态性，因此必须建立动态管理机制。凡是管理程序的各个环节，都要进行及时性、经常性、完备性的动态注记。例如，设备数量的变化、结构和用途的改动、产权人的更替、使用人的变动等，需要及时、准确、全面地反映物业管理服务对象的变动状况。

2. 基础性

设备资料管理是物业管理的基础工作，这是因为它是现代管理的基础和物业管理水平的标志。现代化管理需要以计算机为中心进行信息处理。信息是一种无形的资源，也是管理要素之一。物业档案资料管理是信息处理的基础性工作，它多数表现为人工方式的前处理，只有前处理工作做好了，计算机化的信息处理工作才有基础。

(三) 智能物业设备档案的建立

智能物业设备档案指设备从移交验收并正式使用时起直至报废为止全过程各种资料的整理、汇集，是整个设备管理活动的原始记录，具有真实性、可靠性，综合反映了智能物业设备管理的成果，也是智能物业设备管理的依据和条件。管理者的管理模式、文化素养、技术水平、工作作风等都会在物业档案资料中反映出来。因此，它是物业管理公司的一项基础性工作，其管理的好与坏成为衡量物业管理水平高低的标志。

建立设备档案的目的是积累设备各种状态的基本资料，探索设备技术状况变化和零部件的磨损规律，改善设备维护和修理，研究和制定设备的改进措施。设备归档资料一般包括：设备移交验收的技术资料和情况记录、历次设备检修及其检验情况记录、设备改装和革新的技术资料等。建立设备档案，可以为正确地开展设备管理和维修活动提供重要依据，同时也是反馈智能物业设备制造质量和管理质量信息的重要依据。因此，建筑物内的每一台主要设备，在正式移交使用后，都应建立设备档案资料。

设备档案的建立必须本着科学、严谨的态度，系统地对资料进行收集、整理，并进行科学分析，形成设备管理的基础材料供管理时使用。

1. 设备档案管理的基本要求

对设备资料管理的基本要求有如下几个方面。

(1) 保证档案资料的完整性、准确性、动态性、安全性

① 完整性——对档案资料的整体性的要求，不能残缺、遗漏、空白、分散。

② 准确性——档案资料确实可靠，不错不漏，保持其原始记录，这是档案资料的基本价值所在。

③ 动态性——档案资料必须具有动态性，是最新的客观记录。

④ 安全性——一是指保密上的安全，严格遵守借阅制度等；二是指保管上的安全，如"八防"：防火、防光、防潮、防灰、防盗、防虫、防鼠、防有害气体。

(2) 建立目录使查询方便

所有的设备应分类分册建立目录，实行计算机化管理，便于查询，这样做一是存档方便，二是检索方便。

(3) 按时存档，定期检查

每一设备管理活动结束，应及时存档，对各种档案资料应建立定时检查制度，检查其安全性，发现不安全因素，要及时整改，防止损坏或损失。

2. 设备档案的建立

设备档案的建立方法，可以用图8-4简单描述。

(1) 资料收集

资料的收集是指收集与设备活动有直接关联的资料。如设备经过一次修理后，更换和修复的主要零部件的清单、修理后的精度与性能检查单等，对今后研究和评价设备的活动有实际价值，更要进行系统的收集。

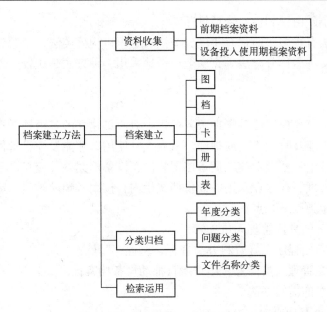

图 8-4 设备档案的建立

设备档案资料的收集应抓住"六时"。

① 物业接管时——此时是全面掌握房屋建筑、附属设备、公共设施、绿化、相关场地等设备基本情况的最佳时机。

② 业主入伙时——此时是全面掌握业主或使用人基本情况和设备使用情况的最佳时机。

③ 信息维护时——通过上门访问与业主或使用人进行对话或沟通,核对已经建立及注记变动情况。

④ 接待投诉时——通过日常接待和处理投诉,掌握动态变化,修正原有记录。

⑤ 维修更新时——此时应将维修更新后的设备变动情况记录在案。

⑥ 检查评比时——此时应将已建立的设备档案资料进一步整理完善,以备查考。

(2) 档案建立

资料的建立,指对收集的原始资料,要进行去粗取精、删繁就简地整理与分析,使进入档案的资料具有科学性与系统性,提高其可用价值。

① 图——根据管理需要按标准绘制的各类图纸。

② 档——在各类活动中形成的各类文字材料,是设备档案资料的主要成分。

③ 卡——根据管理工作的需要而制定的产业目录卡、设备保养卡、维修记录卡等。

④ 册——为了提高工作效率而建立的设备手册、使用手册、业户缴费手册等。

⑤ 表——根据管理工作需要设立的各类表格。

(3) 分类归档

分类归档就是按照档案资料自身的规律进行科学的划分。一个有序的资料库是一个完整的树形图,从大到小,由纵到横,合理排序。

档案的分类方法有很多,通常有年度分类法、组织机构分类法、问题分类法、作者分类法、地区分类法、文件名称分类法等,一般单纯地采用一种方法是比较少见的,都是两种以上的方法结合使用。

(4) 检索运用

资料的检索运用就是根据设备管理服务的需要对收集建立的各种档案资料在发挥其凭证作用和参考作用时,能及时地查阅或举证。只有充分使用,才能发挥设备档案的作用。

设备档案资料按单机整理存放在设备档案袋内,设备档案编号应与设备编号一致。设备档案袋由专人负责管理,存放在专用的设备档案柜内,按编号顺序排列,定期进行登记和入档工作。同时还应做到以下几点:

① 明确设备档案的具体管理人员;
② 按设备档案归档程序做好资料分类登记、整理、归档;
③ 未经设备档案管理人员同意,不得擅自抽动设备档案;
④ 制定设备档案的借阅办法。

(四) 智能物业设备技术资料及管理信息的统计

设备档案资料具有动态性和基础性的特点,那么,作为一个物业管理企业如何管理好并且充分利用档案资料的记载性、数据性和完整性,为提高物业管理质量起到积极作用,是衡量物业管理企业管理水平的重要标准之一。

统计分析的运用是目前物业管理过程中最常见的一种方法。尤其是对动态事物的统计分析,有助于企业采取预防措施和改进方法。例如,智能物业中的设备设施管理,采用统计分析技术对设备设施的动态管理能达到良好的效果。

1. 统计分析的作用

① 提供表示事物特征的数据。
② 比较两个事物之间的差异。
③ 分析影响事物变化的原因。
④ 分析两种特征之间的相互关系。
⑤ 作出抽样及改进方案。
⑥ 提供分布依据。

2. 统计分析技术应用的优越性

① 预测未来和推断总体质量水平。
② 预防差错和缺陷的产生。
③ 对过程实施控制。
④ 多快好省地取得工作效果。

智能建筑中的设备设施是管理内容中的核心,智能化设备设施的运行好坏会影响整个物业运作的质量,并且设备管理是动态性很强的工作。从档案资料的收集、建立、统计分析直到检索运用等程序，统计分析是整个物业设备设施运行过程中提供动态数据和动态现状最为有效和实用的一种方法。

3. 统计方法的应用

统计方法应用的流程如图 8-5 所示。

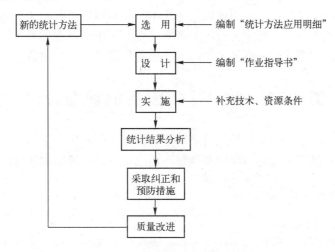

图 8-5 统计方法应用流程图

加强设备档案资料的管理，科学、有效地利用档案资料的信息资源，合理采用统计分析技术，是提高设备管理质量的基础工作。在统计分析技术的应用上，应注意以下两点。

（1）重视基础条件

任何事物的应用都有一定的条件，统计分析技术的应用也不例外，要想发挥其作用，就必须具备一定的基础条件。过去，人们对这些基础条件重视不够，或者不会很好地享用档案资料的信息资源，把统计分析技术看成：不论条件如何，在任何情况下都管用的"灵丹妙药"；或者不论基础条件如何，强制应用某种统计分析技术，这些都是由于不了解统计分析技术的应用条件所致。

统计分析技术应用的基础条件有以下 4 个方面。

① 质量管理基础工作扎实，有健全的日常管理秩序，服务质量具有可追溯性。

② 服务质量相对稳定，影响质量的因素已经标准化，过程质量处于受控状态。

③ 具备必要的技术和物质条件，示值准确的计量器具和先进的测试手段，以及现场记录的图表、数据。

④ 档案资料管理科学规范，检索运用准确可靠。

统计技术应用的实践，即使是尝试性的，也可为完善企业的管理提供有益的积累，同时也会对企业的标准化工作提出更具体的要求。所以，在采用统计分析技术时，既要积极实践，又要注意相关的基础工作的建设，使物业档案资料管理在质量体系中发挥出应有的作用。

(2) 重视与专业技术和管理措施相结合

统计分析技术的主要作用，是能及时提供相对比较可靠的信息，但它并不能取代专业技术和管理措施本身。当统计分析数据和控制图提出异常信号时，它自身并不能判明异常的原因在何处，还必须依靠技术人员通过专业技术和管理状况的分析找出原因所在，采取对策。因此，不应该为用统计分析技术而用统计分析技术，必须密切结合专业技术和管理措施。如果统计分析提供了异常信号，有关人员不予理睬，或不能依据专业技术和管理经验，提出合适的对策并加以实施，则统计分析技术应用所提供的信息就会白白浪费掉。

第二节 智能建筑设备的前期管理

设备前期管理，是指设备从开始规划决策直到投入生产使用为止的阶段性管理工作。设备前期管理的优劣不仅影响设备的使用和维修，而且影响整个智能物业管理系统的实现。

一、设备前期管理的内容及意义

1. 设备前期管理的内容

智能物业设备管理的主要特点是把设备一生视为一个系统进行全过程管理。设备前期管理涉及从规划到投产这一阶段的全部工作，是设备综合管理的重要内容。

设备前期管理又称为设备规划工程，是指从制订设备规划方案起到设备投产为止这一阶段全部活动的管理工作，包括设备的规划决策、外购设备的选型采购、设备的安装调试和设备使用的初期管理4个环节。其主要研究内容包括：设备规划方案的调研、制订、论证和决策；设备货源调查及市场情报的搜集、整理与分析；设备投资计划及费用预算的编制与实施程序的确定；外购设备的选型、订货及合同管理；设备的开箱检查、安装、调试运转、验收与投产使用，设备初期使用的分析，评价和信息反馈等。做好设备的前期管理工作，为设备投产后的使用、维修、更新改造等管理工作奠定了基础，创造了条件。

2. 设备前期管理的意义

设备不仅是企业的物质技术基础，更是体现企业现代化水平的重要标志。随着社会的发展和科技的进步，设备的技术质量、性能均有了很大提高，对设备的管理也提出了更高的要求。但是，目前在我国企业设备前期管理这一重要环节，往往因为各种原因，做得不到位，造成新购设备不能满足企业生产需要，从而给企业造成严重影响。大量事实说明，我国在设备前期管理中的失误不断发生，投资从几十万元到几百万元，乃至几十亿元的配套设备项目，因为不能产生效益，给国家和企业造成巨大的浪费。

设备前期管理包括设备的规划、选型、采购、安装、调整、试运行、验收、使用初期管理，以及设备订货至验收全过程的合同管理等内容。设备质量的形成过程可分为可行性研究阶段、设计开发阶段、采购和制造阶段、安装和调试阶段及售后服务阶段。现在的设备管理主要集中在设备进入本企业后的后期使用管理，使用单位和设备管理部门对设备质量形成过程的前期管理反而参与极少，在为什么购进和购进什么样的设备方面没有多少发言权。某些在生产中必须停机或花费大量精力解决的设备故障问题，如果在设备选型、订购及安装环节中就考虑预防措施或解决办法，成本将大大低于运行后的改造成本。因此，设备前期管理正规化是迫切需要"立法"解决的问题。

重视设备前期管理体现了设备综合管理的一个主要特点——设备全过程管理，同时还具有以下几个重要意义。

① 设备前期管理阶段决定了几乎全部寿命周期费用的90%，这直接影响到企业产品的成本和利润。

② 设备前期管理阶段决定了企业装备的技术水平和系统功能的生产效率和产品质量，是后期管理的先天条件。

③ 设备前期管理阶段决定了设备的适用性、可靠性和维修性及设备效能的发挥和效益的提高。设备前期管理是设备一生管理中的重要环节，它决定着企业投资的成败，与企业经济效益密切相关，同时对提高设备技术水平和设备后期使用运行效果也具有重要意义。

设备的前期管理是技术性、经济性很强的工作，在实施前期管理工作时，应注意以下几个方面。

① 在设备的规划选型中，不仅要着重考虑设备的功能是否满足产量和质量的要求，而且应该考虑设备使用中可靠性和维修性的要求；不仅要重视设备的购置费用，更要重视设备整个寿命周期费用的经济性。

② 在购置设备，特别在进口国外设备时，应注意向制造厂索取和购买必要的维修技术资料、图纸等软件，从而避免投产后维修跟不上的事情发生。

③ 为了不影响设备验收后正常使用，尽快发挥设备的投资效益，对于设备维修人员的培训应在安装验收前予以考虑。

二、设备前期管理制度

落实智能物业设备前期管理工作的前提是制定详尽、规范的管理制度。靠制度来强化和规范该方面的工作，使前期管理有章可循、有人去管，进而避免企业在这方面管理的缺失，为设备的后期管理奠定坚实的基础。制定制度要体现以下原则：定义内容、明确职责、履行程序。

1. 设备前期管理制度的内容

依照设备综合管理的理论，企业应实行设备全过程管理，即实行从设备的规划工作起直至报废的整个过程的管理，这个过程一般可分为前期管理和使用期管理两个阶段。在前期管理阶段主要工作内容有以下几方面。

① 设备规划的调研、论证和制定。这项工作主要依据企业的生产发展，新产品开发，产品质量升级，以及新技术、新工艺、新材料的应用等方面的需求目标而进行。

② 进行设备产品的市场调查、国内外有关信息资料的收集、分析与整理。

③ 设备投资计划的编制及实施方案的制订。该项工作不仅涉及单项工程投资计划控制，而且是企业经营者合理安排（或筹措）资金、制订年度生产经营方针目标的重要依据。

④ 拟定设备用标文件，组织实施设备的招标、评标工作。按国家的有关规定，单位设备（尤指成套设备）投资额达50万元以上的采购（施工）项目，必须采用公开招标或邀请招标的做法，来确定产品制造厂或施工单位。凡是正常更新或技术改造项目中的配套设备选购，只要投资额超出上述限定范围，无论是标准产品或是非标产品，均应采取招标的做法，以增强设备投资工作的合理性、科学性与公正性。评标是用户兑现其选型工作的重要内容之一。

⑤ 非标或系统配套设备的设计审查与监造。其中，对设计审查和制造过程中的质量监督等工作，除分别由各分管部门承担与完成外，必须吸收设备最终使用与管理单位的人员参加。

⑥ 设备运输、安装、调试及其有关数据的分析与确认，以及签署验收与交付使用文件。

2. 设备前期管理分工

设备前期管理是一项系统工程，企业各个职能部门应有合理的分工和协调的配合，否则前期管理会受到影响和制约。设备前期管理涉及企业的规划和决策部门、工艺部门、设备管理部门、动力部门、安全环保部门、基建管理部门、生产管理部门、财会部门及质量检验部门。具体的职责分工如下。

① 规划和决策部门：企业的规划和决策部门一般都要涉及企业的董事会和总经理、总工程师和总设计师；应根据市场的变化和发展趋势，结合企业的实际状况，在企业总体发展战略和经营规划的基础上委托规划部门编制企业的中长期设备规划方案；并进行论证，提出技术经济可行性分析报告，作为领导层决策的依据；在中长期规划得到批准之后，规划部门再根据中长期规划和年度企业发展需要制订年度设备投资计划；企业应指定专门的领导负责各部门的总体指挥和协调工作，规划部门加以配合，同时组织人员对设备和工程质量进行监督评价。

② 工艺部门：从新产品、新工艺和提高产品质量的角度向企业规划和高级决策部门提出设备更新计划和可行性分析报告；编制自制设备的设计任务书，负责签订委托设计技术协议；提出外购设备的选型建议和可行性分析，负责新设备的安装布置图设计、工艺装备设计，制定试车和运行的工艺操作规程，并参加设备试车验收等。

③ 设备管理部门：负责设备规划和选型的审查与论证。提出设备可靠性、维修性要求和可行性分析；协助企业领导做好设备前期管理的组织、协调工作；参加自制设备设计方案的审查及制造后的技术鉴定和验收；参加外购设备的试车验收；收集信息，组织对设备质量和工程质量进行评价与反馈。

负责设备的外购订货和合同管理，包括订货、到货验收与保管、安装、调试等。对于一般常规设备，可以由设备和生产部门派专人共同组成选型、采购小组，按照设备年度规划和工艺部门、能源部门、环保部门、安全部门的要求进行；对于精密、大型、关键、稀有、价值昂贵的设备,应以设备管理部门为主,由生产、工艺、基建管理、设计及信息部门的有关人员组成选型决策小组,以保证设备引进的先进性、经济性。

④ 动力部门:根据生产发展规划、节能要求、设备实际动力要求,提出动力站房技术改造要求,作出动力配置设计方案并组织实施;参加设备试车验收工作。

⑤ 安全与环保部门:提出新设备的安全环保要求,对于可能对安全、环保造成影响的设备,提出安全、环保技术措施的计划并组织实施;参加设备的试车和验收,并对设备的安全与环保实际状况作出评价。

⑥ 基建管理部门:负责设备基础及安装工程预算;负责组织设备的基础设计、施工,配合做好设备安装与试车工作。

⑦ 生产管理部门:负责新设备工艺装备的制造,新设备试车准备,如人员培训、材料、辅助工具等;负责自制设备的加工制造。

⑧ 财务部门:筹集设备投资资金;参加设备技术经济分析,控制设备资金的合理使用,审核工程和设备预算,核算实际需要费用。

⑨ 质量检测部门:负责自制和外购设备质量、安装质量和试生产产品质量的检查;参加设备验收。

以上介绍了企业各职能部门对设备前期管理的责任分工。这项工作一般应由企业领导统筹安排,指定一个主要责任部门,如设备管理部门作为牵头单位,明确职责分工,加强相互配合与协调。

三、智能物业设备前期管理的工作程序

智能物业设备前期管理的工作程序,按照工作时间先后可分为规划—实施—总结评价3个阶段,这3个阶段不断循环往复,实质上也是计划—实施—检查—处理的管理循环。各阶段的内容和程序如图8-6所示。

设备前期管理一般应当做好以下工作。

① 首先要做好设备的规划和选型工作,加强可行性的论证,不但要考虑设备的功能必须满足产品产量和质量的需要,而且要充分考虑设备的可靠性和维修性要求。

② 购置进口设备时,除了认真做好选型外,应同时索取、购买必要的维修资料和备件。

③ 在设备到货前,应及早做好安装、试车的准备工作。

④ 进口设备到货后,应及时开箱检验和安装调试,如发现数量短缺和质量问题,应在索赔期内提出索赔。

⑤ 企业应组织设备管理和使用人员参加自制设备的设计方案审查、检验和技术鉴定,设备验收时应有完整的技术资料。

⑥ 设备制造厂与用户之间应建立设备使用信息反馈制度,通过改进设计,不断提高产品质量,改善可靠性和维修性。

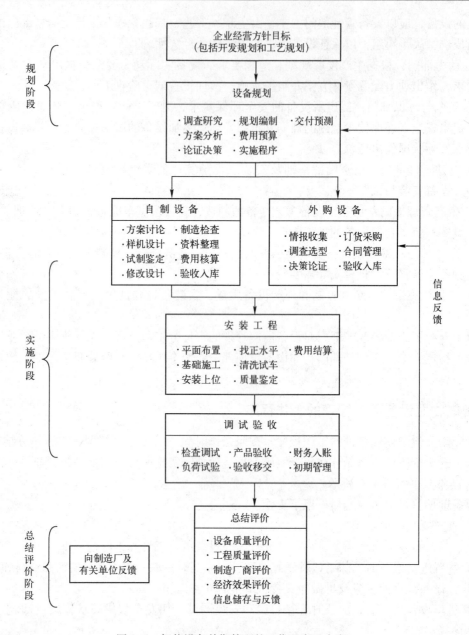

图 8-6 智能设备前期管理的工作程序及内容

四、智能物业设备规划设计与选购管理

为了满足人们的需要,为人们的工作、生活提供良好的环境,智能物业内的各种设备,如暖通空调设备、给排水设备、变配电设备等,既具有各自独立的功能,又有着密切的联

系。为了保证整个智能物业管理系统的正常运行,对设备进行规划、设计和选购工作也是相当重要的。

(一) 智能物业设备的规划管理

智能物业设备的规划是设备的寿命周期的最初期阶段,从设备一生的全过程来看,这一阶段对设备一生的综合效益影响较大。设备管理人员应自此阶段就开始介入和参与,这样才能对所管理的智能建筑设备有深入的了解,以便在日后设备的使用、维护和更新、改造工作中发挥其主动性。

1. 设备规划管理的作用

设备的规划是对设备寿命周期的物质运动形态的预先设计和价值运动形态的评价,是新设备(包括外购和自制专用设备)的设置和原有设备的更新、改造规划,也就是说,在智能物业设备的规划阶段,必须考虑到设备从最初的规划、设计、安装到使用、维修、改造、更新,直至最后报废的整个物质运动过程,并对设备的最初投资、维修费用支出、折旧、更新改造资金的筹措、积累、支出等进行评价。

设备的规划管理就是为了有条不紊地开展和完成各项规划业务,并达到规划的目的所进行的管理。包括对设备的调查研究、投资计划、费用估算等项管理业务。可见,设备的规划管理是设备管理中最高形态的综合管理,在科学的调查、预测、决策基础上,通过系统分析,精确计算和综合平衡,为实现整个系统总目标发展规律,对设备所进行总体设计的组织、领导、监督等活动。

2. 设备规划管理的内容

智能物业设备的规划管理是对整个智能物业设备系统的规划,包括设备更新、设备改造、设备布局调整、设备管理与维修改进4个方面的规划。规划的制定和实施过程如图 8-7 所示。

(二) 智能物业设备的设计管理

智能物业设备的设计也是设备寿命周期的最初期阶段,在智能物业设备的总体规划完成之后,就要进一步进行智能物业设备的设计。

1. 智能物业设备的设计管理程序

智能物业设备设计阶段的管理,应遵循以下程序。

(1) 调查研究

业主、设备管理部门和设备设计人员应多沟通,使设计人员深入了解整个建筑系统的实际情况,了解业主与设备管理部门的要求,研究目前国内外同类型建筑的现状,掌握设备技术的发展情况。

(2) 提出初步设计方案

设计人员经过大量的调查研究之后,拟出初步设计方案,交给业主和设备管理部门。

(3) 审查设计方案

业主与设备管理部门对初步设计方案进行认真的论证、审查,提出修正的意见。

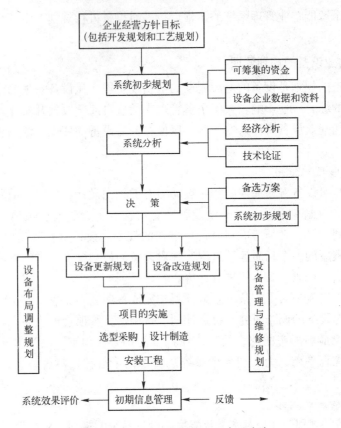

图 8-7 智能设备规划管理程序及内容

(4) 修改设计方案

设备设计人员根据初步方案的审查意见,根据现有可能的条件,予以修改,再交给业主与设备管理部门审查。

(5) 确定设计方案

经过多次审查和修改,确定正式设计方案。方案一经确定,不经业主、设备管理部门及设计人员的同意,不得随意更改。

2. 智能物业设备设计中的问题

在智能物业设备设计阶段的管理过程中,应注意以下几点。

(1) 设备的可靠性

对于物业设备来说,可靠性是十分重要的。可靠性高,不仅要求设备在使用过程中,能够稳定地不间断地工作,并且要长期保持其原有的效率和能耗。设备的可靠性受到投资因素的制约,在设计时要对可靠性与投资的关系加以全面考虑和正确处理。

(2) 设备的适应性

在设计时要考虑到将来设备升级或扩容的可能性,及建筑物内空间功能的改变所引起的设备增减等，如需设计备用的预埋线管，在控制室内预留足够的空间等。

（3）设备的经济性

尽量节省能源与原材料的消耗，是物业设备设计的一个重要指导思想。在设计物业设备时，不仅要考虑其最初投资的节约，也要考虑其使用过程中的节约。既要考虑设备前半生的费用，又要考虑设备后半生的费用，而且后者更重要。因此，节能是物业设备设计时的一个非常重要的问题。

（4）设备的维修性

在设计物业设备时，要尽量为日后着想，使维修和保养方便，尽可能地减少维修保养费用。

（5）设备的安全性

在设计物业设备时，操作性和安全性要好。物业设备的设计必须考虑设备运行过程中的技术安全性能，保证操作安全方便，减少噪声和污染。忽视这些因素，不仅造成潜在的浪费，而且容易造成更大的设备及人身事故。

（6）设备的效率

在物业设备设计时，要尽量提高各种设备的效率。

（三）智能物业设备的选购管理

设备的选购就是使新设备从智能建筑系统外部，经过选择、购买、运输、安装、调试进入管理系统的过程，是设备管理的首要环节。因此，编制设备购置计划与设备投资计划同步进行，要进行技术经济可行性论证，要严格执行审批制度并健全责任制度，把技术上先进、经济上合理、生产上适用作为设备选购的原则。

设备的选购，通常分为以下3步。

① 广泛收集设备的市场信息，对可供选择的设备进行详细考察，全面掌握相关资料和数据。

② 通过技术经济论证，从中选择最优方案。

③ 按最优方案购置设备。

1. 智能物业管理系统的远景开发与设备选购

设备选购是一项集技术与经济为一体的系统工程。外购设备的选型，是指通过技术和经济上的分析、评价和比较，从可以满足需要的多种型号、规格的设备中选购最佳者的决策。设备无论是从外厂购进，还是企业自行制造的，选型都是非常重要的。有些设备本身并无任何故障问题，但长期不能发挥作用，往往是设备选型不当造成的。因此，合理地选择设备，可以使有限的投资发挥最大的经济效益。

设备选购的主要依据是智能物业管理系统的目标要求。但是对系统管理而言，产品可能在品种、性能、数量上发生改变。因此，必须根据系统管理的目前需求和远期战略，使设备选择与管理系统现状及其长远开发结合起来。如果只考虑眼前的需要而不顾及长远发展，很可能因产品的变化而使设备系统的调整量极大，甚至是不可能的。

智能物业管理系统的远景开发指的是系统根据自身的设备、人员、资金和环境条件，在管理和经营上将要采取的技术经济措施，以进一步提高系统的管理效率。这些措施中最常见的是增加产品的品种、规格；调整产品结构，使之更适应市场的需求等。一个管理系统的设备状况是由产品决定的，所以在作设备规划时应把整个管理系统未来可能发展的产品给予充分考虑。

2. 设备选购应考虑的因素

（1）设备的生产性

设备的生产性是指设备的生产效率，主要是指单位时间的产品产量与设备质量的工程能力。一般以单位时间（分、时、班、车）的产品产量或对原材料处理量来表示。

例如，空气压缩机以每小时输出压缩空气的体积来表示；制冷设备以每小时的制冷量来表示；锅炉以每小时产生的蒸汽吨数来表示；发动机以功率来表示；水泵以扬程和流量来表示等。

高效率设备的主要特点是：大型化、高速化、自动化、电子化。

大型化：采用大型设备是现代化工业提高生产效率的一个重要途径。设备大型化的优点是可以组织大批量生产，节省投资，也有利于采用新技术。但是设备大型化的优越性不是绝对的。因为不是所有行业都适于采用大型化的生产设备，另外也不是所有企业都可以无条件地采用。如大型设备对原材料、产品及工业废料的吞吐量大，受到材料供应、产品销售、能源、环保等多方面因素影响与制约。现有企业某些设备的大型化，还可能造成与原工艺技术条件不配套、不协调。因此，不能绝对地认为设备愈大愈好。每个企业应当根据自己的生产规模、生产特点、产品性质及其他技术经济条件等实际情况，适当地选择技术参数以适应市场需要、适合本企业生产技术需要的设备规模。

高速化：设备的高速化使得设备的生产加工速度、化学反应速度、运算传递速度大大加快，从而提高了设备生产率。但随着设备运转速度的加快，设备对能源的消耗量也随之增加，对设备的设计制造质量、材质、附件和工具的要求也相应提高。由于速度快，设备零部件的磨损也快，消耗量随之增大。由于速度快，人工操作很难适应，势必要求自动控制等。这就给企业提出了新的要求，只要一个环节考虑不周，就难以带来相应的经济效益。

自动化、电子化：自动化、电子化设备是工业发展的方向，它可以极大地提高设备的生产率，取得良好的经济效果。设备自动化、电子化的特点是远距离操纵与集中控制相结合。

（2）设备的工艺性

设备的工艺性是指设备满足生产工艺要求的能力。机器设备最基本的一条是要符合产品工艺的技术要求。例如，加热设备要满足产品工艺的最高与最低温度要求，确保温度均匀性和控制精度。另外，要求设备操作方便，控制灵活，对产量大的设备，自动化程度应较高。对有毒、有害作业的设备则要求自动化控制或远距离监控等。

（3）设备的可靠性

设备的可靠性属于产品质量管理范畴，是指设备对产品质量（或工程质量）的保证程度，包括精度、准确度的保持性、零件耐用性、安全可靠性等。在设备管理中的可靠性是指设备在使用中能达到的准确、安全与可靠。

可靠性只能在工作条件和工作时间相同情况下才能进行比较，所以其定义是：系统、设备、零部件在规定时间内，在规定的条件下完成规定功能的能力。定量测量可靠性的标准是可靠度。可靠度是指系统、设备、零部件在规定条件下，在规定的时间内能毫无故障地完成规定功能的概率。它是时间的函数，用概率表示抽象的可靠性，使设备可靠性的测量、管理、控制，能保证有计算的尺度。

(4) 设备的维修性

设备的维修性是指通过修理和维护保养手段，来预防和排除系统、设备、零部件等故障的难易程度。其定义是系统、设备、零部件等在进行修配时，能以最小的资源消耗（人力、设备、工具、仪器、材料、技术资料、备件等）在正常条件下顺利完成维修的可能性。是指设备或零部件具有易于维修的特点，可以迅速拆卸、易于检查、便于修理，零部件的通用化标准化程度高。同可靠性一样，对维修性也引入一个定量测定的标准——维修度。维修度是指能修理的系统、设备、零部件等按规定的条件进行维修时，在规定时间内完成维修的概率。

影响维修性的因素有易接近性（容易看到故障部位，并易用手或工具进行修理）、易检查性、坚固性、易装拆性、零部件标准化和互换性、零件的材料和工艺方法、维修人员的安全、特殊工具和仪器设备的供应、生产厂的服务质量等。人们希望设备的可靠度高些，但可靠度达到一定程度后，再继续提高就愈来愈困难了，相对微小地提高可靠度会造成设备成本按指数增长。所以可靠性可能达到的程度是有限制的。因此，提高维修性，减少设备恢复正常工作状态的时间和费用就相当重要了。于是，产生了广义可靠性的概念，它包括设备不发生故障的可靠度和排除故障难易的维修度。

(5) 设备的经济性

选择设备经济性的要求有：最初投资少、生产效率高、耐久性长、能耗及原材料损耗少、维修及管理费用少、节省劳动力等。最初投资包括购置费、运输费、安装费、辅助设施费、起重运输费等。

耐久性指零部件使用过程中物质磨损允许的自然寿命。很多零部件组成的设备，则以整台设备的主要技术指标（如工作精度、速度、效率、出力等）达到允许的极限数据的时间来衡量耐久性。自然，寿命愈长每年分摊的购置费用愈少、平均每个工时费用中设备投资所占比重愈少，生产成本就愈低。但设备技术水平不断提高，设备可能在自然寿命周期内因技术落后而被淘汰。所以应区分不同类型的设备要求不同的耐久性。如精密、重型设备最初投资大，但寿命长，其全过程的经济效果好；而简易专用设备随工艺发展而改变，就不必要有太长的自然寿命。

能耗是单位产品能源的消耗量，是一个很重要的指标。不仅要看消耗量的大小，还要看使用什么样的能源。油、电、煤、煤气等是常用的能源，但经济效果不同。

(6) 设备的安全性

设备的安全性是指设备的安全保障性能和预防事故的能力。要求设备具有安全防护设施。

在选择设备时,要选择在生产中安全可靠的设备。设备的故障会带来重大的经济损失和人身事故。对有腐蚀性的设备,要注意防护设施的可靠性,要注意设备的材质是否满足设计要求。还应注意设备结构是否先进,组装是否合理、牢固,是否安装有预报和防止设备事故的各种安全装置,如压力表、安全阀、自动报警器、自动切断动力装置、自动停车装置。

(7)设备的环保性

设备的环保性是指设备的噪声和排放的有害物质对环境的污染要符合有关规定的要求,指设备对排污、噪声、振动的控制能力。应选择不排放或少排放工业废水、废气、废渣的设备,或者是选择那些配备有相应治理"三废"附属装置的设备,还要附带有消声、隔声装置,不发生二次污染。

(8)设备的操作性

设备的操作性是指操作方便、结构简单、组成合理,有适应环境的能力,能提供良好的劳动条件。

(9)设备的节能性

设备的节能性是指设备节约能源的性能,一般以设备单位开动时间的能源消耗量来表示。

(10)设备的耐用性

设备的耐用性是指设备的使用寿命,一般以设备的使用年限来表示。它既包括设备自然寿命期,也包括设备的无形磨损因素。

(11)设备的成套性

设备的成套性是指设备的性能、能力等方面的配套程度(包括单机配套、机组配套和项目配套),要求这种配套程度要高。

(12)设备的通用性

设备的通用性是指一种型号的设备适用性要广,即要求设备标准化、通用化、互换化程度高。这有利于设备的检修,备品配件的储备,可以节省设计、制造和维修费用。

3. 设备寿命周期费用与设备的选购

通常以设备寿命周期费用作为评价设备的重要经济指标,并追求寿命周期费用最经济。设备寿命周期是指从方案研究、设计、制造、安装、试验、投入正式使用、维修改造、更新直至报废为止的全过程。设备寿命周期要根据生产技术发展水平、设备更新策略、设备折旧率及资金贴现等因素来决定。

对于使用者来说,在选购设备时,不能只考虑设备的价格,还应考虑到使用期间的各种费用支出,即应从设备寿命周期全部支出来评价。

五、智能物业设备安装验收过程的前期介入管理

智能物业设备安装验收就是在设备安装工程完毕后,物业管理公司向施工单位进行验

收，也就是说，施工单位向物业管理公司交工后，设备就能投入生产和使用。因此，在这个过程中的前期介入管理是非常重要的，管理的结果直接影响到今后设备的使用和运行，关系到整个系统的运行质量。

（一）智能物业设备安装验收前期介入管理的概念

智能物业设备安装验收前期的介入管理是指物业管理公司以未来业主用户的"管家"身份，即未来智能物业设备管理者的身份参与从智能物业设备安装工程开始，一直到整个设备安装工程项目竣工验收这一工程时段全过程的施工管理。它是物业公司参与智能建筑建设项目施工阶段前期管理内容的一个重要部分。

物业管理公司对于智能物业设备安装施工阶段的前期介入管理工作的内容，一是对工程质量控制的一种补充完善和监督；二是以未来管理者的身份和角度参与管理，了解、熟悉智能物业设备与系统，为日后的管理和维护奠定必要的基础；三是作为物业管理本身也有一个学习、丰富和提高自身知识水平与素质的要求，以利于为业主及用户提供优质的物业管理服务。物业管理公司在工程施工阶段前期介入的工作目标主要是做好物业接管所涉及的、必要的基础工作。

（二）参与智能建筑设备安装验收的意义

物业公司的设备管理人员参与设备系统的安装验收全过程有以下几项积极的意义。

① 有利于全面了解、熟悉智能建筑各专业设备系统的设计布置情况、设备供应厂家情况及技术性能参数、系统设计特点、管线走向、材料材质等的施工质量及更改情况、隐蔽工程施工质量情况、系统调试方法、调试结果等，为日后智能建筑设备投入使用后的运行维护及维修打下良好的基础。

② 有利于使设计更加完善。由于物业管理人员具备较丰富的设备使用管理经验，故在熟悉了设备设施系统后，根据使用管理过程中易发生的问题和应具备的使用管理条件，可向建设单位、施工单位、监理单位及设计单位提出合理的调整更改意见，完善设计与施工中一些容易被疏忽的细节或实际问题。

③ 有利于提高施工质量。由于增加了物业管理人员的现场检查监督，从代理用户的角度对设备系统的安装施工提出了更加细致严格的要求，弥补了监理人员因缺乏物业管理经验而忽略的一些施工质量问题。

④ 有利于提高物业人员的素质。通过监理人员与物业管理人员的共同把关、相互学习，也使物业管理人员学习与了解到各类专业设备系统的安装、调试、验收过程及要求、工具仪器的使用方法、缺陷处理的注意点和要求、最终验收结果等，丰富了设备管理的经验，提高了处理设备故障的能力。

⑤ 有利于收集整理与设备管理有关的各项技术文件与资料。物业管理人员的前期介入使得设备前期的主要基础技术文件能够较完整地归入设备技术档案，成为物业智能化管理文件档案资料的一部分。

（三）智能物业设备安装验收阶段介入的工作内容

物业管理公司从智能物业设备安装工程开始，到安装完毕调试验收全过程的跟进介入，参与监督与管理，在此期间工作的主要内容有如下几项。

1. 准备工作

① 通过详细研读各专业设计图纸，结合到现场比较、对照建筑结构空间尺寸和设备外形尺寸，熟悉了解建筑物的全部配套设备设施系统的设计布置情况，包括变配电设备系统、给排水设备系统、空调通风设备系统、消防设备系统、电梯设备系统、供暖设备系统及智能化监控管理设备系统。由于智能建筑功能的多样性、完备性和设备系统的多专业复杂性，要求介入的物业管理人员也要具备相应的专业技术、安装工程技术和一定的工程施工管理经验，能发现施工中不符合设计要求、违反专业规范要求的不合格操作结果，能发现设计或施工中的不足点和矛盾点。

② 通过详细查看各专业设备设计技术参数，结合设备随机技术文件，了解掌握各专业设备的技术性能参数、安装基础、标高、位置和方向、维修拆卸空间尺寸、动力电缆连接等技术要求。

③ 在详细研读设计图纸和现场检查建筑空间位置及设备外形尺寸的基础上，从设备运行维护及维修的角度认真考虑设备及系统的可操作性、可维修性、是否经济合理、是否满足管理的要求等。在符合实际规范及设计技术要求的前提下，应使设备及系统的巡视操作便利、易于维修保养，设备系统的容量容易调节匹配，系统管线布置和流程控制更趋于经济合理，各系统的动能、功能流量输出应便于计量管理、便于经济核算，就这些问题提出改进意见或建议供设计和建设单位参考。

④ 参加设备安装工程的分部、分项工程验收，隐蔽工程的验收和设备安装工程的综合验收，提出设备运行管理方面的整改意见和建议。

⑤ 建立比较完整的设备前期技术资料档案。要求收集整理的文件资料主要有：设备选型报告与技术经济论证；设备购置合同；设备安装合同；设备随机文件（说明书、合格证、装箱单等）；进口设备商检证明文件；设备安装调试记录；设备性能检测和验收移交书；设备安装现场更改单和设计更改单；相关产品样本；管理业务往来文件、批件等。这些文件资料连同设备安装工程竣工验收图纸资料一起归入设备前期的技术资料档案。

2. 设备的开箱检查

设备的开箱检查工作由设备采购、管理部门组织安装部门、工具安装及使用部门参加，进口设备的开箱要有海关检验机关的代表参加。主要检查内容如下。

① 检查设备的外观及包装情况。

② 按照设备装箱清点零件、部件、工具、附件、说明书及其他资料是否齐全，有无缺损。

③ 检查设备有无锈蚀，如有锈蚀应及时处理防锈。对可拆卸部分进行清洗或更换润滑剂。

④ 未清洗过的滑动面严禁移动，以防破损。清除防锈油最好使用非金属工具及防损伤设备。

⑤ 核对设备基础图和电气线路和设备的实际情况，基础安装与电源接线位置，电气参数与说明书是否相符合。

⑥ 不需要安装的备件、附件、工具等，应注意移交，妥善装箱保管。

⑦ 检查后作出详细记录。对严重锈蚀、破损等情况，做好拍照或图示说明以备查询，并作为向有关单位进行交涉、索赔的依据，同时把原始资料入档。

3. 设备的验收

设备的验收在试验合格后进行，设备基础的施工验收由土建部门质量检查员进行验收，并填写"设备基础施工验收单"。设备安装工程的验收在设备调试合格后进行，由设备管理部门、工艺技术部门协同组织安装检查，使用部门的有关人员参加，共同鉴定。设备管理部门和使用部门双方签字确认后方为完成。达到一定规模的设备工程（如200万元以上）由监理部门组织。设备验收分试车验收和竣工验收两种。

① 试车验收。在设备负荷试验和精度试验期间，由参与验收的有关人员对"设备负荷试验记录"和"设备精度检验记录"进行确认，对照设备安装技术文件，符合要求后，转交使用单位作为试运转的凭证。

② 竣工验收。竣工验收一般在设备试运转后三个月至一年后进行。其中设备大项目工程通常按照国际惯例一年后进行验收。竣工验收是针对试运转的设备效率、性能情况作出评价，由参与验收的有关人员对"设备竣工验收记录"进行确认。如发现设计、制造、安装等过程中的缺陷问题，则要求索赔。

第三节 智能物业设备运行阶段的管理

一、智能物业设备的运行和维修管理

（一）智能物业设备的运行管理

确保智能物业中各智能化系统的各项功能持之以恒高效率地运行，是建造智能化大厦的真正目的。如何科学地对智能化系统进行运行管理，是目前物业管理公司必须考虑的重要问题。可以从安全性和经济性两个方面对智能建筑设备进行运行管理工作。

1. 智能物业设备安全运行管理

企业要在技术上考虑设备运行的安全性和可靠性。首先，企业要保障员工的安全，设备在不安全、不可靠的状况中运行，员工就有可能受伤，甚至有生命危险，设备也有可能严重受损，这些都是绝对不允许出现的。其次，要保障智能物业设备的运行在技术性能上应始终处于最佳运行状态，以发挥最佳效用。

① 应针对设备的特点制订严密的、科学的和切实可行的操作规程。例如，锅炉操作中对点火、熄火、巡视抄表、水位表冲洗、压力表红线、安全阀校验、水处理测试、炉水排污等一系列操作都应有相关的操作规程，并定期对操作工人进行考核评定。

② 对操作人员进行专业的培训教育。鼓励操作人员积极参加政府职能部门举办的上岗培训班，对已经取得了专业设备操作资格证书和操作技能证书的员工，企业应予以表彰鼓励。

③ 加强维护保养工作。设备操作人员在使用和操作设备的同时应做好维护保养工作，做到"正确使用，精心维护"。维护保养工作主要是加强日常及定期的清洁清扫工作，确保设备始终保持最佳的运行状态。

④ 定期校验设备中的压力表、安全阀等安全附件，要保证其灵敏可靠。定期校验工作应由法定部门负责，校验报告应妥善保管。

⑤ 对运行中的设备应在状态监测和故障诊断技术的基础上，结合经验，进行深入、透彻、准确地分析，达到及时发现故障的潜在因素，及早采取有效措施进行改善和防止故障发生，确保安全运行的目的。

⑥ 若发生设备事故，要严格执行"三不放过"的原则，即事故原因未查清不放过、对事故责任者未处理不放过、事故后没有采取改善措施不放过。事故发生后应该对事故原因及故障规律进行分析，并制定出有效的改善措施，确保类似事故不再发生。

2. 智能物业设备经济运行管理

由于智能物业的各系统具有高度集成性，设备具有先进性，因此，智能物业设备管理与传统的设备管理相比较，应具有一定的科学性、合理性和先进性。智能物业设备管理除了注重设备的技术性能管理外，还应考虑设备一生的经济性管理，即设备购置时一次性投资的经济性、运行使用时的经济性、维护检修和更新改造的经济性等方面的管理。其最终目的是从设备经济价值的变化过程中，寻求以最少投资而得到最大经济效益的方法，包括初期投资费用、运行费用、能源费用及劳动力费用、维修费用和更新改造费用等支出计划的管理。

（1）初期投资费用管理

在购置设备时，应综合考虑以下因素。

① 设备的技术性能参数必须满足使用要求。

② 设备的安全可靠程度、操作难易程度及对工作环境的要求。

③ 设备的价格及运行时能源的耗用情况。

④ 设备的寿命。

⑤ 设备的外形尺寸、重量、联接和安装方式、噪声和振动。

⑥ 注意采用新技术、新工艺、新材料及新型设备，从而使技术进步并获得一定的经济效益。

（2）运行成本管理

① 能源消耗的经济核算。设备在运行过程中，需要消耗水、电、蒸汽、压缩空气、煤气、燃料油等各类能源。在我国，目前还处在经济发展阶段，各类能源的供应还存在一定缺口，因此仍在实行计划控制，超越计划的能源价格实行高价收费，且能源的价格也在不断调整，所以节约能源不仅节约能耗费用，具有一定的经济意义，还具有一定的社会意义。能源

消耗的经济核算工作有以下几个方面。

  ↳ 做好能源耗用量的计划及计量工作，要求每年预先按月编制各类能源的消耗量及能源费用的计划。编制计划时，可参照上一年度各月份的实际消耗量，结合新一年度的生产规划及设备的运行台时情况等，作出 1~12 月份每个月的各类能源的耗用计划及能源费用的支出计划。各类能源的使用要有正确可靠的计量仪表。在实际使用中，应坚持做到每天定时抄表记录，并计算出日耗量，每旬检查统计一次实际耗用量，每月统计一次实际耗用量及能源费用，并将每月的实际耗用量及能源费用同年度计划进行比较。由于计量仪表的失灵或损坏及能源传导设施的泄漏或损坏，或者管理不善等原因，在每天的计量抄表中，都会反映出耗用量的异常情况，发现后应立即查清原因，并报告负责人。

  ↳ 采用切实有效的节能技术措施。在选用设备时，要注意设备的技术参数应同工艺要求相匹配，使设备在运行过程中一直处于最佳运行状况和最佳运行负荷之中。在节约用水方面，要做到清浊分流、一水多用、废水利用。设备冷却水应采用冷却塔循环利用，并设计短路循环，节约冷却补充用水。在节约用电方面，对供配电设施应有提高功率因素的措施；在照明用电方面，设计时尽量多利用自然光照明、选择合理的照明系统和照明灯具。照明灯具的开关控制可采用时间控制、日光控制、红外音频控制等方式。同时，水、蒸汽、压缩空气、煤气、油等的传导设施在设计施工时要严格把关，在交付使用后要认真管理，防止管道、阀门及管道附件泄漏和损坏，发现问题及时修理和调换。对使用热源和冷源的管道及其设备应加强保温绝热工作。

  ↳ 加强节能管理工作。提高能源利用率，一是靠技术，二是靠管理，技术是关键，管理是保证。随着节能工作的开展，节能技术日趋完善，而有些企业在节能工作的管理环节上，思想上重视不够，自觉性不强，任意浪费能源，致使能源耗用量的超指标现象时有发生。为此，应加强能源的科学管理，做好能量平衡工作，通过节能管理组织的建立和整套节能管理细则的实施，实现科学节能。

  ② 操作人员配置。应在既有分工又有使用的原则下采取合理的劳动组织来配置操作人员，力求提高劳动效率。

  传统的设备管理采用定员定额的方式来配置劳动力，就是根据设备的特点、运行要求和管理的需要按台班进行劳动力的配置，是顶岗式的配置方法。这种配置方法必然需要较多的劳动力，并且由于各类设备的操作时间、技术难度、劳动强度、工作环境和运行班次等各不相同，将会导致劳动力配置的不合理与低效率。

  智能物业设备由于机械化、自动化、电子化的程度逐步提高，使设备一般都具有自动显示、操作、调节、报警、开停机等各种自动控制的功能，从而大大减轻了人员轮流值班、监视和定时巡视的强度。因此，智能物业设备综合管理，应要求全体人员成为一专多能的复合型人才，具有尽可能多的操作资格证书；对各智能化系统、设备均具有一定的知识，都能正确操作；并掌握各种故障的不安全因素及规律，使所有设备一直处在最佳状态中正常运行。

这种配置方法不再严格区分操作人员及检修人员。操作人员会维护保养及检修设备，检修人员也会操作设备。

③ 维修费用的管理：维修费用是指除大修理费用以外的与设备日常维修保养、检修有关的一切费用。安排维修费用可以保证设备的正常使用。这种费用属于运行费用，可归入经营成本。维修费用包括领用的材料、低值易耗品和备品配件、维修工人的工资及其他附加费、社会协作的加工费、劳务费等。

☆ 对于维修费用的管理，尤其要注意对维修费用的控制。应根据企业的实际情况实行专人负责来进行控制，做到计划使用和限额使用，从而节约费用，降低成本，提高经济效益。常用的控制方法有：第一，采用费用限额卡。以部门为控制单元，按月制定各部门维修费用限额，并据此发放费用限额卡，按月下达限额的费用。各部门可以将本月的限额费用加上（或减去）上月结剩（或超支）的费用，即为本月份实际可以使用的维修费用。所发生的维修费用需逐笔在限额卡上登记，再结算出余额之后才能领用材料及配件。维修费用的管理人员应对费用限额卡定期结算。第二，采用维修代价券。根据限额的费用按月发放给各部门一定数量的维修代价券，它是一种专门作为维修用的资金代价券。当需要领用材料及配件，或部门之间发生劳务协作费时，都可用维修代价券的形式支付，到月底在企业内部按各自还拥有的维修代价券作为当月发放的维修费用的结算依据。此外，还可以以某一修理项目或单台设备的日常保养来作为控制单元，实行费用限额，其控制方法和结算方法基本相同。

☆ 维修费用的核算和统计：对维修费用的核算，要有故障修理记录，定期维修检查记录，中、小修理竣工报告单及维修费用结算单等资料，再加上所发生的人工费用，就组成了一份完整的维修费用核算资料。整个企业的维修费用的统计比较烦琐，为简明起见，可采用设备维修登记卡的方式。设备维修登记卡是分部门或系统将设备按编号逐台排列，并按月登记发生的维修情况及维修费用，每年汇总统计一次，由设备管理部门进行综合分析并存入设备档案。设备维修登记卡不但提供了各类设备可靠的信息，也提供了各类设备维修费用限额的依据。对维修费用的核算和统计，可以加强对运行操作人员和维修人员的考核，也给综合评价设备的可靠性、维修性和经济性提供了一定的依据。

☆ 大修理费用的管理：以固定资产为原值，根据一定的比例逐月提取折旧费用作为大修理基金来支付大修理费用。大修理费用的管理类似于维修费用，不同的是它以某大修理项目作为控制单元，预先计划大修理费用，发放大修理费用卡（或费用簿）。大修理项目完成后，费用结算情况记入竣工验收报告内，费用管理工作也宣告结束。

（二）智能物业设备的维修管理

1. 智能物业设备维修管理的内容

（1）维护保养

智能物业设备的维护保养主要包括日常维护保养、定期保养和设备点检等部分工作。

日常维护保养包括每班维护保养和周末保养，由设备操作者进行。日常维护保养工作是设备维护管理的基础，应该坚持实施，并做到制度化。

设备的定期维护保养以操作人员为主，检修人员协助进行。定期维护保养是有计划地将设备停止运行进行维护保养。根据设备的用途、结构的复杂程度、维护工作量及人员的技术水平等来决定维护的间隔周期和维护停机的时间。

日常维护保养和定期保养的主要工作内容及保养要求，见表8-1和表8-2。

表8-1 设备日常维护保养的主要工作内容及保养要求

工 作 内 容	保 养 要 求
对设备进行清扫、吹尘、擦拭	设备外观整洁
对各运动件和润滑点进行润滑	设备润滑、冷却系统正常
检查各种指示信号或传感信号是否正常	设备的各指示仪表显示信号正常
检查安全装置是否正常	设备的安全保护装置功能正常
检查设备运行参数是否正常	设备的运行状态正常
检查附属设备是否正常	设备的操作手柄、按钮灵活可靠
消除不正常的跑、冒、滴、漏现象	设备各密封件密封良好无泄漏
清洁整理设备机房	设备机房整洁、无乱堆放杂物，温湿度适当

表8-2 设备定期保养的主要工作内容及保养要求

工 作 内 容	保 养 要 求
检查、清洗、更换局部易损件和故障件	设备全部可目视部位清洁、整齐、完好
检查润滑系统油路和油过滤器是否堵塞	润滑系统良好
检查电气线路和自动控制的元器件的动作是否正常	设备运转功能完好，操作灵活
清洗检查冷却装置	冷却系统效果良好
检查调整安全保护和防护装置，整定安全保护动作参数	设备运转正常，无故障隐患
检查核定全部运行状态参数	所有控制仪表信号、参数均正常

设备的点检就是对设备有针对性地检查。设备点检是对设备的运行情况、工作精确度、磨损程度进行检查和校验，是设备维修管理的一个重要环节。通过设备点检可以及时清除隐患，防止突发事故，不但保证了设备的正常运行，又为计划检修提供了正确的信息依据。

设备的点检包括日常点检及计划点检。设备的日常点检由操作人员随机检查，点检主要内容如下所述。

① 运行状况及参数。
② 安全保护装置。
③ 易磨损的零部件。
④ 易污染堵塞，经常清洗更换的部件。
⑤ 在运行中经常要求调整的部位。
⑥ 在运行中经常出现不正常部位。

设备的计划点检一般以专业维修人员为主，操作人员协助进行计划点检应该使用先进的仪器设备和手段，这样才可以得到正确可靠的点检结果。计划点检的主要内容有如下几项。

① 记录设备的磨损情况及发现的其他异常情况。

② 更换零部件。

③ 确定修理的部位、部件及修理时间。

④ 安排检修计划。

(2) 计划检修

根据运行规律及计划点检的结果对设备确定间隔期，以检修间隔期为基础，编制检修计划，对设备进行预防性修理，这就是计划检修。实行计划检修，可以在设备发生故障之前就对其进行修理，使设备始终处于完好能用状态。

① 计划检修的种类。根据设备检修的部位，修理工作量的大小及修理费用的高低，计划检修可以分成小修、中修、大修、项目修理和系统大修5类。

♢ 小修：其工作内容主要是针对日常点检和定期检查中发现的问题，部分拆卸零部件进行检查、整修、更换或修复少量的磨损件。同时，通过检查、调整、紧固机件等技术手段，以恢复设备的使用性能。小修一般由维修人员负责，操作人员协助。

♢ 中修：除包括小修内容之外，对设备的主要零部件进行局部的修复和更换。

♢ 大修：是计划修理工作中工作量最大的一种修理，以全面恢复设备工作能力为目标，由专业修理工人进行。通常设备全体解体，更换或修理机械易磨损件，机械按出厂标准恢复原有精度和生产能力。对原有机电部件进行拆修，必要时予以更换；配电箱和操纵台要更换破旧部件，连接线和管道中电源线原则上予以更换；对原有电气线路要加以分析，结合新部件和新技术加以改进。

♢ 项目修理（简称项修，又称针对性修理）：是根据设备的实际技术状态，对设备性能达不到要求的某些项目，按实际需要进行针对性的修理。在项修时，一般要进行部分解体、检查、修复或更换磨损机件，必要时对基准件进行局部修理，从而恢复设备的精度和性能。项修的工作量视实际情况而定。项修是在总结我国过去实行计划预修制正反两方面经验的基础上，学习国外先进经验，在实践工作中不断改革而产生的。过去在实行计划预修制中，往往忽视具体设备的制造质量、使用条件、负荷率、维护优劣等情况的差异而按照统一的修理周期结构及修理间隔期安排计划修理，从而产生两种弊端。第一是有些设备，尤其是大型设备其使用年限虽到大、中修期，但只有某些项目丧失精度，如照搬修理周期结构而进行大、中修理的话，势必产生过剩修理，造成浪费；第二是设备某些部位的技术状态已劣化到难以满足正常运行的要求，但因未到修理期而不能安排计划修理，造成失修。采用项修就可以避免上述两种弊病，因为项修只对其中丧失精度的某些项目进行恢复性修理，甚至是提高性的改善修理，因此，既节约了人力、物力和修理费用，又能缩短修理停机时间。一般来说，项修所花的费用为大修的40% ~ 60%，而达到的效果仍能满足设备正常运行要求。同时，项修又能解决虽然超过了小修期但又未到大修期，且尚不够大修范围的修理内容，从而避免了失修。因此，在我国，项修已经逐渐取代了中修，而且在某种程度上还可以代替大修。

⋄ 系统大修：这是指一个系统或几个系统直至整个楼宇设备的停机大检修。系统大修的范围很广，通常将所有设备和相应的管道、阀门、电气系统及控制系统都安排在系统大修中进行检修。系统大修过程中，所有操作人员、专业检修人员及技术管理人员都应参加。

② 维护保养与计划检修的关系。计划检修与维护保养是设备维修管理的两个重要方面，两者相辅相成，不可偏废。这是因为如果设备维护保养马虎，对发现的问题不能及时处理，则小问题将发展成大问题，此时再检修时，不但增加了检修的工作量，而且会对设备造成不可避免的损伤，以致造成故障停机，甚至会因此影响设备的寿命。同时，也会打乱计划检修的正常秩序，造成被动局面。反过来，如果检修人员在进行设备检修时，只是抢时间、争进度，不重视检修质量，该修的不好好修，该换的零件不换，修理后的记录等资料不全，这样势必给以后的维护保养工作增加难度，为设备故障事故的多发埋下了隐患。由于计划检修是费时、费力、费钱且有一段时间间隔的工作，所以为提高设备维修管理的成本效率，为保证用户的正常安全使用，设备维修管理应建立"维护保养为主，计划检修为辅"的原则，从小事做起、从日常抓起，严字当头，一抓到底。

2. 智能物业设备的维修方法选择

智能物业设备维修的基本方式主要有以下4种。

（1）事后维修

事后维修是设备发生故障或性能降到合格水平以下时采取的非计划性维修（也称故障维修），适用于非重点设备、简单设备、低值设备和利用率低的设备及代用设备等，即使停机也不致影响生产的设备。

事后维修的主要优点如下：

① 能充分利用零部件的寿命；

② 修理次数可较少。

事后维修的主要缺点如下：

① 修理停机时间长，丧失了较多的设备工作时间；

② 故障发生是随机的，打乱了工作计划；

③ 常因服务急需而抢修，使修理质量差，费用高；

④ 修理准备工作仓促，妨碍正常计划维修作业；

⑤ 故障的突发性容易造成事故。

（2）预防维修

预防维修是一种以时间为基础的维修，又称为定期维修，具有周期性特点，所需资源可以预计，并可作长期安排，其内容是为了保持或恢复设备完成规定功能的能力而采取的技术措施。由于修理的间隔期、类别和工作量都是事先规定的,因此应按开动时数进行预定的修理。

预防维修避免了事后维修的缺点,但由于预计故障发生的时间难以算准,往往过早就进行修理,造成过剩维修。这种维修方式的缺点如下。

① 生产性差:维修计划和使用计划不易协调实施。

② 经济性差:维修时间和内容往往不切合实际而产生过剩维修,使维修费用提高。

(3) 状态监测维修

状态监测维修是一种以状态为基础的预防维修,是随着设备诊断技术的发展而产生的维修方式。它根据状态监测和诊断技术提供的信息,在故障发生前进行适当的维修。这种维修方式由于时机掌握及时,设备零件的寿命可得到充分利用,因此最为合理。由于进行状态监测要花一定的费用,故适用于利用率较高的重要设备,包括大、精、稀和流程生产的主要设备。

(4) 无维修设计

20世纪60年代初,出现了"可靠性和维修性工程"这门学科,从而产生了设备无维修的设想。这是一种理想的维修策略,目前应用于两种情况:一种是家用机电设备,如电视机、电冰箱、空调机、录音录像设备等,因为家庭用户最厌恶日常维护和修理;另一种是故障率要求趋近零、可靠性要求特别高的设备,如航天器等。至于其他如故障停机或工件报废后损失极大的设备,也在努力向无维修设计方向发展。在实现中有困难时,则努力向易维修方向发展。

对比以上各种维修方式的优缺点,对于维修方式的选择,可以归纳出如下结论。

对劣化型故障的零部件来说,如更换容易,且维修费用低,最适用于定期维修方式;对故障发生前有一个可以观测的状态发展过程的零部件来说,如果更换困难,且维修费用较高,可采用监测维修方式;对维修费用很高的零部件,不管更换难易,都应考虑无维修设计;对于不能或不必要进行预防维修或无维修设计的零部件,可采用事后维修方式。

(三) 智能物业设备维修的经济性分析

1. 维修费用效率

在设备购置后的使用阶段,安装前所花费的费用是埋没费用,因已经支付出去,并且是无可挽回的。所以,以后的问题是如何努力提高设备剩余的寿命周期费用的经济性。

设备使用阶段的经济评价问题,应当分为两个方面来考虑,即把设备所消耗的费用分成资本支出和经费支出两个部分。

对现有设备的日常维护保养、检查、修理等作业费用即为经费支出。在这种情况下,究竟怎样才算最经济,这就是经济性的评价问题,其评价标准为:

$$\text{维修费用效率} = \frac{\text{产品产量}}{\text{维修保养费}} \qquad (8-1)$$

维修保养费是设备的输入物,而产品产量是设备创造出来的输出物。作为输出物,有时也采用与产品产量有关的设备运行时数、耗电量等来表示。

2. 维修费用综合评价

维修费用分为：直接费用和间接费用。维修的直接费用是指用于设备维修的实际费用支出，而维修的间接费用是指由于设备损坏而引起的损失费用，其中包括由于故障造成的减产而带来的利润损失和伴随事故而发生的材料利用率、能量、质量、人员费用开支及其他方面所造成的费用损失。据此，日本青山大学日比宗平教授提出了综合评价维修保养费的方法。

这个方法主要是用维修保养费完成率来评价。首先需确定维修保养费的综合评价尺度，然后根据这个尺度，由主管部门制定一个标准，把实际的维修保养费和所确定的标准进行比较，就得到维修保养费完成率。

维修保养综合评价尺度是用单位管理基准值对应的维修费与事故损失费之和来表示。管理基准值通常用设备耗电量来计算。因此，维修保养费综合评价尺度 U 就是设备单位耗电量 D 对应的维修费 M_1 和事故损失费 M_2。按下式确定为：

$$U = \frac{M_1 + M_2}{D} \tag{8-2}$$

为了对维修保养费进行综合评价，应先由管理部门根据上式给定管理期评价尺度 U 的标准值作为管理目标，然后与同期内评价尺度的实际值进行比较，用以综合评价管理期内维修保养费的经济性。评价结果用完成率表示，设 i 期的完成率为 η_i，则有

$$\eta_i = \frac{U_{bi}}{U_{si}} \tag{8-3}$$

式中：U_{si}——i 期维修保养费评价尺度的标准值；

U_{bi}——i 期维修保养费评价尺度的实际值。

$$U_{bi} = \frac{(M_1 + M_2)_{bi}}{D_{bi}} \tag{8-4}$$

$$U_{si} = \frac{(M_1 + M_2)_{si}}{D_{si}} \tag{8-5}$$

由于 U 的含义是单位耗电量对应的维修费和事故损失费。因此，在用公式（8-3）求完成率 η_i 时，为了使公式简化，可以令 M_1、M_2 的标准值和实际值分别对应于同一单位耗电量 D，也就是说，可令 $D_{si} = D_{bi}$，这样，公式（8-3）的完成率就可化为：

$$\eta_i = \frac{(M_1 + M_2)_{bi}}{(M_1 + M_2)_{si}} \tag{8-6}$$

上式说明，要确定报告期内维修保养费的完成率，首先要确定一个单位管理的基准值（例如，单位耗电量对应的维修费和事故损失费）作为标准，然后与同期发生的上述两项费用之和进行比较，其结果就是报告期的完成率。综合评价维修保养费的目的是追求 U_{si} 最小值。对应于一定的 U_{bi} 值，U_{si} 值越小，效率 η_i 值就越大，说明维修保养费的经济性越高。

3. 设备大修的经济性

大修相对于更新来说，是还能够利用没有达到磨损极限的零部件，从而能节约大量原材

料及加工工时。通过大修，能延长设备的使用年限，这是大修有利的一面。如果在大修后的设备上生产单位产品的耗费要比使用更新设备时高，则通过大修来延长设备的使用期限，就显得不经济了。为此，必须确定一个计算大修经济效果的办法，不能无休止地将一台设备大修下去。大修的经济界限是设备的一次大修费用（R）必须小于同一年中该种新设备的价值（K），减去这台设备的残值（L），故大修的条件是 $R < K$。当然由于无法获得新设备而被迫进行不经济的修理，这种情况也是有的，这是一种不正常情况，不在本书的讨论范围之内。

凡符合上述条件的大修，在经济上是不是最佳方案，要进行经济性分析后才能回答。如果设备在大修之后，技术特性与同种新设备没有区别，则上述公式才能成立。但实际情况并非如此，事实上，设备大修之后，常常缩短了下一次大修理的间隔期。同时，修理后的设备与新设备相比，技术上故障多，设备停歇时间长，日常维修费用增加。修理质量对于单位产品成本的大小也有很大影响。只有大修后使用该设备产生的单位产品成本，在任何情况下，都不超过相同新设备产生的单位产品成本时，这样的大修在经济上才是合理的。设备大修理的经济效果，表现为大修后的设备与新设备在产生单位产品时的成本之比或两者成本之差。并可以用下式表示：

$$I_r = \frac{C_r}{C_n} \leq 1 \tag{8-7}$$

$$\Delta C_z = C_n - C_r \geq 0 \tag{8-8}$$

式中：I_r——大修后设备与新设备产生单位产品成本的比值；

C_r——大修后设备产生单位产品的成本；

C_n——新设备产生单位产品的成本；

ΔC_z——新设备与旧设备（大修设备）产生单位产品成本之差。

必须在上述两种情况下，大修才合算。因此，如果设备超过了这个经济界限继续进行大修，或延长设备使用年限都是不经济的，那时就应该用新的设备去替换旧设备了。

（四）智能物业设备大修费用管理

智能物业设备大修费用管理就是对智能物业设备大修理全过程的费用计划与审批、费用筹备、费用支出的控制，费用核算与报告等各个经济环节的管理。

智能物业设备大修理费用由于不在物业管理费用范畴之内，故由物业公司自行承担的设备大修理项目费用包括：参加大修理的专业技术人员和修理工人的工资及福利、备品配件费、材料费、外委加工费、调试能源费、公司管理费、利润、税费。若对外委托设备大修理，则费用为委托合同费、调试能源费、公司管理费。

智能物业设备大修理费用一般由设备大修理基金或设备专用基金支出，当基金费用不足时由全体业主分摊。

1. 设备大修理基金

设备大修理具有间隔期长、费用支出大的特点，而且不是每月、每年均衡进行的。如果把每次发生的大修理费用，直接计入修理期的成本，必将引起成本水平的波动，不利于经济核算。为了保证大修理资金的正常供应,通常是将设备在预期使用年限内所有大修理费用之和,平均计算到整个预期使用年限,逐年提存这项费用形成专用基金,以供设备大修时使用,以避免一次性向业主收取设备大修理费用的困难。

设备大修理费用基金按各地政府主管部门的不同管理政策,有由建设单位一次性按比例划拨而进入建设成本的方式,也有由物业管理公司逐月按具体预算向业主收缴的方式。不管哪种管理方式,都应该明确的是,设备大修理基金是保持设备功能在规定的使用年限内的正常使用所必须采取的补偿措施。否则,设备将可能未到使用年限就由于严重的有形磨损而不能正常使用。从设备开始使用就逐年提存设备大修理费用,是为避免在设备将要大修理时,再向业主用户全额收取给业主带来经济上的困难。

大修理基金的计算公式如下。

$$设备大修理基金年提取额 = 设备预期使用年限内大修理费用之和 / 设备预期使用年限 \quad (8-9)$$

$$设备大修理基金月提存额 = 设备大修理基金年提存额 / 12 \quad (8-10)$$

要计算设备大修理基金年提存额,首先应确定每台设备的预期使用年限,一般可取设备的分类折旧年限作为预期使用年限。再确定该设备在预期使用年限中需要大修的次数和每次大修理的预测费用,大修次数可由各类设备的修理周期结构或技术经济分析得出,而大修理费用则有较多不确定因素。一般物业公司都将大型的、较复杂的设备委托给专业公司进行大修理,这时委托合同费(可事先调查或查询得知)加上公司的管理费和维修能源费就是该设备的大修理费。

另有一种计算大修理基金的方法是先计算大修理基金提存率,再用提存率乘以设备资产原值求出年提存额,具体计算式为:

$$大修理基金年提存率 = \frac{预计使用年限内大修理费用总额}{设备预计使用年限 \times 设备原价} \times 100\% \quad (8-11)$$

$$大修理基金月提存率 = 大修理基金年提存率 / 12 \quad (8-12)$$

$$设备大修理费用月提存额 = 设备原价 \times 大修理基金月提存率 \quad (8-13)$$

上述大修理基金提存率,是按照单一固定资产项目计算的,较能符合各项固定资产的具体特点。但是工作量较大,而且大修理基金在使用时,也不是按项提存、按项使用的。所以它的实用意义不大。企业一般都采用按固定资产类别计算分类提存率,或按全部固定资产计算的综合提存率,其计算公式是:

$$年大修基金综合(分类)提存率 = \frac{历年来平均每年的大修费用}{历年来平均每年提存的折旧额} \times 固定资产年折旧率 \quad (8-14)$$

大修理基金一旦确定,物业公司就不得任意提高或降低,以免影响大修理需要资金的正常供应。计算设备在预期使用年限内的大修费用之和时,是将设备未来需要支出的费用平均折算到各年限,因而应考虑计算资金的时间价值,为了简化计算工作量,本文在问题叙述和举例中未提出考虑了资金的时间价值后设备大修理费用之和的计算公式。

对于整幢楼宇全部设备的大修理基金年提存额之和就是该楼宇的设备大修理基金年（月）提存额，再按建筑面积（计入容积率的建筑面积）分摊到业主用户，按月收取，立专用账户保存即可。

2. 智能物业设备大修理费用计划

智能物业设备大修理费用计划是楼宇设备大修理计划内容中的一部分，包括对单台设备提出的年度费用计划及对全部设备提出的年度总费用计划。所以，智能物业设备年度大修理计划及大修理费用计划是一项计划中的两个内容，是由设备管理人员一并完成的。

编制智能物业设备年度大修理费用计划，一是为了衡量智能物业设备大修理基金是否能满足设备大修理费用需求额度，以便采取适当的补偿措施；二是为了管理控制智能物业设备大修理项目和费用，安全合理地使用设备。

由于智能物业设备大修理费用是由楼宇设备大修理基金支出，故智能物业设备年度大修理费用计划一定要以建筑物为单位编制，不能将几栋楼宇费用混合在一起，一般可在本年度末编制来年设备大修理计划。智能物业设备年度大修理费用计划可按下述程序编制。

① 汇集整理楼宇所有设备以往年度和本年度全年运行台数时，核算出各台设备上次大修理后到本年度末累计运行台时，没有大修理过的设备则统计出投运以来累计运行台时。

② 参照各类设备保修周期结构规定，按本楼宇设备运行班制转换得出相应的设备大修理周期时间间隔，并核对各台设备是否达到大修理年限要求。达到年限要求的设备编入楼宇年度大修理设备表。

③ 查阅楼宇所有设备计划修理、故障修理和二级保养记录，分析考虑某些已接近大修时间周期且故障相对频繁的设备是否也应实施大修理。对那些已达到大修时间周期，但故障频率较低的设备，也可考虑适当延长大修周期。

④ 编制出楼宇设备年度大修理计划，测算各台设备大修理费用，并汇编出总费用计划。

⑤ 按相关规定提出资金来源及资金分配。

⑥ 按规定程序审议报批。在实际工作中，一般是将某栋楼宇需要实施大修理和改造的设备一并在楼宇设备年度大修改造计划中提出，并预测出单项设备费用和总费用，交楼宇业主委员会（实行社会化物业管理的楼宇）或建设单位行政主管部门（由建设单位下属物业管理公司或部门自行管理的楼宇）审议批准，并审批设备大修改造费用来源，然后由物业管理单位实施。经审议批准的设备大修理费用计划应交楼宇业主委员会和物业公司及公司财务部门各执一份存档。

3. 设备大修理费用运作管理

设备大修理费用运作管理主要是指对费用筹备、费用控制和费用核算过程的管理。

(1) 费用筹备

智能物业设备年度大修理项目费用计划按管理程序批准后，物业公司管理处即开始计划资金的筹备工作。根据建设部和各地政府行政主管部门发布的相关政策法规、规定、办法等，智能物业设备年度大修理费用可从楼宇公用设备设施专用基金中支出，当设备设施专用基金不足以支出计划费用时，其不足费用部分可经核算分摊到整栋楼宇业主用户，费用分摊核算表也应经业主委员会或上级行政主管部门审议批准后方可公布向业主用户征收。

（2）费用控制

当设备大修理项目委托给专业公司实施时，其费用控制关键在于委托修理合同的签署，这时应注意下述几个环节。

① 做好专业公司的资信能力调查，且应选择多家公司作比较竞价。

② 合同洽谈应有对修理设备的构造及修理内容比较熟悉的专业工程师、技师参加，便于提出比较详细的委托修理项目内容和质量要求。

③ 合同中应详细提出更换件、修理件及主要材料细目和质量，各单元体的修理质量，验收程序要求。

④ 提出整机外观要求，应达到的各项技术性能指标和试运转验收程序要求。

⑤ 提出达不到修理质量要求的各项违约罚则和保修期保修规定。

⑥ 提出双方同意的付款方式及预留保修期押金。

⑦ 委托修理合同应经业主委员会审核签字同意后方可由物业公司签署。

当设备大修理项目是由物业管理公司自行承担实施时，其费用控制应注意以下几个环节。

① 首先应制定设备大修技术任务书，设备解体清洗擦拭检查后，应对大修技术任务书中提出的更换件、修理件及材料明细表作相应的修改。

② 严格按现场实际修改后的备品配件、材料表发料、购件、计划外增加的备品配件和材料须经主管工程师列表、签字后方可购置领用。

③ 合理组织施工，减少待工和窝工损失。

④ 多采用修复技术，节约备件费，但应注意修复后的设备的使用寿命是否能达到大修周期要求。

⑤ 加强管理，避免返工、废品损失。

⑥ 回收可修理再用的旧件。

⑦ 实行修理质量、进度、成本与经济利益挂钩的综合指标承包管理办法。

（3）费用核算与报告

对外委托大修理的费用核算只需按委托合同办理相关财务费用手续即可。由物业管理公司自行承担的大修理项目费用核算，应统计汇总以下几项。

① 大修开工及交验完工单。

② 大修消耗各类备品备件、材料单。

③ 大修费用核算单，项目包括：备品配件、材料费、人工费、管理费、外委加工费、能耗费、法定税费、利润等诸项费用。

④ 计划费用与实际发生费用的差额单。

⑤ 大修理项目完成后，应编制费用核算报告，提交业主委员会核算签字后，张贴通知楼宇全体业主用户。

在设备大修理项目实施过程中，应控制实际支出费用不超出计划费用，若因某单元部件需要更换或作特殊处理需超支，应事先提出申请报告，经管理处及业主委员会批准方可实施超支项目。当实际发生费用少于计划费用，其"盈额"应返回智能建筑设备设施专用基金，以继续用于以后的设备大修理。

二、智能物业各子系统设备正式运行阶段的管理

（一）给排水管道和设备的维护管理

给排水系统的设备能否正常运行，关系着住户的切身利益，因此必须加强日常运行中的检查和维护管理工作。管理人员应事先全面了解设备的性能和用途、各管线走向和位置与相互关系等。建立正常供水、排水的管理制度，严格执行操作规程。

检修人员在检查过程中，应对重点部位进行检查，通常应注意以下几个方面。

① 对供水管道、水表、水泵、水箱、水池、阀门进行经常性维护和定期检查，确保供水安全。定期对排水管道进行养护、清通，防止堵塞。

② 重点检查厕所、厨房，看地面是否干净，地漏附件有无污物，洁具是否经常冲洗，管道是否刷防腐材料。水箱、脸盆、水龙头是否安稳好用，有无漏水现象。

③ 楼板、墙壁、地面等处有无滴水、积水等异常情况，发现管道滴漏要及时修理。

④ 给水阀门井和排水检查井封闭是否严密，防止杂物下落井中。

⑤ 雨水井及其附件有无石灰、沙子、碎砖、碎石等建筑材料，防止它们被雨水冲入管道而造成管道堵塞。

⑥ 露在空间的管道及设备须定期检查，补刷防腐材料。

⑦ 冬季前应做好室内、室外管道和设备的防尘保温工作。对室外盖子不严的阀门井、水探井都要在井中填入保温材料，对设在室外的冷水龙头、水箱、阀门、管道、消火栓等应有保温措施。

⑧ 每年对使用设备进行一次使用试验（如控制阀门每年至少进行一次开关试验，防止启动时打不开或关不紧等）。

⑨ 对使用期限已到或残旧设备应及时更换，防止重大事故的发生。

⑩ 制订突发事故的处理方案，当发生跑水、断水等故障时，能及时处理，防止事故范围的扩大。

⑪ 经常普及使用常识，使用户正确使用给排水设备。

1. 室内给水设备的管理

（1）室内给水设备管理的基本内容

① 建立正常的供水、用水管理制度。

② 进行节约用水、计划用水宣传教育，提高全体用户节约用水意识。防止跑、冒、滴、

漏。杜绝日常生活中的长流水现象。每月要对每户用水进行分析,发现用水异常应进户查询,帮助用户防止便器水箱长期跑水而造成浪费。发现阀门漏水、水龙头关不严等现象应及时修理。

③ 对供水系统管路、水泵、阀门、水表等进行日常维护和定期检修。

④ 保持水箱、水池的清洁卫生,防止二次污染,定期进行水箱消毒工作。

⑤ 停水应预先告知业主,以便业主(使用人)事先做好安排。

⑥ 制定行之有效的管理制度。用图表形式记录维护、保养、检修的情况。检查维修的项目登记表,包括检查时间、检查出的问题、负责人、维修人、维修的时间等。

(2) 水泵的维护管理

水泵的保养分为一级保养、二级保养和大修理 3 种。一级保养以日常维护为主,主要内容有:设备清洗、擦扫、检查轴承温度、检查设备振动情况、检查紧固件、设备加油换油情况等。二级保养以拆修为主,包括清洗泵体、清洗叶轮、更换轴套、更换衬垫等易损件,修理更换泵轴,修理更换叶轮,作静平衡检查,组装,油漆。

(3) 水箱的维护管理

根据环境和卫生部门要求,为确保水箱水质符合标准,必须定期对水箱进行清洗。通常操作要求如下。

① 准备阶段。

◇ 清洗水箱操作人员须有卫生防疫部门核发的体检合格证。

◇ 通知住宅小区的居民,以免发生不必要的误会。

◇ 关闭双联水箱进水阀门,安排临时通风设施、临时水泵、橡皮管,打开水箱进口盖。

② 清洗工作阶段。

◇ 当双联水箱内水位降低到一半或 1/3 时,将待洗水箱出水阀门关闭,打开底部排污阀,同时打开另一联进水阀以确保正常供水。不允许一只水箱排空清洗,另一只满水箱工作;否则,因受荷不均,造成水箱壁受压变形,产生裂纹。

◇ 清洗人员从进口处沿梯子下至水箱底部,用清洁的布将水箱四壁和底部洗擦干净,再用清水反复清洗。

◇ 水箱顶部要有一名监护人员,负责向水箱内送新鲜空气,防止清洗人员余氯中毒,并控制另一水箱的水位。

③ 工作结束阶段。

◇ 清洗结束,关闭清洗水箱的排污阀,打开水箱进水阀开始蓄水。

◇ 当两个水箱水位接近时,打开清洗水箱的出水阀门,将水箱进口盖盖上并锁好。

◇ 做好相关记录,送至物业管理公司工程部备案。

(4) 水池的维护管理

水池应定期清理池底,检查四壁有无沉陷、裂纹和渗漏。外部定期粉刷、修补,金属构件进行刷漆防腐。储水池每年应彻底清洗一次,并送水质样品到有关部门检验,水质必须合格。

2. 小区给水管道的维护

小区给水管道多数是埋地敷设，隐蔽在地下、使用年限较长，日常的维护工作分为巡回检查和定期清扫。巡回检查主要包括查看有无重物覆盖在管线上、堵住阀门井盖；管线上有无开挖和新建建筑物；管理人员还应定期打开井盖，进入井内清扫污泥、杂物。

小区给水系统经常出现的故障之一是漏水，漏水不仅造成供水压力和流量达不到用户的要求，而且增加经常性运行费用，所以检漏是日常维护中的一项重要工作。

检漏的方法有直接观察、听漏、分区检漏等，可根据具体条件选用。

① 实地观察法是从地面上观察漏水迹象，如排水检查井中有清水流出，局部路面发现下沉，路面积雪局部融化，晴天出现湿润的路面等。本法简单易行，但较粗略。

② 听漏工作一般在深夜进行，以免受到车辆行驶和其他杂声的干扰。所用工具为一根听漏棒，使用时将棒的一端放在地面、阀门或消火栓上，即可从棒的另一端听到漏水声。越靠近漏水点，漏水声会越大，这一方法的听漏效果凭各人经验而定。

半导体检漏仪是比较好的检漏工具。它是一个简单的高频放大器，利用探头将地下漏水的低频振动转化为电信号，放大后即可在耳机中听到漏水声。

③ 采用分区检漏时，需关闭该区管网四周的所有阀门并不许用户用水，只有一条装有水表的管线和该区管网接通，如果水表指针转动，则说明该区管网漏水。该方法一般只在允许短期停水的小范围内进行。

3. 室内排水管道的维护

室内排水管道常见的故障是漏水或管道堵塞，因此，在日常维护管理工作中要及时发现漏水点，疏通堵塞管段。

通常，排水管道漏水的原因是管道接口不严或管件有砂眼及裂纹。而管道堵塞的原因则是施工过程中砖块、木块、砂浆等进入管中，或是因为使用不当，有硬杂物进入管道停滞在拐弯处所致，所以要做好宣传工作，教育用户爱惜各项排水设备设施，不要向下水道倾倒剩饭剩菜及其他废物，也不要随意改动排水线路。对于破坏排水设备设施及其他造成排水管道堵塞的行为或现象，一定要杜绝，对有关人员要追究其责任，从经济上或从其他方面加以惩罚。

4. 小区排水管道的维护

小区排水管道在建成后，为了最大限度地延长其使用年限，必须做好日常的维护工作，排水设施必须保持经常畅通。所有排水管道、检查井、雨水井、化粪池等必须严加保护，严禁向排水设施和构筑物内倾倒垃圾、煤灰、瓦砾及其他各种杂物。

要经常检查、冲洗或清通排水管道。对排水管道必须定期进行清通，以防管内沉积物过多，影响管道的输水能力。管道清通的主要方法有水力清通和机械清通两种。

水力清通就是通过水的压力对排水管道进行冲洗，以清除管道污泥。水力清通可以利用管道内污水自冲，也可以用自来水冲洗。当管道淤塞比较严重，淤泥已黏结密实，采用水力清通效果不好时,以及在没有条件进行水力清通的地区可采用机械竹劈疏通、钢丝疏通、开挖疏通等方法进行清通。

对管道进行维修可分为大修和小修。小修项目有:检查井门、井盖,检查井上部的破损或少数砖的脱落等。一般来说,小修可以在不影响排水管道正常工作的情况下进行,并且可以在短时间内完成;当管道损坏严重时应进行大修,在大修时,往往需要断绝污水的流通。

凡单位或私家新建、改建下水道(包括临时设施排放水),如需接入市政排水设施,必须经管理公司统一上报市政维修处或所在区城建部门审批,按指定位置接入。凡接入公用排水设施的单位的排水系统,应按时自行维护及清疏。开挖道路安装地下其他管线时,不得擅自移动和损坏下水道设施。

(二)通风、空调系统的维护管理

1. 通风、空调系统的管理

空调通风系统是一个复杂的、自动化程度较高的系统,其正常运转除了要求配备高技术素质及高度责任心的操作运行人员外,还依赖于科学的管理制度。

(1) 制定操作规程

按空调机、制冷机及其辅助设备使用说明书并与制造厂商一起制定设备操作规程,保证制冷机及辅助设备得以正确、安全地操作。操作规程包括如下内容。

① 空调机操作规程。
② 制冷机操作规程。
③ 冷却塔操作规程。
④ 水处理设备操作规程。
⑤ 水泵操作规程。
⑥ 换热器操作规程。
⑦ 其他设备操作规程。

(2) 建立各项规章制度

① 岗位责任制。规定配备人员的职责范围和要求。
② 巡回检查制度。明确定时检查的内容、线路和应记录项目。
③ 交接班制度。明确交接班要求、内容及手续。
④ 设备维护保养制度。规定设备各部件、仪表的检查内容。
⑤ 清洁卫生制度。
⑥ 安全、保卫、防火制度。

(3) 做好下列记录

① 运行记录。
② 交接班记录。
③ 水质化验记录。
④ 设备维护保养记录。

⑤ 事故记录。

2. 空调、通风系统的运行

（1）运行前的检查

掌握空调、通风设备的技术操作规程和方法，做好开机前的准备和检查工作。根据当天的室内外气象条件确定当天的运行方案。

（2）开机

启动风机、电加热器和其他各种空调设备，使空调系统运转，向空调、通风房间送风。启动设备时，只能在一台转速稳定后才允许启动另一台，以防供电线路因启动电流太大而跳闸。风机启动要先开送风机，后开回风机，以防室内出现负压。风机启动完毕，再开电加热器设备，设备启动完毕，再巡视一次，观察各种设备运转是否正常。

（3）运行

① 按时检查调整，使润滑油、水、制冷剂等在空调系统运转中保持正常范围。

② 在运转中要按时记录，了解各种仪表读数是否处于正常值范围，如出现反常现象则要及时设法排除，必要时关机检修。

（4）停机

关闭空调、通风系统各种设备，先停电加热器，再停回风机，最后停送风机。停车后巡视检查各设备是否都已停了，该关的阀门是否关好，有无不安全的因素。检查完毕方可离开值班室。

3. 空调、通风系统的维护

（1）灰尘清理

空调、通风系统灰尘来源主要是新风、漏风、风管内积尘，及回风从室内带出来的灰尘等，运行人员要经常进行清理，尽量防止空气污染。

① 经常检查并及时更换空气过滤器。新风等粗效泡沫塑料过滤器要经常清洗，15~30天清洗一次；风机盘管过滤器30~40天清洗一次；中效玻璃纤维过滤器当阻力为初阻力的两倍时，其他型号过滤器当达到其规定终阻力时要更换。更换安装过滤器时，不能污染滤料，安装要严密并且不漏风。

② 保持空调、通风系统洁净。经常打扫空调箱、风机箱等，并定期上漆防锈。上漆要牢靠，不起粉尘，必要时要打扫风管内部。经常检查堵漏，尽量减少系统漏风点。消声器的消声材料要保持干净，当其积尘量大时需清洗或更换。

③ 要保持房间环境整洁，确保空调、通风房间室内正压。

④ 定期测定送风和室内等的含尘量，以便及时发现问题并予以解决。

（2）巡回检查

对设备状态要进行巡回检查，做到心中有数，出现问题及时维修，对暂时维修不了的设备，应采取应变措施，待非使用期时维修。

巡查的具体项目包括：送回风机、水泵、电动机是否有异常声音，轴承发热程度如何，传动带松紧是否合格；空调箱、风机箱、风管等内部是否有锈蚀脱漆现象，水阀门是否严密，开关是否灵活；风管、水管保温是否有损坏；各个部位的空气调节阀有否损坏，定期检查风管的防火装置是否完好，固定位置有否变化；定期清洗、更换的设备（如各级过滤器等）是否已到清洗更换限度；及时排放盘管内的积气，定期清洗，清除水垢；配电盘、各种电器接线头是否有松脱发热现象；仪表动作是否正常等。

（3）仪表检定

定期检验和校正测量、控制仪表设备，保证测量准确可靠。

（4）系统检修

中央空调设备系统的维修保养一般委托专业公司负责，大型商业大厦一般都聘用专业技工或指定专人负责空调机的运转和日常维修保养。

（5）空调机组的维护保养

窗式、分体式及柜式空调器的养护如下所述。

① 使用期间每周宜清洗一次过滤器或过滤网。如果过滤器上的污垢太多，可用含有少量中性洗涤剂的温水或冷水清洗，然后用自来水洗净晾干后安装。

② 应经常清洗面板，清除污垢和灰尘，不可泼水清洗，以免造成事故。

③ 在经过4~5年的长期运行后，空调器因污垢和积尘太多，运行效率会大大降低，最好拆卸下来彻底清洗。

④ 室外机的冷凝器每两个月清洗一次，用氮气或毛刷吹除肋片表面的灰尘和其他沉积物，清洗时应停止风机的运行。

（三）电梯系统的维护管理

1. 电梯的使用管理

加强电梯的使用管理，需要明确管理职责，建立管理制度，重视电梯安全使用的控制。

(1) 明确电梯的使用管理职责

这是电梯投入使用后首先要落实的一项管理措施。电梯使用单位应根据本单位电梯配置的数量，设置专职司机和专职或兼职维修人员，负责电梯的驾驶和维护保养工作。按照有关部门的规定，电梯司机和专（兼）职维修人员须经政府主管部门进行电梯业务技术培训，考试合格取得岗位证后，才能上岗操作。

(2) 建立电梯使用管理制度

① 岗位责任制。明确电梯司机和维修人员的工作范围、承担的责任及完成岗位工作的质和量的管理制度。岗位职责制定得越明确、越具体，就越有利于在工作中执行。因此，在制定此项制度时，要以电梯的安全管理为宗旨，将岗位人员在驾驶和维修电梯的当班期间应该做什么工作及达到什么要求进行具体化、条理化、程序化管理。

② 交接班制度。对于多班运行的电梯岗位，应建立交接班制度，以明确交接双方的责任、交接的内容、方式和应履行的手续。

交接班时，双方应在现场共同查看电梯的运行状态，清点工具、备件和机房内配置的消防器材，当面交接清楚并签字认可。同时明确交接前后的责任。

若正在交接时电梯出现故障，应由交班人员负责处理，但接班人员应积极配合。遇较大运行故障，当班人力不足时，已下班人员应在接到通知后尽快赶到现场共同处理。

③ 机房管理制度。机房的管理以满足电梯的工作条件和安全为原则，主要内容如下所述。

- 非岗位人员未经管理者同意不得进入机房。
- 机房内配置的消防灭火器材要定期检查，放在明显易取部位（一般在机房入口处），经常保持完好状态。
- 保证机房照明、通信电话的完好、畅通。
- 经常保持机房地面、墙面和顶部的清洁及门窗的完好，门锁钥匙不允许转借他人。机房内不准存放与电梯无关的物品，更不允许堆放易燃、易爆危险品和腐蚀挥发性物品。
- 保持室内温度在5℃~40℃范围内，有条件时，可适当安装空调设备，但通风设备必须满足机房通风要求。
- 注意防水、防鼠的检查，严防机房顶、墙体渗水、漏水和出现鼠害。
- 注意电梯电源配电盘的日常检查，保证完好、可靠。
- 保持通往机房的通道、楼梯间的畅通。

④ 安全使用管理制度。这项制度的核心是通过制度的建立，使电梯得以安全合理地使用，避免人为损坏或发生事故。

⑤ 维修保养制度。为了加强电梯的日常运行检查和预防性检修，防止突发事故，使电梯能够安全、可靠、舒适、高效率地提供服务，应制定详细的操作性强的维修保养制度。在制定时，应参考电梯厂家提供的使用维修保养说明书及国家有关标准和规定，结合单位电梯使用的具体情况，根据日常检查、周期性保养和定期检修的具体内容、时间及要求，作出计划性安排，避开电梯使用的高峰期。维修备件、工具的申报、采购、保管和领用办法及程序，也应列于此项管理制度中。

⑥ 技术档案管理制度。电梯是建筑物中的大型重要设备之一，应对其技术资料建立专门的技术档案。对于多台电梯都应有各自单独的技术档案，不能互相混淆。电梯的技术档案包括以下内容。

- 电梯的井道及机房土建设计图和设计变更证明文件。
- 产品质量合格证书、出厂试验记录及装箱单。
- 安装、测试、试验、检验、验收的记录和报告书。
- 使用维修保养说明书，电气控制原理图，接线图，主要部件和电气元器件的技术说明书等随机技术资料。
- 设备档案卡。设备档案卡是以表格、卡片的形式将每台电梯产品的名称及性能特征、技术参数和安装、启用日期、安装地点等内容表示出来，具有格式清晰、内容详细、使用方便等优点。

(3) 加强电梯安全使用的措施

电梯安全使用的有效控制包括电梯行驶前的安全检查、行驶中的安全操作和紧急情况下的安全措施3个环节。

① 电梯行驶前的安全检查。电梯能否安全合理地使用，与电梯司机和维修人员的安全意识、工作责任心、掌握电梯的知识和驾驶、维修电梯的技能及处理紧急情况的经验和能力有关。电梯司机除了做好轿厢内部和层站部位的清洁卫生外，还应认真对电梯进行行驶前的安全检查。检查的主要项目有如下内容。

⌕ 对多班制运行的岗位，接班人员要详细了解上一班电梯的运行状况，做到心中有数。

⌕ 在开启厅门进入轿厢前，必须先确认轿厢实际停层位置，不能盲目直入。

⌕ 对电梯作上、下试运行，观察电梯从选层启动到平层销号及开关门是否正常，有无异常响声和晃动，各信号指示是否完好、正确，急停按钮是否完好、可靠。

⌕ 检查确认门连锁的可靠性。厅门、轿门未完全关闭时，电梯应不能启动。厅门关闭后，应不能从外面将门随意扒开。对有安全触板的电梯，应检查其动作是否正常。

⌕ 检查确认轿厢内电话是否畅通，铃是否好用。

⌕ 检查门地坎滑槽内有无垃圾，轿厢和门是否清洁。

⌕ 检查轿厢内照明和电风扇是否完好，开关是否好用。

⌕ 在试运行中注意轿厢运行时有无碰擦声和异常响声。

对检查中发现的问题，应通知维修人员尽快处理，正常后可以投入运行。对无司机电梯，每班应由电梯维修人员跟梯检查1~2次，及时处理异常现象，防止电梯带故障运行。连续停用7天以上的电梯，启用前应认真检查，无问题后方可使用。

② 行驶中的安全操作。

⌕ 电梯司机在值班期间，应坚守岗位。确需离开轿厢或每次下班时，应将轿厢回至基站，断开轿厢内电源开关，关闭厅门。

⌕ 控制电梯不能超载行驶。载货电梯的轿厢内负载应分布均匀，防止轿厢倾斜行驶。

⌕ 引导乘客正确乘梯。

⌕ 电梯行驶中严禁对电梯进行清洁、维修。在清洗轿厢顶部照明隔光板（栅）时，严禁将其放在厅门、轿门之间的通道地面。在未断电情况下，禁止在轿厢内做任何维护保养工作。

③ 紧急情况下的安全措施。

⌕ 电梯在运行时出现失控、超速和异常响声或冲击等，应立即按急停按钮和警铃按钮。司机应保持镇静，控制轿厢内乘客秩序，劝阻乘客不要扒轿门，等待维修人员前来解救疏散。

⌕ 电梯运行中突然停车，应先切断轿厢内控制电源，并通知维修人员用盘车的办法将轿厢就近停车，打开轿门、厅门，安全疏散乘客。人力盘车前，一定要先切断电动机的电源开关。然后由一人用松闸扳手松开抱闸，另一人用盘车手轮慢慢盘车，两人应密切配合，防止溜车。尤其是在轿厢轻载需往上盘车或对高速梯进行盘车时，要缓步松开抱闸，防止电梯失控。盘车前，维修人员应了解轿厢所处的大概位置。正式盘车及盘车过程中应与轿厢内司机或乘客保持联系。

◊ 当轿厢因安全钳动作而被夹持在导轨上无法用盘车的方式移动时，应由维修人员先找出原因，排除故障后再启动运行，将乘客从就近层站救出，尽量不通过安全窗疏散。如果故障不能尽快排除，在利用安全窗疏散时，应先切断轿厢内控制电源，并注意救助过程中的安全。完成救助工作后，维修人员应对导轨的夹持面进行检查、修复。

◊ 当发生火灾时，应立即停止电梯的运行。司机或乘客应保持镇静，并尽快疏导乘客从安全楼梯撤离。除具有消防功能的电梯进入消防运行状态外，其余电梯应立即返至首层或停在远离火灾的楼层，并切断电源，关闭厅门、轿门，停止使用。若轿厢内电气设备出现火情，应立即切断轿内电源，用二氧化碳、干粉或1211灭火器进行灭火。

◊ 当电梯在运行中发生地震时，应立即就近停梯，将轿厢内乘客迅速撤离，关闭厅门、轿门，停止使用。地震过后应对电梯进行全面细致的检查，对造成的损坏进行安全检验，确认一切正常后，方可投入使用。

◊ 当电梯某一部位进水后，应立即停梯，切断总电源开关，防止短路、触电事故的发生。然后采用相应的除湿烘干措施，在确认一切正常后再投入运行。

2. 电梯的维护管理

（1）电梯的日常检查和维护

电梯在运行过程中的日常检查，可根据电梯的使用性质及频繁程度，按每天或两天进行一次。每天对机房进行清扫和巡视检查，及时发现和排除各种不正常现象；保持轿厢内部与厅口的清洁卫生，以免影响门的正常开合；应设电梯工作日志等。

对于检查发现的问题，应及时处理，如补充润滑油、紧固螺钉等。对于一时不能处理的又可缓步进行的项目，应记录下来，但应尽快安排时间处理，避免电梯带隐患运行。

（2）周期性保养

电梯的周期性保养，各电梯厂家根据电梯的类型在维修保养说明书中进行了明确规定。电梯使用单位可根据这些规定制定相应的周期性保养制度。通常的做法是按周、月、季度（或半年）、年度的保养周期进行操作。

① 周保养。每周在日常检查的基础上，定期进行一次主要部件更细致的检查和必要的维护，保证其动作的可靠性和工作的准确性。

② 月保养。可以根据周保养的情况，每两个月进行一次。重点是对电梯各安全装置和电气控制系统进行检查、清洁、润滑和必要的调整，使其动作灵活可靠。

③ 半年或季度保养。无论是采用半年定期保养还是季度保养，其内容都是对重要的机械装置和电气装置进行较详细的检查与调整，并做好必要的料理和清洗换油工作。

④ 年度保养。年度保养是在半年或季度保养基础上的一次全面保养过程，带有综合性、

鉴定性的特点。通常与年度安全技术检验工作结合进行，修理、更换、调整和测试的工作量较大。主要包括以下内容。

- 对电梯各装置部件进行全面细致的清扫，保持电梯整体清洁。
- 对电梯各润滑部位的油位、油质、油色和润滑状态进行全面捡查，疏通油路，更换已脏污或变质的润滑油（脂），保持整体润滑良好。
- 对电梯各机构转动和滑动部位的磨损量进行检测、调整，更换磨损的机件。
- 检查各机座及支持部件的地脚螺栓的稳固性。
- 检查各电气装置和线路、开关、指示灯、按钮是否完好，修复、更换、调整已损坏或工作不稳定的元器件。
- 对各个安全装置进行综合性检查和动作试验。

(3) 计划性检修

电梯的计划性检修是在日常检查维护和周期性定期保养的基础上，根据保养中掌握的运行状态，结合电梯的使用保养现状，为恢复电梯原有的性能，延长其寿命而作出的计划性检修安排。通常包括中修、大修和专项修理3部分内容。

一般中修周期为3年，大修周期为5年，可根据电梯的实际性能状况和运行状态适当提前或滞后。

第四节 智能物业设备的后期管理

一、智能物业设备的更新与改造的概念

随着设备在生产中使用年限的延长，设备的有形磨损和无形磨损日益加剧，故障率增加，可靠性相对降低，导致使用费上升。其主要表现为，设备大修理间隔期逐渐缩短，使用费用不断增加，设备性能和生产率降低。当设备使用到一定时间以后，继续进行大修理已无法补偿其有形磨损和无形磨损，虽然经过修理仍能维持运行，但很不经济。解决这个问题的途径是进行设备的更新和改造。

从广义上讲，补偿因综合磨损而消耗掉的机械设备，就叫设备更新，它包括总体更新和局部更新，即包括：设备大修理，设备更新和设备现代化改造。从狭义上讲，设备更新是以结构更加先进、技术更加完善、生产效率更高的新设备去代替物理上不能继续使用，或经济上不宜继续使用的设备，同时旧设备又必须退出原生产领域。

根据目的不同，设备更新分为两种类型：一种是原型更新，也就是用结构相同的新设备来更新已有的严重性磨损而物理上不能继续使用的旧机械设备，主要解决设备损坏问题。另一种则是以结构更先进、技术更完善、效率更高、性能更好、耗费能源和原材料更少的新型设备，来代替那些技术陈旧，不宜继续使用的设备。

设备的现代化技术改造是指为了提高企业的经济效益，通过采用国内外先进的、适合我

国情况的技术成果,改变现有设备的性能、结构、工作原理,以提高设备的技术性能或改善其安全、环保特性,使之达到或局部达到先进水平所采取的重大技术措施。对现有企业的技术改造,包括对工艺生产技术和设备改造两部分内容,而工艺生产技术改造的绝大部分内容还是设备,所以设备工作者要重视技术改造。技术改造包括设备革新和设备改造的全部内容,不过范围更广泛,可以是一台设备的技术改造,也可以是一个工序、一个车间,甚至一个生产系统。

二、智能物业设备更新改造工作流程

图 8-8 所示为智能物业设备更新改造工作流程图。

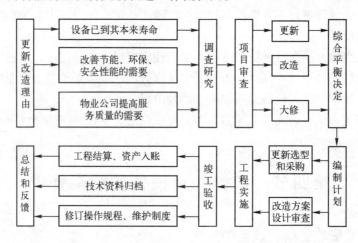

图 8-8 智能物业设备更新改造工作流程图

三、智能物业设备更新改造的重点和有效途径

(一)设备更新改造的重点

设备更新改造应围绕满足企业的产品更新换代、提高产品质量、降低产品能耗、物耗,达到设备综合效能最高的目标,所以设备更新改造的重点应该是下述几方面内容。

① 对满足产品更新换代和提高产品质量要求的关键设备更新改造时,应尽量提高设备结构的技术水平,扩大生产能力。

② 对严重浪费能源的设备,应作为更新改造的重点,其中有些是报废型号的产品,有些虽尚未达到报废程度,但超过有关规定的指标。对于能耗大的动力设备,按规定能源利用率低于以下界限,就必须进行更新和改造。

☆ 凡蒸汽量分别大于等于 1 t/h、4 t/h、10 t/h 的锅炉,其热效率分别低于 55%、60%、70%。

☆ 通风机、鼓风机效率低于 70%。

- 离心泵、轴流泵效率低于60%。
- 电热设备效率低于40%。

还有一些虽然设计效率不低，但由于受使用条件限制，长期大马拉小车或空载运行，处于得不到充分利用的设备，也应根据生产特点结合企业情况进行工艺调整和改造。

③ 对于经过经济分析、评价，经济效益太差的设备。
- 设备损耗严重，大修后性能不能满足规定工艺要求的设备。
- 设备损耗虽在允许范围之内，但技术上已陈旧落后，技术经济效果很差的设备。
- 设备服役时间过长，大修虽能恢复技术性能，但经济上不如更新的设备。
- 严重污染环境和不能保证生产安全的设备。对那些跑、冒、滴、漏严重的老旧设备，要优先考虑，因为它污染环境，影响人们的身体健康，危及工农业生产。
- 操作人员的工作条件太差，劳动强度大，机械化自动化程度太低的设备。

（二）设备更新改造的有效途径

由于设备的基建投资大小不同，其生产的产品、质量和企业的技术水平、资金状况、经营策略也不相同，需要分析比较各种方案，确定最经济合理的设备更新方案。

设备改造是设备更新的基础，特别是用那些结构更加合理、技术更加先进、生产效率更高、能耗更低的新型设备去代替已经陈旧的设备。但是，实际情况是不可能全部彻底更换这些陈旧设备，所以采用大修结合改造或以改造为主的更新设备，是智能建筑设备更新的有效途径。

所谓设备改造是指应用现代技术成就和先进经验，为适应生产需要，改变现有设备的结构，给旧设备装上新部件、新装置、新附件，改善现有设备的技术性能，使之达到或局部达到新设备的水平。设备改造与设备更换相比，有如下优点。

① 设备改造的针对性和生产的适应性。这种改造与生产密切结合，能解决实际问题。需要改什么就改什么，需要改到什么程度就改到什么程度，均由企业自己决定。

② 设备改造由于充分利用原有设备的可用部分，因而可大大节约设备更新的投资。

③ 设备改造的周期短。一般比重新设计或改造、购置新的设备所需的时间短，而且还可以结合设备的大修理进行改造设备。

④ 设备改造还可以促进设备的改善。通过设备改造可以改善其技术性能，从而使其向先进的方向转化。

⑤ 设备改造的内容广泛，包括：提高自动化程度；扩大和改善设备的工艺性；提高设备零部件的可靠性、维修性；提高设备的效率；应用设备检测监控装置；改进润滑冷却系统；改进安全维修系统；降低设备能耗；改善环境卫生；使零部件标准化。

四、智能物业设备更新的经济性分析

（一）设备磨损的补偿

设备的有形磨损和无形磨损都会引起设备原始价值的降低，但是，有形磨损会影响到设备的使用，而无形磨损却不影响设备的使用。如果能使设备的有形磨损与无形磨损期相互接近，即当设备更新时，其无形磨损期也到了，这是一种"无维修设计"的理想，即当设备到了大修理的时候，恰好同时到达需要更换新型设备的时刻。实行无维修设计的条件，使设备的主要零部件中的易损件的寿命和无形磨损期相等，这实际上在近期是无法做到的。假如设备已遭到完全有形磨损，而它的无形磨损期还没有到来，这时，无须设计新设备；假如设备已遭到完全有形磨损，只需对遭到有形磨损的设备进行大修理，或更换一台同样的设备就可以了；假如无形磨损期早于有形磨损期，这时就要决定，是继续使用原有设备，还是用先进的新设备更换尚未折旧完的旧设备（牵扯到如何确定折旧率）。也就是说，应如何对待已经无形磨损，但物理上还可以使用的设备。设备有磨损，就需要进行补偿。磨损的形式不同，补偿磨损的方式也不一样。补偿分为局部补偿和完全补偿。设备的有形磨损的局部补偿是保养和大修。设备无形磨损的局部补偿是设备改造。有形磨损和无形磨损的完全补偿是更换。

（二）设备磨损补偿方式的确定——设备大修、更新或改造的综合性分析

补偿设备的磨损是设备更新、改造和修理的共同目标。选择什么方式进行补偿，决定于其经济分析，并应以划分设备更新、技术改造和大修理的经济界限为主。可以采用寿命周期内的总使用成本 TC（未考虑资金时间价值）互相比较的方法来进行。

继续使用旧设备：

$$\text{TC}_o = L_\infty - L_{oT} + \sum_{j=1}^{T} M_{oj} \tag{8-15}$$

大修理：

$$\text{TC}_r = \frac{1}{\beta_T}(K_r + L_\infty - L_{rT} + \sum_{j=1}^{T} M_{rj}) \tag{8-16}$$

技术改造：

$$\text{TC}_m = \frac{1}{\beta_m}(K_m + L_\infty - L_{mT} + \sum_{j=1}^{T} M_{mj}) \tag{8-17}$$

更新：

$$\text{TC}_n = \frac{1}{\beta_n}(K_n + L_\infty - L_{nT} + \sum_{j=1}^{T} M_{nj}) \tag{8-18}$$

式中：L_∞——被更新设备在更新时的残值（元）；

L_{oT}——在用设备第 T 年末的残值（元）；

K_r，K_m，K_n——分别为设备的大修理、技术改造和更换（更换时为购置费）的投资（元）；

L_o，L_r，L_m，L_n——分别为设备继续使用、大修理、技术改造和更换后第 T 年的维持费（元）；

M_o，M_r，M_m，M_n——分别为设备继续使用、大修理、技术改造和更换后第 j 年的维持费（元）；

β——生产效率系数。

在实际应用中,各年维持费的确定比较困难,原因是企业对维持费的统计资料不健全,以致不能在设备出厂时给出维持费的历年数据。因此,可假设备年维持费为等额增长。

为达到同一目的的更新方案很多,选择的方法也不一样。这里建议采用追加投资回收期的方法来选择设备更新方案。以两个可行方案比较为例,设方案 1 和方案 2 的投资分别为 K_1 和 K_2,且 $K_1 < K_2$,若第 j 年的维持费 $M_{1j} \leq M_{2j}$,则方案 1 优。若 $M_{1j} > M_{2j}$,则需计算年维持费的节约在规定年限内能否收回追加投资,如果能够如期或提前收回,则方案 2 优,反之,结论也相反。

在进行上述设备更新的经济分析中,不考虑资金的时间价值,显然是不够准确的,会给决策带来一定的误差。因此,在确定投资方向与时间时,应充分考虑资金的时间价值。

考虑到资金的时间价值,式(8-15)、式(8-16)、式(8-17)和式(8-18)应改写为:

$$TC_o = L_\infty - L_{oT}(P/F, i, T) + \sum_{j=1}^{T} M_{oj}(P/F, i, j) \tag{8-19}$$

$$TC_r = \frac{1}{\beta_r}\left[K_r + L_\infty - L_{rT}(P/F, i, T) + \sum_{j=1}^{T} M_{rj}(P/F, i, j) \right] \tag{8-20}$$

$$TC_m = \frac{1}{\beta_m}\left[K_m + L_\infty - L_{mT}(P/F, i, T) + \sum_{j=1}^{T} M_{mj}(P/F, i, j) \right] \tag{8-21}$$

$$TC_n = \frac{1}{\beta_n}\left[K_n + L_\infty - L_{nT}(P/F, i, T) + \sum_{j=1}^{T} M_{nj}(P/F, i, j) \right] \tag{8-22}$$

式中:$(P/F, i, j) = \frac{1}{(1+i)^j}, (P/F, i, T) = \frac{1}{(1+i)^T}$。 (8-23)

(三) 设备最佳更新周期的确定

设备寿命有物质寿命、技术寿命和经济寿命之分。

① 物质寿命是指从设备开始投入使用到报废所经过的时间。做好维修工作,可以延长物质寿命,但随着使用时间的延长,所支出的维修费用也日益增高。

② 经济寿命是指人们认识到依靠高额维修费用来维持设备的物质寿命是不经济的,因此,必须根据设备的使用成本来决定设备是否应当淘汰,根据使用成本来决定的设备寿命就称为经济寿命。过了经济寿命而勉强维持使用,在经济上是不合算的。

③ 技术寿命是指由于科学技术的发展,经常出现技术经济更为先进的设备,使现有设备在物质寿命尚未结束以前就被淘汰,这称为技术寿命。这在军事装备上尤其明显。

设备的经济寿命或最佳更新周期可以用下述几种方法求得。

1. 最大总收益法

在一个系统中,比较系统的总输出和总输入,就可以评价系统的效率。对智能建筑设备的评价也是一样,人们通常以设备效率,作为评价设备经济性的主要标准。即

$$\eta = Y_2/Y_1 \tag{8-24}$$

式中：Y_1——对设备的总输入；

Y_2——设备一生中的总输出。

对设备总输入就是设备的寿命周期费用。设备一生中的总输出，即设备一生中创造出来的总财富。

设备寿命周期费用主要包括设备的原始购入价格 P_0 和使用当中每年可变费用 V，则设备寿命周期费用（即总输入 Y_1）的方程式为：

$$Y_1 = P_0 + Vt \tag{8-25}$$

式中：t——设备的使用年限。

所谓设备一生的总输出 Y_2 是设备在一定的利用率 A 下，创造出来的总财富，可用下列简单公式表示：

$$Y_2 = (AE^*)t \tag{8-26}$$

式中：E^*——年最大输出量（即 $A=1$ 时的输出量）；

t——使用年限。

设备在不同使用期的可变费用并不是常量，而是随使用年限（役龄）的增长而逐渐增长的，即

$$V = (1 + ft)V_0 \tag{8-27}$$

式中：V_0——起始可变费用（元）；

f——可变费用增长系数。

将式（8-27）代入式（8-25）得寿命周期费用方程为

$$Y_1 = fV_0 t^2 + V_0 t + P_0 \tag{8-28}$$

这样，设备总收益 Y 的方程为

$$Y = Y_2 - Y_1 = AE^* t - (fV_0 t^2 + V_0 t + P_0) \tag{8-29}$$

如果要求 Y_{max} 值，可对 t 微分，并令其等于零，即可求出最大收益寿命。

2. 劣化数值法

在计算年均成本方法中，因设备每年运行维护费用事先不知道，则无法预估设备的最佳更换期。

随着使用年限的增加，设备的有形磨损和无形磨损随之加剧，设备的运行维护费用也因此而更为增多，这就是设备的劣化。如果预测这种劣化程度每年是以 λ 的数值成线性增加，则有可能在设备的使用早期测定出设备的最佳更换期。

假定设备经过使用之后的残余价值为 a，并以 K_0 代表设备的原始价值，T 表示使用年限，则每年的设备费用为 $(K_0 - a)/T$。随着 T 的增长，年平均的设备费用不断减少。但是，另一方面，第 1 年的劣化值为 λ，第 T 年的设备劣化值为 λT（注：第 T 年的设备劣化值是 $\lambda \times T$），T 年中的平均劣化数值为：

$$\frac{\lambda(T+1)}{2} \tag{8-30}$$

据此，设备每年的平均费用 C_i 可按下式计算为

$$C_i = \frac{\lambda(T+1)}{2} + \frac{K_0 - a}{T} \tag{8-31}$$

若使设备费用最小，则取 $\frac{dC_i}{dT}=0$，得最佳更换期 T_0 为

$$T_0 = \sqrt{\frac{2(K_0-a)}{\lambda}} \tag{8-32}$$

将此值代入式（8-31），即可得最小平均费用。

如果不考虑残值，则 $a=0$，式（8-32）则可以简化为

$$T_0 = \sqrt{\frac{2K_0}{\lambda}} \tag{8-33}$$

3. 最小年均费用法

上述以最大总收益来评价设备经济寿命的方法，对一些叫"非盈利"的设备，如小汽车、某些电气设备、家用设备、行政设备和军用设备等，很难求得收益函数。另外，该方法在计算上也较复杂。

年平均费用由年平均运行维护费和年平均折旧费两部分组成。可由下式表示为

$$C_i = \frac{\sum V + \sum B}{T} \tag{8-34}$$

式中：C_i——i 年的平均费用（平均使用成本）（元）；

$\sum V$——设备累积运行维护费(元)；

$\sum B$——设备累积折旧费(元)；

T——使用年份(年)。

计算设备每年的平均使用成本值，观察各种费用的变化，平均使用成本取得最低值 $C_{\min}$ 的年份即为最佳更换期，也为设备的经济寿命。

五、智能物业设备的折旧

（一）设备折旧的基本概念

1. 设备折旧的定义

设备折旧是指设备在使用过程中逐渐损耗而转移到成本中去的那部分价值，简称"折旧"。企业为了保证固定资金再生产资金的来源，应将这部分价值从收入中及时提取出来，形成折旧基金，用于设备的更新和技术改造。

2. 设备折旧年限确定的一般原则

恰当地规定设备折旧年限，不仅是正确地计算成本的依据，而且也是促进技术进步和有利于设备现代化的重大经济政策。

(1) 首先正确的折旧年限应该既反映设备有形磨损，又反映设备无形磨损，应该与设备的实际损耗基本符合。例如，精密、大型、重型、稀有设备，由于价值高而一般利用率较低，且维护较好，故折旧年限应该大于一般通用设备。

(2) 应从国家的财政、经济发展水平来考虑。如上所述，折旧费的大小是影响国家的财政收入和国民收入比例的重要因素，因此，应从国家经济发展的实际水平出发，适当地制定折旧年限，并逐步改进。目前，工业发达国家的设备折旧年限较短，一般为 8~12 年；而发展中国家的设备折旧年限就较长，我国过去长期按 30 年左右计算，近年来折旧年限已逐步向 15~20 年过渡。随着工业技术和国家经济的发展，将会进一步缩短设备的折旧年限。

(3) 要考虑企业技术改造和财务承受能力的平衡。折旧年限过长，则折旧基金不足以补偿设备已经消耗的部分，会影响设备正常更新和改造的进程，不利于企业技术进步；如过短，则会使成本提高，致使企业财力无法承受。因此，必须在两者之间取得平衡。

(4) 同理，对设备制造和供应部门来说，过快的折旧和更新，会造成新设备制造和供应的困难；另外，如更新速度过慢，又会造成制造和供应部门的停滞不前和销售不景气现象。所以，还应考虑到设备制造的能力和任务问题。

可见，合理的折旧制度，正确的折旧年限，对于促进企业装备素质的提高，提高企业效益，加速国民经济的发展，均起着十分重要的作用。从理论上讲，折旧年限以接近经济寿命为宜。

(二) 计算折旧的方法

1. 直线折旧法

直线折旧法是我国目前比较广泛采用的方法，这种方法是在设备使用年限内，平均地分摊设备的价值。

(1) 平均年限法

在折旧年限内，按年或月平均计算提取折旧，此法又称直线法，此法的固定资产折旧额计算公式如下

$$B_y = \frac{K_0 - L}{T} \tag{8-35}$$

$$B_m = \frac{B_y}{12} \tag{8-36}$$

式中：B_y——各类设备固定资产的年折旧额（元）；

B_m——各类设备固定资产的月折旧额（元）；

K_0——各类设备固定资产的原值（元）；

L——各类设备固定资产预计的设备残值（一般可取设备原值的 3%~5%）（元）；

T——各类设备固定资产的折旧年限（年）。

各类设备的年折旧率、月折旧率为

$$a_y = \frac{B_y}{K_0} \times 100\% \tag{8-37}$$

$$a_m = \frac{a_y}{12} \tag{8-38}$$

式中：a_y——年折旧率；

a_m——月折旧率。

（2）工作量法

① 按工作时间计算折旧为

$$B_h = \frac{K_0 - L}{T_h} \tag{8-39}$$

式中：B_h——单位小时设备固定资产折旧额（元）；

T_h——在折旧年限内该设备固定资产总工作小时（h）。

② 按行驶里程计算折旧（不同机型应分别计算）：

$$B_{km} = \frac{K_0 - L}{R_{km}} \tag{8-40}$$

式中：B_{km}——机型运输设备每行驶 1 km 的折旧额（元）；

R_{km}——某机型运输设备总行驶里程定额（km）。

2. 加速折旧法

采用加速折旧法是考虑到设备在整个使用过程中，其效能是变化的。在设备使用期的前几年，一般是设备效率和技术性能发挥较充分，也能提供较高的经济效益，而在后几年，设备效能逐步下降，为企业提供的经济效益相对减少。因此，前几年分摊的折旧费应比后几年要高一些。加速折旧法在国外较多采用，值得推广，先介绍两种计算方法。

（1）年限总额法

年限总额法是根据折旧总额乘以递减系数 A_T 来确定的。设备在某一年度（即第 T 年）的折旧额 B_T 按下式计算为

$$B_T = A_T(K_0 - L) \tag{8-41}$$

式中：A_T——第 T 年的递减系数。

递减系数 A_T 是个分式。其分子的值：第 1 年为 T（最佳使用年限），第 2 年为 $(T-1)$，最后一年为 1，第 t 年为 $(T+1-t)$。递减系数分母值为：$1+2+3+\cdots+T=(T+1)T/2$，则有

$$A_T = (T+1-t)/(T+1)T/2 = 2(T+1-t)/(T+1)T \tag{8-42}$$

（2）双倍余额折旧法

双倍余额折旧法的折旧率是按直线折旧法残值为零时折旧率的两倍计算的。逐年的折旧

基数按设备的价值减去累积折旧额计算。为使折旧总额分摊完，所以到一定年度之后要改用直线折旧法。改用直线折旧法的年度，视设备最佳使用年限而定。设备最佳使用年限为奇数时，改用直线折旧法的年度是 $T/2+1.5$；当设备最佳使用年限为偶数时，改用直线折旧法的年度是 $T/2+2$。

（三）计算提取折旧的方式

1. 综合折旧

综合折旧即按企业全部固定资产综合折算的折旧率计算提取折旧额，这种方式计算简单，比较粗略。其缺点是不能根据各类设备的不同形式、结构和实际使用年限而采用不同的折旧方法和折旧率。在1985年以前，我国大部分企业基本采用综合折旧方式。

2. 分类折旧

分类折旧即按设备的不同类别，规定不同折旧年限，将设备资产进行分类计算提取折旧。这是按国务院1985年4月26日发布的《国有企业固定资产折旧试行条例》第16条规定的固定资产实行分类计算提取的方法执行的。

3. 单项折旧

单项折旧即按每台设备固定资产的预定折旧年限或工作量定额分别计算提取折旧，这是一种更切合生产实际的折旧方式。

（四）设备折旧基金管理

设备折旧基金是组成设备更新、改造基金的基础，是具有补偿性质的基金，主要用于设备磨损的补偿，也即对陈旧落后设备进行更新改造，是充分发展老企业潜力的必不可少的手段。各企业财务部门都按国家规定的固定资产折旧方法提取设备折旧基金，建立专门课目、账页，并将每年应提折旧基金数告知企业领导和有关部门。企业计划部门应根据总利润、企业发展方向等因素安排折旧基金的预算计划。设备管理部门应根据折旧基金预算计划会同有关部门编制设备更新改造计划，并组织实施。公司领导和审计部门应督促设备更新改造资金专款专用，不可挪用。

六、智能物业设备的报废

（一）设备报废条件

设备使用到一定的年限，由于其主要技术性能严重恶化，不能满足使用功能要求，或者效率低下，继续使用不经济，且无修复价值，就应作报废处理。通常，设备具有下列情况之一者，可作报废处理。

① 超过规定的使用年限，性能落后，能耗高，效率低，经济效益差。

② 主要结构和零部件严重磨损，无法修复，继续大修理后技术性能仍不能满足工艺要求和产品质量，无修复改造价值。

③ 因重大事故或意外灾害受到严重损害，且无法修复。

④ 严重影响环保、安全，容易引发人身安全和环境污染，修复改造不经济。
⑤ 按国家能源政策规定应淘汰的高能耗设备。

（二）报废审批程序

设备报废审批程序如下所述。

① 物业管理公司向业主委员会及政府管理部门提出设备报废申请报告，设备报废申请报告中应有设备性能鉴定、设备规定使用年限、设备修理类别次数状况、设备能耗状况、更新替代设备的技术经济评价等基本内容，并附有设备报废申请表，其式样举例见表8-3。

② 政府行政主管部门组织业主委员会及职能部门对设备进行鉴定，对申请报告提出审查批复意见。

③ 将申请报告及鉴定批复意见提交业主大会讨论决策。

④ 向政府行政主管部门提出拨付设备维修专用基金用于设备更新款项的要求，不足部分资金应交业主大会讨论，确定由全体业主分摊。

⑤ 设备报废处理全套文件整理1式3份，一份交政府行政主管部门存档，一份由物业管理公司留存，一份交业主委员会存档。

表8-3　设备资产报废申请表

申请单位：		申请日期：	年　月　日		
设备名称		制造（国）厂		安装年月		设备原值	
资产编号		外形尺寸		已使用年限		设备残值	
型号规格		总质量/t		安装地点		折旧年限	
报废原因					
利用处理意见					
技术鉴定结果：	相关单位意见	物业管理处	签字（章）
		技术鉴定部门	签字（章）
鉴定单位签字（章）：		业主委员会	签字（章）
		政府行政管理部门	签字（章）

编制：

（三）报废设备处理

通常报废设备应从现场拆除，使其不良影响减少到最小程度。同时做好报废设备的处理工作，做到物尽其用。一般情况下，报废设备只能拆除后利用其部分零件，其余作废品材料处理，处理费归入设备更新费用。如果该设备尚有一定的使用价值，可考虑作价转让处理，其处理费用作为更新设备费用的补充，不能挪用。按政策规定淘汰的设备不得转让处理，以免落后、陈旧、淘汰的设备再次投入社会使用。

设备报废后，设备部门应将批准报废单送交财务部门注销账卡。

思 考 题

1. 什么是智能物业的设施管理?
2. 简述设备管理的发展。
3. 设备寿命有哪几种类型?
4. 什么是智能物业设备的技术状态检查、监测与诊断?
5. 试述智能物业设备前期管理的内容及意义。
6. 简述智能物业设备前期管理制度的内容。
7. 简述智能物业设备更新改造的重点。
8. 试述智能物业更新改造的有效途径。

参 考 文 献

[1] 张九根. 建筑设备自动化系统设计. 北京:人民邮电出版社,2003.
[2] 王再英,韩养社,高虎贤. 智能建筑:楼宇自动化系统原理与应用. 北京:电子工业出版社,2005.
[3] 郭维钧,贺智修. 建筑智能化技术基础. 北京:中国计量出版社,2001.
[4] 龙惟定,程大章. 智能化大楼的建筑设备. 北京:中国建筑工业出版社,1997.
[5] 张瑞武. 智能建筑. 北京:清华大学出版社,1996.
[6] 韩朝. 智能建筑的物业管理. 北京:清华大学出版社,2008.
[7] 陈志新. 智能建筑概论. 北京:机械工业出版社,2007.
[8] 沈瑞珠,杨连武. 物业智能化管理. 上海:同济大学出版社,2004.
[9] 张晓华,魏晓安. 物业智能化管理. 武汉:华中科技大学出版社,2006.
[10] 陆伟良,诸建华. 智能建筑物业管理. 北京:电子工业出版社,2002.
[11] 杨戟. 现代物业设备管理. 广州:中山大学出版社,2002.
[12] 张雨. 设备状态监测与故障诊断的理论和实践. 长沙:国防科技大学出版社,2000.
[13] 高明远,杜一民. 建筑设备工程. 北京:中国建筑工业出版社,1989.
[14] 罗国杰. 智能建筑系统工程. 北京:机械工业出版社,2000.
[15] 建设部科学技术委员会智能建筑技术开发推广中心. 智能建筑技术与应用. 北京:中国建筑工业出版社,2001.
[16] 王波. 智能建筑导论. 北京:高等教育出版社,2003.
[17] 赵英然. 智能建筑火灾自动报警系统设计与实施. 北京:中国水利水电出版社,2005.
[18] 宋建锋. 智能建筑. 北京:中国建筑工业出版社,2009.
[19] 付婉霞. 物业设备与设施. 北京:机械工业出版社,2009.
[20] 刘国生,王惟言. 物业设备设施管理. 北京:人民邮电出版社,2004.
[21] 付小平. 物业设备与设施. 北京:中国财政经济出版社,2002.
[22] 王慕坤,刘文贵. 通信原理. 哈尔滨:哈尔滨工业大学出版社,1995.
[23] 陶安顺. 通信网原理及其实现技术. 北京:人民交通出版社,2000.
[24] 王迎春,李文海. 现代通信网. 北京:北京邮电大学出版社,1995.
[25] 秦国. 现代通信网概论. 北京:人民邮电出版社,2008.
[26] 宋祖顺. 现代通信原理. 北京:电子工业出版社,2001.
[27] 陶根根. 建筑智能系统的应用与管理. 北京:机械工业出版社,2007.
[28] 陈辉. 物业设备与智能化管理. 北京:中国建筑工业出版社,2006.